生产制造管理

主　编　张　雨　黄崇富　唐　山
副主编　陈　锐　吴燕苹

北京理工大学出版社
BEIJING INSTITUTE OF TECHNOLOGY PRESS

内 容 简 介

为了更好地适应职业教育的需求，突出应用能力和实践能力培养的特点，编者经过大量企业调研和对毕业生的跟踪调查，深入了解从事生产制造人员及企业对该类人才的需求，配合职业院校的课程建设和人才培养工作，结合行业专家的意见和编者教学经验编写了此书。

本书按照实际生产制造流程主要分为7大部分，分别是学习情境一生产管理基础、学习情境二生产计划、学习情境三采购与仓储、学习情境四设备管理、学习情境五现代质量管理、学习情境六环保与安全生产、学习情境七5S精益管理系统。从生产管理的发展到现代生产管理具体实施过程，以情境式方法编写了本书。

本书适合高等院校管理科学与工程类、机械类等相关专业的学生，以及生产制造管理人员阅读使用。

版权专有　侵权必究

图书在版编目(CIP)数据

生产制造管理 / 张雨，黄崇富，唐山主编. -- 北京：北京理工大学出版社，2023.12

ISBN 978-7-5763-3173-8

Ⅰ.①生⋯　Ⅱ.①张⋯　②黄⋯　③唐⋯　Ⅲ.①制造工业-工业企业管理-高等职业教育-教材　Ⅳ.①F407.406

中国国家版本馆 CIP 数据核字(2023)第 232909 号

责任编辑：陈莉华　　文案编辑：陈莉华
责任校对：刘亚男　　责任印制：李志强

出版发行 /	北京理工大学出版社有限责任公司
社　　址 /	北京市丰台区四合庄路6号
邮　　编 /	100070
电　　话 /	(010)68914026（教材售后服务热线）
	(010)68944437（课件资源服务热线）
网　　址 /	http://www.bitpress.com.cn
版 印 次 /	2023年12月第1版第1次印刷
印　　刷 /	涿州市新华印刷有限公司
开　　本 /	787 mm×1092 mm　1/16
印　　张 /	15.5
字　　数 /	392千字
定　　价 /	79.90元

图书出现印装质量问题，请拨打售后服务热线，负责调换

前　言

　　本书是为了贯彻二十大精神，落实《国家职业教育改革实施方案》，面向智能制造领域对技能型人才的迫切需求，配合职业院校的课程建设和人才培养工作，以校企双元合作开发的形式编写的。本书将软件技术、自动化技术和制造运行管理知识相结合，遵循现行的一系列国际标准，按照生产管理基础、生产计划、采购与仓储、设备管理、现代质量管理、环保与安全生产等活动顺序展开介绍，内容新颖、结构合理。

　　本书具有以下特点：

　　①理论知识完整、易懂。根据生产实践，各学习情境紧密衔接，各单元内容理实结合，深入浅出。

　　②产业认知新颖、宽泛。在本书中还介绍了智能制造、设备维修智能化等新兴产业的热门技术，帮助学生了解新兴岗位的需求。

　　③扫码微课，轻松学习。本书紧随时代发展潮流，配置了大量的微课视频，学生用手机扫描二维码即可观看，不仅方便学生随时学习，也使课堂教学更加轻松、生动、直观。

　　本书由张雨、黄崇富、唐山担任主编，陈锐、吴燕苹担任副主编。

　　在编写本书过程中，编者参考了大量有价值的文献，并从互联网中获取了部分最新资料和图片，在此向这些材料的作者表示衷心的感谢！

　　由于编者水平有限、时间急迫，书中难免存在疏漏、不妥之处，恳请各位老师和广大读者批评指正，以不断提高本书的质量。

编　者

目 录

学习情境一　生产管理基础 ··· 1
　学习单元一　生产与企业的基本概念 ·· 2
　学习单元二　经营与管理 ·· 5
学习情境二　生产计划 ··· 12
　学习单元一　计划的流程 ·· 13
　学习单元二　计划的过程管控 ··· 19
　学习单元三　工序计划 ··· 23
学习情境三　采购与仓储 ··· 31
　学习单元一　采购管理基础 ·· 33
　学习单元二　供应商的选择与管理 ·· 45
　学习单元三　采购模式分析 ·· 61
　学习单元四　认识物流仓储 ·· 68
　学习单元五　出入库管理流程 ··· 76
　学习单元六　库存管理与控制 ··· 80
学习情境四　设备管理 ··· 93
　学习单元一　设备与设备管理 ··· 94
　学习单元二　设备管理制度 ·· 99
　学习单元三　设备的使用与维护 ··· 104
　学习单元四　设备资产管理 ·· 123
学习情境五　现代质量管理 ·· 142
　学习单元一　质量管理概述 ·· 143
　学习单元二　质量管理的常用方法 ·· 153
　学习单元三　质量检验 ··· 163
　学习单元四　现代企业质量管理的方法——6σ ·······················   167
学习情境六　环保与安全生产 ··· 175
　学习单元一　产业环境问题 ·· 177
　学习单元二　安全生产事故 ·· 180

学习单元三　安全生产管理 ·· 184
　　学习单元四　劳动安全卫生管理 ··· 194
　　学习单元五　劳动保护管理 ·· 197

学习情境七　5S精益管理系统 ··· 208
　　学习单元一　5S精益管理基本概念 ··· 210
　　学习单元二　基于5S的生产制造管理基础 ·· 221
　　学习单元三　基于5S的生产制造管理体系构建 ·· 232

参考文献 ·· 240

学习情境一

生产管理基础

学习目标

知识目标	技能目标	素质目标
①掌握生产和生产率的概念； ②了解企业与工厂的概念； ③了解经营管理的概念以及历史； ④掌握生产管理的概念、要点	①掌握生产率的计算方法和相关概念； ②掌握生产管理的概念及要点； ③了解生产管理的发展	①培养学生遵守劳动纪律、保障生产安全的意识； ②树立职业道德、敬业精神、合作意识； ③培养创新意识，增强社会责任感； ④培养专业的职业素养

情境导入

生产管理发展简史

18世纪80年代的工业革命中，工厂制度产生以后，社会的基本生产组织形式从以家庭、手工工场为单位转向以工厂为单位，机器代替了手工操作，生产规模迅速扩大，企业内部的分工日益细微，协作更加广泛。大量的管理经验及实践，为建立早期管理理论打下了基础。

对早期管理理论首先作出贡献的是英国经济学家亚当·斯密。他在1776年写了《国富论》一书，系统地阐述了劳动价值论及劳动分工理论。他的这本书是生产经济学发展中的一个里程碑。在亚当·斯密之后，一位英国人查尔斯·巴贝奇扩大了亚当·斯密的观察范围，提出了许多关于生产组织和经济学方面带有启发性的观点。在生产管理的发展史上，弗雷德里克·温斯洛·泰勒毫无疑问是个杰出的历史人物，他作为研究考察领域的生产组织、劳动控制、设备装置与生产控制的创始者，被称为"科学管理"之父。在泰勒以后，困扰着认真调查研究者的另一个难题是大规模问题的复杂性。

要解决这类问题，必须要借助数学方法。F. W. 哈利斯在1915年做了数学分析的尝试，他最先发表了简单情况的经济批量的模型。当前出现的一般生产领域活动的高涨，是以20世纪30年代的两个发展作为开端的，这两个发展成为未来的基础并指明了未来的发展方向。一个是沃特·阿曼德·休哈特在1931年对统计质量控制的发展和它在工业中的应用；

另一个是 1934 年在英国工作的 L. H. C. 蒂皮特对工作（劳动）抽样理论（确定各种延迟、工作时间等方面标准的取样程序）的发展。

特别是在第二次世界大战以后，当代生产管理的概念、理论和技术开始迅速发展，主要表现在三个方面：一是统计质量的概念发展迅速，在产品质量控制中广泛地应用；二是引用了线性规划，高速电子计算机的发展使大规模线性规划问题的解决成为可能；三是其他的数学方法也发展起来。例如排队论在生产线、机器保养等方面得到了应用，还发展了一些新的、更现实的库存模型。

现在的生产管理模式已经发生了重大变化，从以企业为中心的管理模式转变为以顾客为中心的管理模式。现在的生产方式呈现出多样化的特点，手工生产、大量生产、精益生产、集成制造、敏捷制造、大量定制生产、绿色制造等各种生产方式并存。现在的生产管理竞争体现在多个方面，主要包括价格、质量、品种、时间、信誉、环保等竞争因素，主要竞争因素也不断发生变化。

在现在和未来，运用电子计算机、网络可以实现计算机集成制造，实现 MRP、ERP 系统的应用，通过 MRP、ERP 系统大幅度提高生产管理绩效。电子商务、供应链管理、全球化、敏捷性、精益生产等成为不断发展的新趋势。精益生产起源于 20 世纪 60 年代的日本丰田公司，在现在各种资源都十分紧张的时代变得更为重要和流行。精益生产的基本原则是消除各种形式的浪费，包括物料、流程等很多方面。精益生产集中了大量生产（高产量、低成本）和手工生产（品种多和柔性）的优点。精益生产的实质是一种生产管理技术，能够大幅度减少闲置时间、作业切换时间、库存、低劣品质的产品、不合格的供货商、产品开发设计周期以及不合格的绩效。

现在有很多方法、制度、活动可以提高生产管理绩效，常用的主要有：5S 管理、目视管理、目标管理、合理化建议活动、TQM（全面质量管理）制度、TPM（全面生产管理）制度、QCC 品管圈制度、QC 新老七大手法、SPC、IE、6σ 管理、ISO 9000 等。这些方法或工具都已经被证明是行之有效的。

问题：
① 工厂是如何产生的？
② 现在的生产管理模式是怎样的？
③ 未来的生产管理模式会朝着哪个方向发展？

学习单元一　生产与企业的基本概念

（一）生产

1. 生产的概念

人类在从事家庭生活和社会生活的过程中，以衣、食、住为首，需要消费各种各样的物品。虽然在这些物品中，有的是从自然界中直接获取、直接使用的，但是，在现代社会，绝大部分的物品是对自然物进行各种各样的加工后而达到使用目的的，或者是需要通过组装生产而得到所需的物品。

对自然物等施加某种手段，使其形状、性能、场所等发生变化而创造出人类生活所需的价值与效用的行为称为生产。在这里,对自然物施加的某种手段是指劳动力、物品的生产,为需要这些物品的人们所进行的运输、储藏、服务等活动也包含在其中。因此,如果从一般的社会生产活动的视角对生产进行分类,那么生产大致可以分为物质生产与服务生产。物质生产包括农业、矿业、工业等,服务生产包括运输业、仓储业、商业等。

2. 生产率的概念

在物品的生产中需要原材料、设备、劳动力等资源。例如,书籍的生产需要使用纸、印刷油墨等材料,需要有印刷机、装订机、工厂的场地和建筑以及人类的劳动力等。

$$生产率 = \frac{生产出产品的量(产量)}{为了生产而使用的资源的量(投入量)} = \frac{输出}{输入}$$

在规定时间内,生产出产品的量与为了生产而使用的资源的量的比率称为生产率,具体地说,生产率是判断为了生产所投入的各种资源有多少被有效利用的一种衡量指标。由于资源要素的不同,生产率也有若干种不同的类型。最具代表性的生产率有以下几种。

(1) 原材料生产率 $= \dfrac{生产量(生产金额)}{原材料投入量(金额)}$

(2) 设备生产率 $= \dfrac{生产量(生产金额)}{设备量(机械台数)} \left[或者 \dfrac{(生产金额)}{(机械运行时间)} \right]$

(3) 劳动生产率 $= \dfrac{生产量(生产金额)}{劳动力数量(员工数)}$

(4) 附加价值生产率 $= \dfrac{附加价值}{营业额}$

(二) 企业与工厂

1. 企业的概念

企业是指持续地进行生产、销售、服务等经营活动的组织。企业一般以营利为目的,或者是以公共服务为重点。由于企业的构成离不开资金(Money)、物质(Material)、人(Man)三个要素,所以从这一点出发,如果企业用其构成三要素的英文首写字母来表示,又可称为3M。

2. 工厂的概念

在企业里设置并使用机器与设备,以便持续地进行物品的生产与加工的场所,称为工厂。具体地说,工厂是土地、设施、设备、原材料、劳动力、技术、经营、管理、资本等与生产相关的各种要素以及人员所进行的各种活动的场所。

工厂生产活动的目标是持续地以最少的原材料和劳动力,生产出具有最大价值的产品。

3. 工厂的类型

伴随着科学技术的发展,工业产品的种类变得越来越多,于是,生产这些产品的工厂也被划分为很多种类型。按照常用的划分方法进行分类,有以下几种类型。

(1) 按照产品的类别划分

按照产品的类别划分,有金属工厂、机械工厂、纺织工厂、药品工厂、食品工厂、木制品工厂、塑料工厂等。

（2）按照原材料的类别划分

按照原材料的类别划分，有农产品加工厂、牧畜产品加工厂、水产品加工厂、金属加工厂、木材加工厂等。

（3）按照生产方法的类别划分

1) 机械加工工厂

机械加工工厂是指使用车床、铣床、CNC（计算机数字控制）机床、多工序自动数字控制机床加工中心等机械，以机械加工为主的，对金属或合成树脂等材料进行加工生产而形成的部件（零件）的生产工厂。最具代表性的有以往的机械工厂、FMS（Flexible Manufacturing System，柔性生产系统，即通过计算机对所有的生产设备进行系统性控制和管理，使混合生产、生产内容变更等成为可能的生产系统）工厂等。在机械加工工厂生产的部件（零件），不仅可以提供给下游组装工厂使用，还可以直接在市场上销售。

2) 产品组装工厂

产品组装工厂是指将两个以上的部件（零件），通过用螺钉固定、黏合、焊接、压入、缝制、销钉固定等方法进行连接的工厂。最具代表性的产品组装工厂有：汽车组装工厂、家电产品组装工厂、圆珠笔组装工厂等。在产品组装工厂中，除了有作业人员和机器人的组装生产线外，还有专业的自动组装机。

3) 流程工业工厂

流程工业工厂以气体、液体或粉粒体等流体作为原料，这些原料在设备内的连续流动中，发生物理变化或化学变化形成产品。流程工业工厂的代表有化学、石油、食品、气体、药品、制铁等各种类型的工厂。

（4）按照工厂的规模划分

我国制造业企业按照规模划分有：从业人员2 000人以上，资产总额4亿元以上，销售额3亿以上的为大型企业；从业人员300~2 000人，资产总额4 000万~4亿元，销售额3 000万~3亿元的为中型企业；从业人员20~300人，且营业收入300万元及以上的为小型企业；从业人员20人以下或营业收入300万元以下的为微型企业。

（5）按照技术的发展划分

随着生产系统的进步，出现了各种类型的工厂，如：由专业技术者操作的通用机械的工厂；引入了在通用机械基础上增加数字控制或计算机控制功能，以便于进行自动化操作的NC（数控）机械、加工中心（MC）和机器人的工厂；通过将NC（数控）机械、加工中心（MC）和机器人与自动运输机组合而形成完整系统的FMS工厂；甚至还有综合自动化的FA（Factory Automation，工厂自动化）工厂，综合自动化的FA工厂是在工厂中采用计算机以及信息处理系统，将构成生产要素的生产设备（与制造、运输、保管等有关的设备）和生产过程（含生产计划和生产管理）统一管理，从而实现整个生产过程的自动化；以及CIMS（Computer Integrated Manufacturing System，计算机集成制造系统），即通过计算机网络和数据库对所有与生产有关的信息进行系统控制和管理，从而实现生产活动的最优化的生产系统。

学习单元二　经营与管理

（一）经营与管理的基本概念

1. 经营的概念

经营与管理这两个概念在企业初期是等同使用的，后来随着企业规模的发展壮大而逐渐区别开来。经营是指企业在谋划运营时，所决定的基本方针，是指导与制约企业整体行为的总则。

2. 管理的概念

管理活动或者管理技巧的基本思路是：首先，要确定计划，并忠实地执行这个计划；其次，正确地把握这个计划的实施结果，并基于结果进行适当处理；最后，形成这一系列活动的成果，将其作为进行下一次计划活动的良好基础。这个基本思路可用图1-1所示的PDCA管理循环表示出来。PDCA管理循环包括计划（Plan）、实施（Do）、检查（Check）、处理（Act）四个阶段。

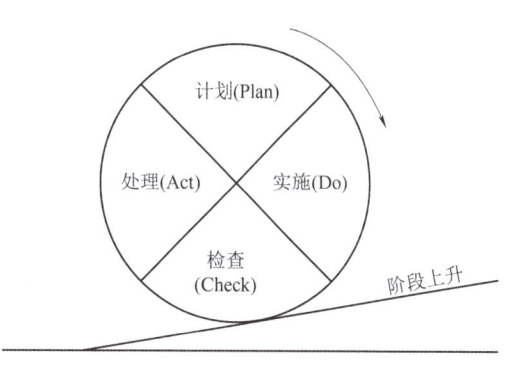

图1-1　PDCA管理循环

随着PDCA管理循环的不断重复运转，计划得以改善，其他工作也得以整顿，生产率和管理水平逐渐得到提升。如表1-1所示是PDCA管理循环分析。

表1-1　PDCA管理循环分析

计划	方针	高层管理人员预测企业内外的形势、分析经营的项目、明确企业生存与发展的数据，从而确定经营方针
	目的	基于经营方针，确定各自的业务以及各部门的管理目的
	目标和方法	将管理目的具体化，设定目标项目、目标值、完成日期，进一步制定完成目标的措施
实施	教育培训	按照制定的完成目标的措施对员工进行充分的教育、培训，使其能够清楚地知道所要确实达到的预期结果
	鼓舞士气	面对集团的目标要统一集团成员的认识，巩固集团的团结，激发出努力完成目标的士气
	传达命令	要明确传达命令的方式、时期、形式、实施后的报告方法，通过书面或者口头确实地进行传达并执行
检查	测定	基于事实的测定业务或项目的实施结果是否达到了目的，测定各目标的完成程度或完成的日期
	评价	将实施后的测定结果与计划阶段制定的目标值进行比较，定量地或定性地表示存在的差异，并对实施状况进行评价
	调查原因	如得到的结果不符合预期，调查在哪个地方出现了异常或问题，寻找出问题产生的原因并确认要因

续表

处理	控制	当对目标与实际的差异进行评价后，显示出有必要进行纠正时，要采取纠正措施
	防止再发生	对于在检查阶段发现的要因，要进行改进，保证其不再发生
	展开	有效地进行一系列的PDCA管理循环的实验与经验总结，在今后的管理或其他的管理活动中，进行横向展开或纵向展开

3. 报告制度

报告原本的含义是：下级针对上级的部署命令或指示，对于活动状况和结果等向上级进行的反映汇报。在现在的经营管理中，报告作为收集信息活动的积极手段被有效应用。

报告制度指在企业内部管理中，引入实施这个报告而形成的组织化的一种制度。

报告制度按照时间分为日、周、月报。若每年定期重复进行的报告称为定期报告；不是定期重复的报告称为特殊报告。

按报告表达形式可分为口头报告和书面报告；报告书按报告形式分为文书报告、图表、图形等。

为了有效地应用报告制度，有必要设定报告书的管理规定和管理程序、方法等。另外，决定报告书的形式和内容时，需要注意以下几点。

①尽可能以一定的形式形成标准化，能够正确、迅速地进行报告。
②报告内容要以重要事项为中心，要包含最简明扼要的信息。
③充分考虑到报告用途，形成简洁易懂、便于使用的报告。
④使用现状与标准进行对比的报告，可以迅速知道业绩的好坏。
⑤针对下层的管理报告，最好短小、精干。

（二）经营与管理的历史

1. 科学管理方法的诞生

早期工厂的规模较小、组织结构简单，所以大多数的生产依靠熟练的劳动者，经营与管理方面没有得到发展。

随着工业化的发展，工厂规模变大，组织结构也越来越复杂，经营者不再能进行全面的管理和监督，于是，经营者为了提高效率，采用了计件薪酬支付的工资制度（根据"产品单价×完成个数"支付工资的制度）。然而，当劳动者竭尽所能地投入工作，由于效率上升而使应得薪酬大幅增长后，经营者却降低计件薪酬支付中的产品单价，于是，劳动者便采取了有组织的罢工（抵制）。

为了解决这个恶性循环，泰勒提出，经营者降低产品单价的原因，在于没有明确劳动者在通常的努力下的合理日工作量标准，因此要对劳动者的作业时间进行测定，制定准确公正的日工作量（作业）标准。

这种以作业为中心制订工厂的生产计划而进行管理的方法称为科学管理理论。从这个科学管理理论的视角出发，工业的生产活动作为企业存在的基础，不仅需要生产技术，还需要生产管理方法的技术。以这个想法为基础形成的学科就是工业管理学，又称为工业工程。

此后，科学管理理论与1913年由福特（H. Ford）为了汽车的组装作业而开发的用传送带制成流水装配线的作业方式（福特制）一起，普及世界各国。另外，1924年休哈特开始尝试将统计学应用于质量管理中。

2. 人际关系的重要性

科学管理理论以及福特制在1914—1918年被各国所采用，其对生产力的提高产生了巨大的影响。但是，这种将员工作为机械的一部分来对待，通过给予薪酬激励进而提高生产力的方法，由于过于忽视人性方面而受到批判，其结果是增加了劳动者与资本家之间的纠纷，于是，在第一次世界大战后，重视员工的人际关系的做法应运而生，出现了以劳动科学为基础进行作业管理的方法。恰好这时，在美国进行了霍桑实验，以此实验为契机，使得心理学、行为科学、人类工学等学科的研究得以发展，并被广泛地应用到工厂的管理中。

3. 科学管理的发展

在第二次世界大战中以及之后的IE（工业工程），主要以美国为中心发展起来，人们对各种管理技术进行研究并将其实用化。随着企业规模变大、组织化程度提高，IE的内容不再仅仅是关注各生产现场的效率提升，而是更进一步地发展成为通过对企业整体进行综合性调整来实现效率化的管理方式。这样一来，在企业的经营与管理中开始采用分析、实验、设计等工学方法，IE技术的普及也涉及社会或经济活动领域。

以泰勒的科学管理理论运动为出发点的IE，起初主要是以时间研究或动作研究为中心而进行的活动，但在这之后，引入了质量管理（QC）、企业内部培训/督导人员训练（TWI）、预定动作时间标准法（PTS）、运筹学（OR）、系统工程（SE）、人机工程学（HE）等，在计算机的普及下使得其方法或技术得到了迅速发展。

1）运筹学（Operational Research，OR）

运筹学是指在经营与管理领域中，对复杂的问题寻求最优解的方法。运筹学是近代数学的应用，包括库存管理、线性规划、PERT、排队论、博弈论等，计算机的应用对运筹学算法影响巨大。

2）系统工程（Systems Engineering，SE）

为了实现特定的目的，按照作业关系的相互联系来配置产品、机器和设备，以及相关的人员、技术、信息等要素的集合称为系统。系统工程是指对构成系统的各要素进行分析与研究，从而设计出最佳系统，并对其进行管理的学科。计算机就是最典型的系统，利用计算机可实现生产管理、库存管理、事务管理等。

3）人机工程学（Human Engineering，HE）

人机工程学是根据人类本来具有的身体上的、精神上的各种特性和能力，来实现对人工操控的机器或装置等的优化设计，通过作业方式或环境设定等进行安全准确的操作，并且使人的能力获得最佳结果的研究活动。

（三）生产管理

1. 生产管理的概念

生产管理是指为了在必要的时间内，在计划成本的范围内，按照必要的数量，生产出符合需求的质量优良的产品所进行的，从对生产基本要素［5M，即人（Man）、机械（Machine）、材料（Material）、方法（Method）、资金（Money）］进行有效利用到对企业的生产活动进行整体控制，从而高效地发挥生产力作用的各种活动。生产管理的内容如下：

①工序管理，致力于确定产品的生产量和发货日期；

②质量管理，致力于质量的提高和质量的稳定性；

③成本管理，致力于降低成本，并通过与标准成本的比较来改善作业；

④劳务管理，致力于劳动条件的整改，从而提高作业人员的工作积极性；

⑤设备管理与工具管理，致力于通过调整设备和工具的需求量，追求有效利用率的提高；

⑥资材管理、采购管理、外协管理、搬运管理、仓库管理，致力于资材的获取和供给的合理化；

⑦环境管理，致力于作业人员的健康保护和生活环境的安全。

除了上述内容之外，还有关于作业方法的作业管理，在使用热量或电力的场所，还有热量管理、电力管理等。

2. 生产管理的要点

生产管理的要点可总结为"5W1H"。

①在何处（Where），在什么地方开展作业为好（场所、位置）。

②干什么（What），生产什么（材料、产品）。

③何时（When），什么时间开始作业（时间、期间）。

④谁（Who），由哪些人来工作（操作者、设备）。

⑤为什么（Why），为什么要进行这个生产（生产方针）。

⑥如何（How），采取什么方法来完成这个生产（操作方法、生产方式）。

通过冷静思考这些问题的答案，就能够探讨出生产中出现的问题点或需要改进的地方，从而实现对问题的全面排查。另外，在现今的生产管理中，除了采用上述要点外又新增加了一个"H"（How much，生产量），这种"5W2H"方法的使用情况明显增加。

3. 生产管理的合理化

（1）少品种大批量生产的情况

各种生产合理化的基本方法如下。

1）标准化

标准化是指以提高原材料、产品、设备等利用率为目的而制定最优化标准，通过标准的制定、发布和实施来统一组织内的各项活动。

与生产相关的标准，可分为以下几种类型。

①与原材料、产品、设备、工具的形状、结构、尺寸等相关的标准。

②与作业、事务处理、检查等方法相关的标准。

③与一定期间内的生产量、原材料、消耗品的使用量及生产成本等完成目标相关的标准。

标准化是为了将事务和工作简单化，并圆满地完成其过程，便于计划和控制，使其在大量生产、降低成本、提高质量、减少库存、确保交货期、现场的改进、设备的维护、事务的合理化等活动中发挥作用的活动。

在企业内进行标准化称为企业标准化，人们可以根据企业的要求制定各种标准。另外，作为广泛应用的国家标准，我国也制定了中国机械工业标准。

2）3S

将标准化的思维方法进一步扩展，在标准化（Standardization）的基础上，又增加了简单化（Simplification）和专业化（Specialization），称为3S。

①简单化。

关于生产的简单化是指对材料、部件、产品等，从类型、形状、机构、大小等角度进行筛选，剔除其中需求少的、不需要的、不重要的环节，并尽可能减少其品种。

②专业化。

在生产管理中，专业化是指通过限定产品的品种，设置专用的机械设备，并采用特定的方式进行生产活动。

3S减少了产品、作业、销路等的类别，被应用于具有特色的大量生产行业中，在效率或质量方面取得了良好的效果。

3）5S

5S指整理、整顿、清扫、清洁、素养。现在，5S已经成为行动科学的原点，并成为人们创造良好生产环境的行动方针，具有提高设备、机械、工装等的有效使用，改进（完善）标准等优点。

（2）多品种小批量生产的情况

随着时代的变迁，人们对于产品品种的需求不断增加，多样化问题应运而生。多样化具体可归纳为"3S4F"。

①系统化（Systematization），指利用计算机的有效应用，来应对产品结构的复杂化。

②软件化（Softwarization），指利用新的领域方法或思维方法等，提高无形技术或知识的比例。

③专业化（Specialization），指应对不同的需求。

④时尚化（Fashionization），指及时响应潮流，尽快转变。

⑤反馈化（Feedback），指确认原先的结果是否符合计划，尽快采取下一步措施。

⑥弹性化（Flexibilization），指面对环境或条件的变化所具有的适应性。

⑦精细（精密）化（Finization），指面对小型化的同时所具有的高精度。

下述几种生产方式基本实现了"3S4F"，而伴随着信息技术的飞跃性进步，未来将会出现更多种类的成批生产体系。

1）成组技术（Group Technology，GT）

成组技术又可称为相似性部件加工方法，是把形状、尺寸、工艺相近的众多部件组成一个零件组，按组制定工艺进行加工的方法。成组技术高效地利用了加工机械、工装、生产计划资料等的共性，减少了作业或准备所需要的时间和费用，因生产时间的缩短而节约了管理费用，更进一步，因分类代码（记号）化获得了利用计算机进行高速处理等效果。

2）物料需求计划（Material Requirements Planning，MRP）

物料需求计划是指通过使用计算机来计算和确定物料需求的数量和时间的方法。

3）准时制生产（Just In Time，JIT）

准时制生产是指在生产现场或5S活动中，推广改进意识，做到"在必要的时间，生产必要数量的必要产品"。其要义在于"彻底地消除浪费"。"看板管理"就是其中一个应用。看板管理方法要从最后一道工序通过信息流依次向前一道工序传递生产指示，这种上下工序间传递生产指示的载体就称为"看板","看板"中依次传递了所需要的交货量、搬运、相关生产信息。这个方法可以缩短生产周期、节约管理费用、自动防止生产过量而减少库存,但看板管理的前提条件是需求变动不能过大。

4)在线生产管理(On-line Production Management)

在线生产管理是指利用设置在管理室的起中心作用的大型计算机(主计算机),通过通信线路直接与各生产现场的作业用计算机连接,使管理人员在管理室就可以掌握生产现场的实时生产状态,对多变的信息迅速地进行相应的处理,给出生产指示。

5)柔性制造系统(FMS)

柔性制造系统是指装备了自动化的生产设备以及搬运设备,由计算机来进行总体控制,能够实现多种多样生产的系统。柔性制造系统也包含在以无人化为目标的计算机集成制造系统(CIMS)之中。

课后测评

一、选择

1. 物质生产不包括(　　)。
   A. 农业　　　　　B. 矿业　　　　　C. 工业　　　　　D. 仓储业
2. 由于资源要素的不同,生产率也有若干种不同的类型,下列不属于生产率的是(　　)。
   A. 原材料生产率　　B. 设备生产率　　C. 劳动生产率　　D. 附加服务生产率
3. PDCA 管理循环不包括(　　)。
   A. 计划　　　　　B. 实施　　　　　C. 处罚　　　　　D. 检查
4. 为了有效地应用报告制度,有必要设定报告书的管理规定和管理程序、方法等。另外,决定报告书的形式和内容时,需要注意以下几点,其中错误的是(　　)。
   A. 尽可能以一定的形式形成标准化,能够正确、迅速地进行报告
   B. 报告内容要以重要事项为中心,要详细叙述该重要信息
   C. 充分考虑到报告用途,形成简洁易懂、便于使用的报告
   D. 使用现状与标准进行对比的报告,可以迅速知道业绩的好坏
5. 生产基本要素不包括(　　)。
   A. 人(Man)　　　B. 机械(Machine)　C. 材料(Material)　D. 工作(Work)

二、判断

1. 在规定时间内,为了生产产品而使用的资源的量与其生产出产品的量的比率称为生产率。(　　)
2. 企业是指持续地进行生产、销售、服务等非经营活动的组织。(　　)
3. 工厂按照产品的类别划分为金属工厂、机械工厂、农产品加工厂、牧畜产品加工厂等。(　　)
4. 经营是指企业在谋划运营时,所决定的基本方针,是指导与制约企业整体行为的总则。(　　)
5. 报告原本的含义是:针对上级的部署命令或指示,下级对于活动状况和结果等向上级进行的反映汇报。(　　)

学习评价

评价类型	权重/%	具体指标	分值	得分 自评	得分 组评	得分 师评
职业能力	65	掌握生产和生产率	15			
		了解经营管理的概念以及历史	25			
		掌握生产管理	25			
职业素养	20	坚持出勤，遵守纪律	5			
		协作互助，解决难点	5			
		按照标准规范操作	5			
		持续改进优化	5			
劳动素养	15	按时完成，认真填写记录	5			
		工作岗位 8S 处理	5			
		小组分工合理	5			
综合评价	总分					
	教师点评					

学习情境二

生产计划

学习目标

知识目标	技能目标	素质目标
①掌握计划的定义及类型； ②了解企业计划的编制、发布与签批； ③了解生产计划过程管控流程； ④掌握工序计划相关理论知识	①能够编制企业计划； ②掌握企业计划的发布与签批	①培养学生遵守劳动纪律、保障生产安全的意识； ②树立职业道德、敬业精神、合作意识； ③培养创新意识，增强社会责任感； ④培养专业的职业素养

情境导入

随着社会生产计划的发展，生产管理日益复杂化。我国古代劳动人民修筑了万里长城，开凿了大运河，兴建了都江堰水利工程，这些伟大的建设工程，没有有效的生产管理是无法想象的。

当社会分化成对立的阶级时，管理带着鲜明的阶级性。剥削阶级为剥削劳动人民而生产管理，借生产管理掠夺劳动人民的劳动果实。但是，剥削制度下的管理具有二重性，它除了具有剥削社会劳动过程的职能之外，还有由社会劳动过程的性质产生并属于社会劳动过程的特殊职能。这种特殊职能是管理的科学性的一面，它是人类智慧的结晶。

制造控制已经从一组简单的日常零星工作演变到如今几乎成为库存管理的焦点。先进的高层主管人员意识到需有一个健全的职能去计划与控制工厂的作业。计算机的到来使配置强大功能的、完全一体化的系统成为实际可行的方案，然而许多公司发现难以充分利用这些系统，主要原因是它们未能以任何一种实际控制系统都要求的方式来掌握信息。同时，它们发现产品越来越复杂，加上在成本与服务上的竞争压力，已经不可能用人工的且支离破碎的系统去管理它们的作业了，必须废弃老办法。20世纪60年代，制造计划与控制打破了旧的作业方式，设计出了计算机程序来保管库存记录，重新计算所需的经济订货量与安全存货。实际生产中，人们努力获得正确的批量与安全存货量，以便为需求或提前期中不可避免的变化作缓冲。生产计划管理者对数学家、统计学家的帮助及"有魔力的"计算机是满怀感激之情的。

然而，在20世纪70年代，人们已经弄清楚真正需要的是有效的订单交货日期。这就要求有一种重新计划的能力——一个关系着物料清单的一体化日程计划以及控制订单优先级的提前期管理。这时人们把希望寄托在强有力的计算机应用系统MRP上。

80年代初期，管理任何制造业都要求有一个健全的、一体化的、执行得好的计划，然而频繁地修改计划并不会改进计划。

目前，发达国家的生产厂商已经基本实现了在全球范围内配置资源，并在零配件采购上实行全球化、模块化；生产管理上采用"准时生产技术"和"敏捷生产管理"等先进的管理方式，而我国工业的发展大部分还局限在国内，由于条块分割，即使是在国内也难以实现资源的优化配置。生产企业都是独立的生产体系，零部件工业存在多种标准体系和配套体系，生产的专业化水平较低，管理粗放、水平不高，缺乏先进的管理理念和手段。因此生产计划的管理信息化也必须能够满足这种混合式生产计划的管理需求，既能够支持大批量生产线的管理模式，又能够支持多品种小批量生产的管理模式。

思考：
现代企业生产计划的重要性有哪些？

学习单元一 计划的流程

（一）计划的定义及类型

1. 计划的定义

在生产开始前，为了确保以最小的费用获取最大的利益，根据产品设计，针对要进行生产的产品，对其类型、质量、生产量、生产方式、生产地点、生产时间等方面所做的计划称为生产计划。

在管理学中，计划具有两重含义，其一是计划工作，是指根据对组织外部环境与内部条件的分析，提出在未来一定时期内要达到的组织目标及实现目标的方案与途径；其二是计划形式，是指用文字和指标等形式所表述的组织以及组织内不同部门与不同成员，在未来一定时期内关于行动方向、内容和方式安排的管理文件。

生产计划编制与发布

2. 计划的类型

生产计划的分类如下。

（1）按照生产技术的特点进行分类

1）产品组装生产计划

产品组装生产计划是指操作人员使用组装机械、机器人等，将若干个零件组装连接而成为产品（完成品）的生产计划，如汽车的组装业计划。

2）零件加工生产计划

零件加工生产计划是指使用工具或者机械设备来改变材料的大小或形状，或进行表面研磨等加工而制成各类零件的生产计划，如机械零件制造业计划。

3）流程式生产计划

流程式生产计划是指使用设备装置，通过对原材料进行化学的或物理的处理过程而形成的产品生产计划，如金属业、化工业，又可称为装置生产或连续式生产计划。

(2) 按照市场特性进行分类

1) 定制生产计划

定制生产计划是指生产方针对顾客的要求,按照顾客指定的样品而进行的生产计划,如工业专业设备的制造,又可称为订货生产计划。

2) 备货生产计划

备货生产计划是指生产方经过市场需求预测,按企业已有的产品系列而进行的生产计划,目的在于维持成品库存以满足不确定的顾客的需要,如汽车业、电器产业,又可称为存货生产计划。

(3) 按照品种和生产量进行分类

1) 多品种小批量生产计划

多品种小批量生产计划是指间断、少量地生产多品种特殊产品的生产计划。多品种小批量生产计划通常与订货生产计划相关。

2) 少品种大批量生产计划

少品种大批量生产计划是指大量连续地生产单一品种或少量品种产品的生产,少品种大批量生产与备货生产相关。

3) 中品种中批量生产计划

中品种中批量生产计划是指介于多品种小批量生产计划和少品种大批量生产计划之间的生产计划。

(4) 按照产品的生产管理特性进行分类

1) 单件生产计划

单件生产计划是指对应于每个顾客的订单,其产品的生产只限于单次的生产计划,如化工厂、造船厂。

2) 连续生产计划

连续生产计划是指在特定设置的机械或设备上,在一定期间内连续进行同一产品的生产计划。

3) 成批生产计划

成批生产计划是指按照产品种类,分批轮流地生产几种不同的产品的生产计划,每种产品均有一定的数量,这个数量称为批次。

(5) 按照时间进行分类

生产计划按照其时间周期的不同,一般可分为长期生产计划、中期生产计划、短期生产计划三种。对于主要责任人,大的计划要由企业的高层管理者负责,小的计划则由企业生产部门主管人员负责。

1) 长期生产计划

长期生产计划又称为大日程计划。长期生产计划是 1 年到数年的生产计划。长期生产计划需要针对产品系列的市场需求作出长期销售预测,根据长期销售预测可以制定 0.5~1 年的生产计划,以确定和实现完成生产目标所需要的设备、人员、原材料等数量水平。长期生产计划包括原材料采购计划、库存计划、外购计划、人员计划、设备计划、资金计划等。

例如:

年度销量计划,是由公司财务与运营管理部统筹编制的计划,用于各单位统筹资源、做年度规划。

2）中期生产计划

中期生产计划又称为中日程计划。中期生产计划是 1~3 个月期间的生产计划。中期生产计划需要确认生产所必要的设备、人员、材料的准时到位，以便对生产的品种、数量、交货日期等作出具体安排。中期生产计划就是有效地利用现有的生产能力、产品库存量、长期生产计划以及上月生产计划等，作出合适的对策。

例如：

月度入库需求计划，指销售公司按月下达的入库需求计划，由销售公司参考年度计划，根据市场需求，结合公司新产品推出情况下达的月度预测计划，用于指导制造公司做月度生产计划和采购中心做月度物资采购准备。

月度生产计划，指制造公司依据销售公司下达的月度入库需求计划，制订的月度生产计划，包含班次安排、人力安排、日排产安排等信息。

3）短期生产计划

短期生产计划又称为小日程计划。一般是指一天、一周或者一旬的期间内的生产计划，对于已经确定了生产数量的产品品种，在计划中要做好在哪个车间、按哪个时间进度、生产哪个产品的决策。

例如：

周入库需求计划，指销售公司依据月度入库需求计划，结合经销商周提报计划和整车储备计划制订的按周下达的计划，是制造公司实际执行的计划。

周生产计划，指制造公司根据周入库需求计划、订单需求计划，制订的用于周产能分析、大计划排序、采购物资到货的计划。

日滚动计划，指制造公司将周生产计划分解到日，用于指导车间实际执行、零部件到货及物流配送的计划，当前很多企业执行 T+2 锁定计划。未来根据实际情况，滚动计划锁定周期逐步延长至 T+5、T+5 以上。

3. 产品计划

产品计划是针对产品品种、质量、性能、数量、价格、时间等制定的，既能满足客户需求的，又能确保为企业带来收益的产品生产计划。根据产品计划的不同目的有新产品开发、现有产品的改进、更改设计以及现有产品新用途的开发等。

制订产品计划，需要进行下列问题的研究。

①研究与市场相关的顾客的品种需求以及竞争对手的品种现状等。

②创意、创新和评价以及试制的研究。

③专利和相关法律法规的研究。

④销售时机、数量、价格、地区等的研究。

⑤计划的制订与控制。

（1）产品研发

产品研发通常可以分为基础研究、应用研究以及开发研究。

1）基础研究

基础研究是揭示新的事实或原理，是以探究自然规律为目的而进行的研究。

2）应用研究

应用研究是将基础研究中获取的原理或规律的研究成果，应用到产业上解决实际问题而

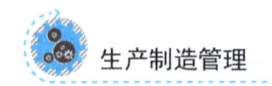

进行的研究，以获取产品化的关键点为目的。

3）开发研究

开发研究是利用应用研究的成果，以新产品的设计、生产、销售等技术层面的开发为内容而进行的研究，又称为新产品开发或新产品实用化。

新产品的开发通常按照产品计划、产品设计、试制与试验、生产准备的逻辑顺序进行。在产品研发中除了新产品的开发，还有产品的改进以及伴随产品改进生产方式等领域的研究。

产品从进入市场到退出市场的整个时间过程称为产品生命周期。

因为产品生命周期会随着技术的进步而逐渐缩短，所以企业需要根据技术进步来预测未来市场的需求变化，并据此推进新产品的研究开发活动。另外，为了有效推进这些研究开发活动，有必要将开发部门编入企业的整体组织体系之中，并制订明确的计划、推广、评价、产业化、开发费等相关制度。

（2）产品设计

产品设计是指根据产品计划，为了实现产品化所进行的确定形状、规格、物料等要素并绘制图样的过程。产品设计按顺序一般包括一般的基本设计，详细设计，模型的试制、试验，评价通过后进行的最终设计。

产品设计根据目的不同可以分为以功能为重点的功能设计和以生产工艺为重点的工艺设计。

1）功能设计

功能设计是在产品设计的最初阶段需要着手进行的设计。功能设计是指为了获得可以发挥预定功能并可以给使用者提供充分满足感的产品性能而进行的设计。

2）工艺设计

工艺设计是依据功能设计的基本方针，在不影响功能的前提下，为解决生产中的相应问题而进行的设计。工艺设计是以经济、高效地生产出符合功能设计的产品为目的，将产品的形状、尺寸、材料、生产技术、零件的互换性等要素图纸化的过程。工艺设计又可称为制图，在机械工业中有装配图、零件装配图、零件图等。

试制是指为验证企业的策划或设计的目标能否达到相应的效果，而在实地所进行的实物样品的生产。

试制一般可以分为：以测试产品性能为重点的样品试制；以确认量产的可能性以及量产后质量是否发生变化为中心的批量试制；着眼于耐久力的耐久试验；为了获得计划制订所需材料而在设计前进行的研究试验。

（二）计划发布及签批

1. 月度入库需求计划及月度生产规划

销售公司在每月定期收集次月市场需求信息，参考年度计划，结合库存情况梳理制订次月入库需求计划，预示 M+2 月入库需求计划。之后销售公司也会定期将经销售公司内部评审后的次月入库需求计划电子版向制造管理部发布，同时发起销售公司内部报签，销售公司总经理签批后将签批版发给制造管理部。销售公司在次月入库需求计划发布后一个工作日内完成次月入库需求计划明细整理，并发给制造管理部。

制造管理部对接收到的月度入库需求计划及计划明细进行检查核对，并第一时间向制造公司、采购中心等单位发布。制造公司、采购中心在收到次月入库需求计划后，立即开展生产计划、物资采购准备工作。

以汽车生产为例，制造管理部组织发动机公司、销售公司、进出口公司、制造公司、采购中心、科技中心/产品技术中心、质量中心、财务与运营管理部、人力资源部等于每月月底定期召开月度产销协同会。首先由销售公司、进出口公司对当月销售完成情况及次月销售计划、入库需求计划进行汇报，然后由制造管理部、各制造公司对当月生产完成情况进行通报，对次月生产规划进行汇报，对 M+1 月、M+2 月生产计划进行预示发布，接着由采购中心对次月物资准备情况进行汇报，与会单位围绕次月生产及销售存在的问题、需支持的事项进行讨论，最后由公司领导总结发言，制造管理部输出会议纪要，并对决议事项进行跟进、协调。

各制造公司在当月底，将经工厂负责人签字的次月月度生产计划报制造管理部，由制造管理部审核后统一报公司总经理审批。

2. 周入库需求计划、订单计划

经销商每月在系统中提报次周需求计划（如 20—22 日、26—28 日、5—7 日、12—14 日），销售公司每月在系统中提取经销商提报的需求计划（如 23 日、29 日、8 日、15 日），结合整车库存情况，参考各工厂提报的次周生产规划，向制造管理部下达次周入库需求计划，制造管理部将次周入库需求计划初审后向各制造公司发布。原则上，周入库需求应在月度入库需求计划范围内，以便采购中心准确组织物资和工厂按照规划组织资源生产，当前要求周入库需求计划和与月度入库需求计划差异幅度应不大于 10%。

3. 周生产规划

以汽车生产为例，制造管理部组织发动机公司、销售公司、进出口公司、制造公司、采购中心、科技中心/产品技术中心、质量中心、财务与运营管理部、人力资源部在周入库需求计划下达的第二个工作日召开周产销协同会。首先由制造管理部、各制造公司对当前生产完成情况进行通报，对次周生产规划进行汇报，然后由采购中心对次周物资准备情况进行汇报，与会单位围绕次周生产及销售存在的问题、需支持的事项进行讨论，最后由公司领导总结发言，制造管理部输出会议纪要，并对决议事项进行跟进、协调。

4. 月/周入库需求计划、订单计划下达

月度入库需求计划由销售公司下达电子版和签字版，不在系统中下达；而月度入库需求计划明细，销售公司仅下达电子版，不下达签字版，不在系统中下达。

周入库需求计划由销售公司下达电子版和签字版，并在系统中导入，制造公司在系统中（事物代码如 ZPP002）提取入库需求计划明细，编制日滚动计划，同时将周入库需求计划（SA）换为周生产计划（PA）并在系统中（事物代码如 ZPP006）导入，以便采购中心提取周生产计划（PA）并下达物资采购计划。

订单需求计划由需求单位下达电子版和签字版，并在系统中导入，各制造公司接到电子版和签字版计划后，在系统中（如国内订单同周计划用事物代码 P002，出口订单及样车计划用事物代码 ZPP011）提取计划，及时组织相关单位对订单需求计划进行评审，优先或根据时间要求排产。

(三) 生产计划的编制

生产计划编制的条件：各产品销售预测需求、设备保障能力、人员保障能力、有效工作日。

生产计划编制的目的：决定全年（月、周）的生产总量，以满足销售预测需求，并保持一定的库存水平和平稳的生产率。

生产计划的作用：协调满足生产规划所需求的产量与可用资源之间的差距；制订均衡的生产计划，以便均衡地利用资源，保持稳定生产；控制拖欠量和库存量，作为编制后续下一级计划的依据。

年度生产计划编制：制造公司每年11月份接收下一年度需求计划，以汽车生产为例，根据车型、有效工作日、设备保障能力和用工人员情况，编制次年年度生产计划，审核后的年度生产计划用于指导月度生产计划的编制。

月度生产计划编制：当制造公司接收月度入库需求计划后，根据产品交付期、库存情况、有效工作日、设备保障能力和用工人员情况制订月度生产计划。以汽车生产为例，月度生产计划需明确各车型配置、生产时间及数量。月度生产计划应于指定时间送制造管理部，由制造管理部审核后统一报公司领导签批。签批后的月度生产计划用于指导周生产计划的编制。

周生产计划编制：制造公司接收周需求计划，将周需求计划传递至采购中心，根据采购中心反馈的物资到货进度情况、销售需求的优先等级、设备保障能力和用工人员情况制订周生产计划，经采购中心和销售公司确认的周生产计划指导采购物资的到货进度和日排产计划的编制。

生产计划制订的内容和顺序如下。

①经营者或销售部门要预测产品的长期需求量、从而决定生产计划的基本方针。

②生产部门（工厂）根据①的基本方针，编制工程计划、操作人员和机械设备计划、物料的运输计划等。

③生产车间（现场）根据②的计划，以月、季度、周、日为单位编制工作量和人员的计划。

在制订生产计划时，不能简单地将其与现有能力进行匹配，还要考虑工作量多的时候，要进行日常加班或者节假日加班，以及业务外包或委托加工。在完不成的时候，还要针对初始计划对交货期或数量进行调整。

(四) 人力资源规划

随着市场需求的波动，制造系统需要不断地调整优化资源配置，以匹配不同时期市场不同的需求量。尤其是人力资源配置，需要提前规划，以期用最低的人力成本，实现生产效率最大化。

在生产旺季，一方面，人力资源部拓展招聘渠道，在人员不足的情况下，尽量使用劳务工和短期实习生（3~6个月），或者和其他企业达成合作，共享人力资源；另一方面，制造管理部统筹制造系统的人力资源，根据各工厂的销售需求计划，对人力资源进行分配，实现制造系统内部人力资源联动，以促进各工厂产销平衡。

在生产淡季，制造系统集中生产，加强培养"尖刀"技能班，在需要的时候能够快速组建机动班，在最短的时间提升生产作战力。

学习单元二　计划的过程管控

（一）周入库需求计划转为日生产计划

1. 确定零部件到货

以某公司为例，当接收销售入库需求计划后，将周入库需求计划传递至采购中心（主要涉及配套部、装备室），要求采购中心当周周四之前回复零部件到货时间及数量，根据采购零部件到货时间及数量、销售需求计划优先等级、销售库存情况，会同制造管理部和采购中心一起对周入库需求计划进行预排产并会签确认。如无法满足销售周计划需求，采购中心需书面回复具体原因及后续到货进度，如需调整周入库需求计划，由制造管理部根据采购中心书面函件向销售公司申请调整。

2. 日滚动计划的编制

以汽车生产为例，当周入库需求计划下达至 SAP 系统（企业管理工具）后，在系统事务代码中提取出周入库需求计划对应信息（VSN、面漆车身、面漆描述、特殊要求、批次号、数量等）至 Excel 表格里面，根据周预排产表将周入库需求计划分解至每个工作日中。

日滚动计划编制应具备的条件是：资源信息、生产工艺、需求计划配置状态。资源信息是提前收集物资供保、设备保障、人员保障的信息；生产工艺是生产车间的工艺布局及生产节拍；需求计划配置状态是掌握每个生产车型各配置状态情况。

日滚动计划编制需遵循的原则有：车身车间车身状态集中，减少生产线状态切换；涂装车间颜色集中，减少喷漆室换色频次；总装车间车型配置集中，减少配置切换，减少线边零件品种状态。样车生产时，首先应组织专题会议，确定生产时间及对生产线的影响；其次，优先安排在白班生产，便于科技中心/产品技术中心技术员跟线，其他职能部门及时响应现场。

日计划编制完成后发布至相关信息群（接收人员包含采购中心、质量中心、科技中心/产品技术中心、制造工厂各车间部门），最后将日计划放至公司设置的专用服务器的文件夹中。

冲压车间根据计划室下达的周计划，每周向物流室下达原材料需求计划，同时结合车身车间的日滚动计划、冲压件库存情况、原材料库存情况等数据信息，编制冲压件日生产计划，该计划包含生产线、零件品种、数量、生产时间等内容，由车间主任签批后公示于车间现场。

3. 日滚动计划系统导入

同样以汽车生产为例，当日滚动计划发布后应将相关信息（VSN、批次号、特殊要求、数量）复制粘贴至 SAP 系统导入模板中，将 SAP 系统模板导入 SAP 系统中生成 SAP 订单号，把 SAP 订单号复制到日滚动计划中对应的生产计划后面。

将导入 SAP 系统的日滚动计划传至 MES 系统，MES 系统导入后需检查数量和顺序是否与日滚动计划一致，再在 MES 系统中对计划进行确认并生成车身号及 VIN，最后执行生产计划。

冲压件日生产计划签批后将相关信息复制粘贴至 SAP 系统导入模板中，将 SAP 系统模板导入 SAP 系统中生成 SAP 订单，再将 SAP 系统的订单信息传至 MES 系统，MES 系统与精准物流系统自动对接，生成物料条码，最后执行生产计划，将物料条码按序贴于零件料箱上。

（二）生产计划执行

1. 生产计划执行工作流程

以汽车生产为例，冲压车间根据冲压件日生产计划，向物流室领取原材料，按零件先后顺序执行生产任务。每月拉通核算计划完成率和劳动生产率，计算方式如下：

月计划完成率＝（月下线件数/月计划件数）×100%

劳动生产率＝下线件数/（直接员工出勤人数×出勤天数）

其他生产车间严格按照日滚动计划及 MES 系统顺序生产上线，无特殊情况不允许跳序。

在生产过程中出现不合格车身时，原则上当班必须返不合格车身，以保证按序上线，如遇特殊情况对按序生产造成影响的，责任部门应提前 4 小时通知工厂计划物流部（或申请生产计划调序单）。

原则上生产计划调序单须在计划调整前由责任部门第一负责人签批后提交计划物流部，计划物流部在接到生产计划调序单后，结合实际情况对调序车辆进行系统计划调整并提前 2 小时通知相关方。

当调序车辆经评审达不到商品车要求需做报废处理时，责任部门除按正常流程处理外，需向计划物流部提交增补计划申请单，计划物流部根据增补计划中清单进行计划增补。

日滚动计划执行过程中，遇特殊情况（零部件差缺、质量问题等）对日滚动计划执行造成影响的，责任部门应提前 3 天提出申请（T+2 计划原则上不允许调整），由责任部门第一负责人签批后，再找相关部门负责人签批完成后，传递至计划物流部，计划物流部根据实际情况调整日滚动计划。

生产计划执行过程中需输出生产计划运行情况，形成日、周、月报表，并上报各相关负责人，计算方式如下：

生产计划完成率（焊装、涂装、总装主线）＝（日生产下线产品数量/日生产计量）×100%

日计划复检合格完成率（总装交验）＝（日交验合格产品数量/日生产计划数量）×100%

顺序遵守率（焊装、涂装、总装主线）＝（当日计划实际按序上线数量/当日生产计划总量）×100%

JPMH（人均小时产出）＝产量/总劳动时间

JPH（小时产出）＝工作量/时间＝每小时产量

计划及时完成率＝（按时完成计划量/实际下达计划数量）×100%

注：按时完成计划量中，"按时"指复检合格时间。

JPMH 与 JPH 的关系及举例如表 2-1 所示。

表 2-1　JPMH 与 JPH 的关系及举例

JPMH 与相关指标之间的关系		
管理指标	一班	二班
实施倍率	＝(12×20×8)/600＝3.2	＝(10×20×8)/600＝2.67
JPMH（人均小时产出）	＝6 000/(12×20×8)＝3.13	＝6 000/(10×20×8)＝3.75
JPH（小时产出）	＝6 000/(20×8)＝37.5	＝6 000/(20×8)＝37.5
实做工时（单台）	＝(12×20×8)/6 000＝0.32	＝(10×20×8)/6 000＝0.27

续表

已知条件	举例				
	投入			产出	
	生产人员	出勤日	日出勤时间	生产量	折合工时
一班	12 人	20 天/月	8 h/天	5 000 台/月	600 h
二班	10 人	20 天/月	8 h/天	5 000 台/月	600 h

2. 生产计划跟进及交付

同样以某汽车生产为例，计划物流部每天对生产周期超期的车身、车辆信息进行发布，并督促对超期车身、车辆的处理。每天对超期车身、车辆进行考核，并对考核情况进行发布，超期车身、车辆不能及时处理的，将会持续考核。

冲压车间按冲压件的日生产计划执行生产，生产下线的产品由物流室负责人入库，双方会签入库单。冲压各班组将形成生产日志，车间每天汇总前一个工作日的生产数据后，将信息向制造工厂汇报。

车身车间（焊装车间）需要根据生产计划按序生产，从车身上线扫描到涂装前处理上线扫描控制在 9.6 小时以内，储备车身需遵循"先进先出"的原则。对出现的各类影响车身流转的问题及时进行响应处理，如不能在规定时间内处理合格的，必须当天提交书面报告给计划物流部备案。

涂装车间需根据生产计划按序生产，以前处理上线扫描到总装上线扫描控制在 15.6 小时以内，储备油漆车身需遵循"先进先出"的原则。对出现的各类影响油漆车身流转的问题及时进行响应处理，如不能在规定时间内合格，必须当天提交书面报告给计划物流部备案。

总装车间需根据生产计划按序生产，从总装上线扫描到车辆合格控制在 15.6 小时以内，对出现各类影响车辆合格的问题及时进行响应处理，对其他部门造成车辆积压的信息及时进行发布，对于本部门原因造成车辆不能在规定时间内处理合格的，必须当天提交书面报告给计划物流部备案。

技术支持室在收到生产车间反映需技术支持的问题时，进行技术支持。

质量推进室在收到责任部门对超期责任判定存在争议时，进行仲裁。

其他各相关部门在收到因本部门原因造成车辆不能在规定时间内合格的信息后，必须优先进行协调处理，如在规定时间内不能处理合格，需提交书面报告给计划物流部备案。

如生产过程中因交通事故和设备事故导致产品缺陷的半成品车身和总装下线后的整车，严格按照事故车管理办法执行。

3. 生产计划及时完成率

生产计划及时完成率指制造公司按照计划要求的时间节点，生产产品合格的数量与生产计划总量的比值，周统计，月考核。

计算公式：

生产计划及时完成率＝（第一周按时复检合格数/第一周计划量）×25%＋（第二周按时复检合格数/第二周计划量）×25%＋（第三周按时复检合格数/第三周计划量）×25%＋（第四周按时复检合格数/第四周计划量）×25%

复检合格数的批次号与周需求计划的批次号应匹配，周需求计划包含周入库需求计划和需在该周完成的订单计划，复检合格时间节点为销售公司下达计划要求的入库日期。

4. 月清月结管理

制造管理部牵头对计划管理实行入库计划、生产计划月清月结管理原则，原则上当月未执行完毕的计划在下达次月计划前全部清理，销售公司结合市场实时需求，重新整合下达并在次月执行。通过计划月清月结管理，可大大提升计划的准确性、及时性和有效性。

（三）系统处理

1. SAP 与 MES 系统操作（以汽车生产为例）

生产计划执行中 SAP 系统常规操作如下。

①生产计划 SAP 导入模板用事务代码，其中 ZAPP040 代码（生产计划维护）需根据提示创建计划版本，再单击"维护"按钮，进入创建的计划版本，上传对应 SAP 导入模板，单击"保存"按钮，保存后单击"生成"按钮，系统自动生成 SAP 订单号，生成 SAP 订单号后单击"发送"按钮，系统将生成的计划传递至 SAP 与 MES 系统端口连接中间库中。

ZPP003 代码（焊涂总作业计划批输入）则直接用 SAP 导入模板导入并自动生成 SAP 订单号，将 SAP 订单号复制到事务代码 COHV（批量处理生产订单）进行批量下达，将 WES 需求信息复制至 MES 系统导入模板中，导入 MES 系统。

②SAP 系统生产计划订单修改（数量、批次、生产日期、长文本等）模板用事物代码 COOIS（生产订单信息系统），将 SAP 订单号输入至生产订单项后直接单击左上角"执行"按钮，选中订单号单击"更改对象"标识，进入后修改。SAP 系统修改发动机信息（发动机号、型号等）用事务代码 IQ02（更改物料序列编号），进入后输入序列号（VIN），单击左上角"编辑"按钮，选中"视图选择"，勾选"其他"，关闭后进入"其他"页签。

③SAP 系统生产计划常用事务代码：ZSD008，查询下线未入库车辆明细与库区库存车辆明细；ZPP021，查询入库车辆明细；ZSD039，查询销售排单车辆明细；ZPP026，有油车辆生产的必备条件（日滚动计划无法生成 SAP 订单号时使用）；COHV，批量处理代码，如删除订单、关闭订单（每月盘存完成时关闭生产完成的订单）。

生产计划执行中 MES 系统常规操作如下。

①日计划导入。进入 MES 系统页面后单击"计划管理"，在下拉菜单中找到"SAP 计划导入"，单击后进入计划导入页面，在该页面单击"计划导入"按钮，系统自动导入 SAP 系统传递的生产计划，最后检查一下传递状态，"Y"代表已传递完成，"N"代表正在传递。

②工厂计划 MES 系统计划下达。进入 MES 系统页面后，单击"计划管理"，在下拉菜单中单击"计划维护"，选择计划序确认计划，再次单击计划管理下拉菜单的"审批确认"，选择计划序审批确认，再次单击计划管理下拉菜单的"物料确认"，选择计划序物料确认，最后，单击计划管理下拉菜单中的"焊装涂装计划下达"，焊装计划需选择计划序后先分配车身流水号，再单击"计划下达"，涂装计划则直接单击"计划下达"，进入总装计划时单击计划管理下拉菜单中的"总装计划下达"。注意，总装计划下达前需分配 VIN，此分配只能一序一序生成，无法多序同时进行，生成 VIN 时需按照科技中心下发的 VIN 生成规则生成，生成 VIN 之后再确认计划下达确认。

③MES 系统日常维护。导入 MES 系统后需对生产计划进行调整、删除、转移、调序等，

直接单击计划管理下拉菜单中的"计划维护"进入相应界面，选中计划序进行维护（已经计划下达的，计划维护需先取消执行）。

④车间按 MES 系统计划序生产并扫描入 MES 系统，MES 系统将数据直接传递至 SAP 系统自动报工收货（其中配件计划需车间内部手动报工），车间将每日生产完成的生产计划单整理成表格发送至工厂成本控制室结算。

2. 现场协调

为确保制造企业生产经营计划的严肃性，规范生产异常的响应处理流程，维护制造企业流畅、高效的生产秩序，各制造公司根据实际情况编制有《生产线在线响应和索赔管理办法》（简称《办法》），下面以某汽车制造企业《办法》为例，对生产现场协调和响应做简要介绍。

生产线停线后为了保证现场问题得到及时解决，各级管理人员接到停线通知后必须在规定响应时间内到达现场支持。

现场各级管理人员响应时间要求为：工段长 5 分钟；生产调度、生产科长、初判责任部门 10 分钟。

各部门响应人员在规定时间到达现场后，针对现场出现的问题，如 5 分钟内仍不能提供解决方案，需逐级升级相关负责人到现场响应。

生产线停线 15 分钟以上无处理措施的，要求各部门负责人必须赶到现场，因特殊原因不能赶到现场的，必须派人并经过授权作为代表赶到现场进行响应。

生产线停线 30 分钟以上（包含 30 分钟）无处理措施的，生产调度必须通知制造公司的副总经理和总经理，根据需要请求制造公司副总经理或总经理到现场进行支持和指挥。

责任部门在接到停线通知后，应立即派人到现场支持。从接到通知并到达现场响应的时间规定如下：

白班各部门人员到达现场时间不允许超过 5 分钟，夜班不允许超过 10 分钟；

零部件供保不足造成生产停线，采购中心负责牵头解决；

零部件质量问题造成的生产线停线，质量中心负责牵头解决；

零部件配送不及时导致的生产停线，计划物流部负责牵头解决；

零部件标准不明确、产品设计出现的问题造成的生产线停线，科技中心/产品技术中心、制造公司技质部负责牵头解决；

制造过程产生的质量问题造成生产线停线，责任车间及技质部负责牵头解决；

质量类问题（含零部件上线前发现的质量问题），科技中心/产品技术中心、制造公司工艺室在现场制定了临时措施的，相关部门必须严格执行，确保生产线得到快速恢复，需相关手续的，事后由科技中心/产品技术中心或责任部门负责办理；

生产线异常问题处理完毕后，生产恢复。

停线发生后，停线车间填写生产停线记录单，白班车间主任必须签字，夜班由当班生产科长签字，在响应部门会签后交给计划物流部生产调度，由计划物流部负责汇总记录。

学习单元三 工序计划

工序计划

（一）工序管理的概念

工序是指原物料被加工成为产品的生产活动环节，是产品的一个生产加工步骤。在工厂内的一系列的工序称为生产工序。工序管理是指从提高效率的角度出发，对一系列生产工序所做的计划与运营。

具体来说，就是根据生产计划来确定产品的种类、数量、完成时间及生产方式，制订工序计划或日程计划并确定生产顺序，确定分派的作业内容并配备好所需要的材料着手生产，按照进度安排，对生产作业的完成状态进行指导和控制。

一般认为，工序管理是伴随着生产而进行的计划、实施、控制的一系列管理活动，工序管理的目的是确定产品的产量和交货日期。因此，工序管理在生产活动中是极其重要的。可以从管理职能的角度对工序管理划分类型，如表 2-2 所示。

表 2-2 工序管理的职能划分

职能	计划、控制	内容
计划职能	工序计划 日程计划	制订作业步骤计划，确定作业顺序、方法、时间、地点等，根据订单数量，正确地进行生产能力的调整
控制职能	安排控制 工序控制	制订安排计划，进行作业的分配并开始生产，为工序预期计划的顺利完成实施控制

（二）工序计划

工序计划包括制订每个产品的作业步骤计划，制订配置适当的设备和人员所做的工时计划、负荷计划等。

工序计划实施的要点：一是多品种的产品，在单个生产的情况下，几乎所有的产品每次都要制订工序计划；二是某个品种的产品，在连续生产的情况下，只是在最初的生产阶段制订一次工序计划就可以了。

1. 作业步骤计划

作业步骤计划是指对于设计好的产品，基于设计图的意图来确定实物生产时所需要的作业次序和方法、机器设备和工装、所需的材料及加工地点的过程。用表的形式来表示的作业步骤计划称为作业步骤表或工序表，如表 2-3 所示就是作业步骤表中的一例。

表 2-3 作业步骤

作业步骤表							
	图面编号	TP-185B
	产品名称	齿轮泵
	部件名称	双头螺栓
	材料	S25C
	使用个数	2
工序编号	作业内容	作业指导书编号	使用设备	工装	标准时间/min	作业人数	备注
1	车削	FOT-136	车床	FO-203	3	1	
2	滚螺纹	FMS-112	滚螺纹机	FM-123	2	1	

以下内容是制作一个品种的作业步骤表中需要记入的项目。
①产品或者部件的名称和编号。
②作业的名称和内容以及顺序。
③作业的必要人员和技能要求。
④在作业中使用的机器设备的机种、精度以及工装。
⑤作业的标准时间。
⑥使用材料的质量、形状、规格、数量等。

作为制作计划和筹备的基础资料，作业步骤表除了在生产现场使用之外，还要下达给仓库、采购、销售、设备、工装、劳动等各部门，作为生产准备资料使用。

2. 工时计划

工时是指以一名操作人员来计算的计量单位，通常用人·小时（一人工作一小时）来表示，称为人时。有时也用人·日（一人工作一天）来表示，这时称为人工。在采用自动机械设备进行作业时，工时的基准是一台设备的运转时间。

工时计划是指完成订单加工所需要的工时，按照工序类别或者按照部件类别换算成人·日、人·小时等工时。这个计划除了作为基准日程计划、日程计划外，也是人员计划、设备计划、成本核算等的基础资料。

制订工时计划时可以先根据步骤1～步骤4求得负荷工时和能力工时，再按照步骤5，就可以计算出所需要的人员和必要的设备台数。

步骤1：求解标准工时。

标准工时是指在标准工作环境下，进行一道加工工序所需的人工时间。

步骤2：求解预定的生产量。

工序的不合格品率（不良品率）可利用下式算出：

预定的生产量=订单数量/（1-不合格品率）

步骤3：求解相当于1个月（一定时间）的负荷工时（在这里设一定时间为1个月）。

负荷是指分配给工序的工作量，负荷工时可利用下式算出：

1个月的负荷工时=标准工时×1个月的预定生产量

步骤4：求解1个月的能力工时。

用工时表示的现有的操作人员和设备能够完成的工作能力称为能力工时，可利用下式算出：

每人每月的能力工时=1天的工作时间×1个月的工作日数×(1-缺勤率)

每台设备每月的能力工时=1天的运转时间×1个月的运转日数×(1-故障率)

步骤5：求解所需的人员、必要的设备台数。

所需的人员=1个月的负荷工时/每人每月的能力工时

必要的设备台数=1个月的负荷工时/每台设备每月的能力工时

计算出的工时要按照工序类别、部件类别、地点类别、订单类别等进行区分，归纳整理成工时表。表2-4所示就是将各部件按照作业步骤计划的加工步骤填写的标准工时的工序类别工时表。表2-5所示是根据加工步骤，为明确各个部品所需的工时而做的部件类别工时表。

表 2-4 工时表（按工序类别）

min

工序	部件					
	待加工	车削	打孔	剪切	磨削	组装	完成
A	▽	① 2.5	②		③		
B	▽	① 2.0		② 1.5	③ 1.0	④ 1.0	▽
工时合计	30	5	20	15	10		

备注：○里面的数字表示工序的顺序；○下面的数字表示工时。

表 2-5 工时表（按部件类别）

min

工序	部件 A		部件 B	
	工序	工时	工序	工时
1	车削	1.5	车削	1.5
2	打孔	0.4	剪切	1.2
3	磨削	0.8	磨削	0.8
4			组装	0.5
工时合计		2.7		4

3. 负荷计划

在工厂计划中，按照工序类别和岗位类别，进行订单的负荷工时与工厂的能力工时的匹配时，既要进行两者的比较又要考虑生产量和交货期，按照期间类别把工作分配给工序称为负荷计划或者称为负荷分配。另外，按照期间依次累加的负荷堆积下去则称为负荷山积法或简单称为山积法。

对于负荷计划，若是作业能力不足时，可以通过延长作业时间、增加外协等方法进行调整，当预见到长期的能力不足时，就需要增加设备和人员。

具体来说，工序计划者必须具备相关的知识，包括正常的职种类别或设备类别的生产能力，以及如何调动生产能力来完成负荷计划的知识。能力和负荷之间的差异称为余力，负荷计划的要点就是力争在负荷与能力之间取得平衡，并将能力和负荷之间的差异（即余力）维持在较小的范围内。

负荷分配的方式有以下两种。

（1）顺时针负荷法（正向方式）

以现时间点为基准，从有余力的工序依先后顺序进行负荷分配，从而算出交货期的方法。顺时针负荷法分配的顺序简单，但是在交货期比较紧张的情况下不能保证准时交付。

（2）逆时针负荷法（反向方式）

以交货期为基准，从最后的工序开始逆向依次进行负荷分配的方法。虽然计划中的负荷移动或调整计算比较复杂，但是，因为是以交货期为基准进行逆推的，所以适用于力求缩短产品在库时间时和订单生产情况下的负荷分配等。

4. 日程计划

（1）日程计划的概念

从各工序开始到结束所需要作业的日期称为日程，日程计划是基于作业步骤计划中的作业所建立的最适合的日程规划。具体地说，在订单生产的情况下以交货期为目标、在计划生产的情况下以生产计划确定日期为目标，充分考虑物质的采购或设备、操作人员的余力等，以时间为中心来排列各个作业。这样一来，可以提高各工序的运转率，缩短生产时间，最终提高经济效益。

表示产品和部件的日程计划的表称为日程计划表或日程表。因日程表制定目的不同，可分为产品类别、部件类别、设备类别、作业类别等。另外，正如生产计划可以划分为长期、中期、短期一样，日程计划也可根据其使用目的划分为大日程计划、中日程计划、小日程计划。

1）大日程计划

工厂厂长和最高管理者使用的，以0.5~1年内每月生产的产品品种和数量为中心的日程计划。

2）中日程计划

部门管理者使用的，以1~3个月内的每周至每季度生产的产品和部件为中心的日程计划。

3）小日程计划

现场管理者使用的，以周至季度内的每天作业为中心的日程计划。

如表2-6所示是一个产品类别的日程计划表。

表2-6 日程计划表（产品类别）

项目	5月	6月	7月	8月	9月
	5 10 15 20 25	5 10 15 20 25	5 10 15 20 25	5 10 15 20 25	5 10 15 20 25
设计出图					
物料计划					
作业步骤计划					
外购计划					
工夹具配置					
材料出库					
制作作业单					
机械加工					
组装作业					
试运转					
出库					

通常，日程计划按照下面的步骤制订。

①按照产品或产品组制定基准日程。

②制订生产的大日程计划。

③制订产品或部件的中日程计划。

④制订作业的小日程计划。

（2）基准日程计划

完成一个产品或部件所花费的时间不仅仅是加工时间，还有在制品的作业及完工后的等待时间、工序间的搬运及搬运等待时间、其他停滞的余量时间。

以这些合计的时间为基准，按照各个工序加工的顺序排列，明确其产品或部件从生产开始到结束，标准的工期所需的日程称为基准日程。基准日程的单位通常用日来表示。对基准日程有影响的是预测的余量时间。在用预测方法得到余量时间时，选取略低于所调查的过去数月实际业绩值的平均值。如图2-1所示是基准日程的构成。

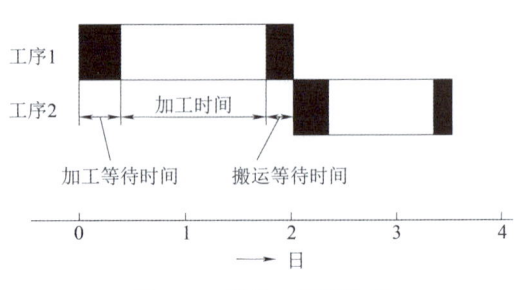

图2-1 基准日程的构成

制定基准日程的目的在于为负荷分配提供信息，按照订单已经确定的交货期情况，要在交货期内完成工作，就要确定哪个工序先行、什么时候开始等，以求得负荷分配的信息。

现根据某一订单，介绍制定基准日程的步骤，具体如下。

步骤1：填写每个产品或部件的各工序的基准日数，汇总成如表2-7所示的加工工序表。

表2-7 加工工序表

部件	加工顺序							
	1		2		3		4	
	工序	基准日数	工序	基准日数	工序	基准日数	工序	基准日数
A	车削	3	打孔	1	磨削	1.5		
B	车削	2.5	扭曲剪	2	磨削	1.5	组装	1

步骤2：将工序步骤计划中的部件类别的各工序，按照加工步骤排列。

步骤3：保持其加工步骤的顺序，将各部件的工序平行配置，得到基准日程表，如图2-2所示。

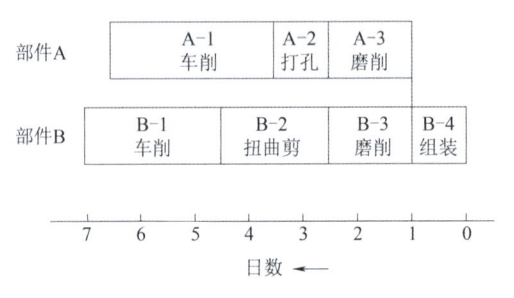

图2-2 基准日程（按部件类别）

步骤4：将基准日程表右端的最终完成日设为0，根据逆时针负荷法，按照加工步骤的反方向标注日程刻度，根据这个刻度就可以知道为了在交货期内完成生产的各个工序的开始时间。刻度上标注的表示次序的编号称为安排编号（简称排号），通常以一天为一个编号，但工期较长时也会以2天以上甚至1周为一个编号。

课后测评

一、选择题

1. 下列不属于产品研发的是（　　）。
   A. 基础研究　　　　　　　　　　　B. 应用研究　C. 重点研究　D. 开发研究
2. 制订产品计划，需要进行下列（　　）问题的研究。
   ①研究与市场相关的顾客的品种需求以及竞争对手的品种现状等。
   ②创意、创新和评价以及试制的研究。
   ③专利和相关法律法规的研究。
   ④销售时机、数量、价格、地区等的研究。
   ⑤计划的制订与控制。
   A. ①②　　　　　　　　　　　　　B. ①②③　C. ①②④　D. ①②③④⑤
3. 下列不属于生产规划编制的条件的是（　　）。
   A. 各产品销售预测需求　　　　　　B. 有效工作日
   C. 物资保障能力　　　　　　　　　D. 人员保障能力
4. 不属于生产计划的作用的是（　　）。
   A. 协调满足生产计划所需的产量与可用资源之间的差距
   B. 制订均衡的生产计划，以便均衡地利用资源，保持稳定生产
   C. 控制拖欠量和库存量，作为编制后续下一级规划的依据
   D. 用文字和指标等形式所表述的组织以及组织内不同部门与不同成员，在未来一定时期内关于行动方向、内容和方式安排的管理文件
5. 日滚动计划编制应具备的条件资源信息、_____、需求计划配置状态。（　　）
   A. 生产工艺　　　　　　　　　　　B. 工艺布局　C. 采购计划　D. 人员储备

二、判断题

1. 在管理学中，计划就是计划工作，是指根据对组织外部环境与内部条件的分析，提出在未来一定时期内要达到的组织目标及实现目标的方案与途径。（　　）
2. 产品设计是指根据生产计划，为了实现产品化所进行的确定形状、规格、物料等要素并绘制图样的过程。（　　）
3. 生产计划编制的目的是决定全年（月、周）的生产总量，以满足销售预测需求，并保持一定的库存水平和平稳的生产率。（　　）
4. 年度生产计划编制是制造公司每年11月份接收下一年度需求计划，根据车型、有效工作日、设备保障能力和用工人员情况，编制次年年度生产计划，审核后的年度生产计划用于指导月度计划的编制。（　　）
5. 随着市场需求的波动，制造系统不需要调整优化资源配置以匹配不同时期市场不同的需求量。（　　）

学习评价

评价类型	权重/%	具体指标	分值	得分 自评	得分 组评	得分 师评
职业能力	65	掌握计划的定义及类型	15			
		了解计划的过程管控	25			
		掌握工序计划相关知识	25			
职业素养	20	坚持出勤，遵守纪律	5			
		协作互助，解决难点	5			
		按照标准规范操作	5			
		持续改进优化	5			
劳动素养	15	按时完成，认真填写记录	5			
		工作岗位 8S 处理	5			
		小组分工合理	5			
综合评价	总分					
	教师点评					

学习情境 三

采购与仓储

学习目标

知识目标	技能目标	素质目标
①了解采购的含义、地位与作用，以及采购管理的发展趋势； ②理解采购的原则与程序； ③理解采购与采购管理的关系； ④熟悉采购市场调查与预测方法	①能够结合实际案例分析采购与购买的区别； ②能够划分采购管理部门并设置岗位、制定岗位职责； ③能够编制采购计划	①培养学生遵守劳动纪律、保障生产安全的意识； ②树立职业道德、敬业精神、合作意识； ③培养创新意识，增强社会责任感； ④培养专业的职业素养

情境导入

张三被一家民营企业聘为采购管理顾问，直接上司为常务副总经理郑总。该公司是一个以压铸和精密加工为主的制造型企业，采购的物料主要是再生铝合金和挤压铜棒，品种不到30种，采购金额占采购物资总额的80%。剩下的将近9 000种采购物料包括各种合金和添加剂、磨料、刀具、各种设备和维修备件、劳保用品、包装材料、工装夹具的制作材料等。公司的管理系统只使用了成本、库存和采购3个模块。整个采购部加上张三，一共五个人，包括一个资历比较老的采购主管、一个文员、两个采购员。

1. 六大问题导致系统失控

张三到任后就发现这家民营企业的整个采购模块运行比较奇怪，有以下问题。

①各部门申报的辅助材料由各部门派人到仓库自查库存，然后直接报采购部，手工填写的报表名称不统一，有的明明是一个产品，却有两个规格，例如，同样是5 mm厚的A3钢板，却有5 mm×1 700 mm×5 010 mm和5 mm×1 800 mm×5 000 mm两个规格；还有的是两种产品，却使用同一个规格。

②采购订单根据手工申请单直接输入，如果没被批准就造成采购订单跳号，不方便统计。由于一张手工采购申请上有多个物料，每个物料询价处理的时间又不一样，时间一长经常造成遗漏。

③货物到了之后才审核订单，因为临时采购的物资单价无法确认，导致手工订单和系统

订单并行。

④铝合金和铜棒的价格经常发生变化，几乎是一批一个价格。由于公司没有检验设备，只能送到金属研究所检验，来回需要两天，有的时候会发生先出库后入库的现象。因为公司材料核算实行的是移动平均法，所以有时材料价格波动过大。

⑤铝合金和铜棒的到货数量与订单数量不符。供应商出货时，铝合金都是按照规定数量铁皮打包出货，铜棒是定尺整根出货，误差是难免的。而财务要求是分毫不差，采购员嫌麻烦，也经常等到货物来了之后才请郑总审核订单。

⑥因为订单的不准确性，采购和库存的数据是相互独立的。原材料和辅助材料的采购，在系统内基本处于失控状态——采购订单成了先斩后奏，采购时因为材料的不确定性，经常会出现物料短缺或者积压现象，而且信息不规范，也容易造成人为的失误。

2. 采购管理整顿措施

张三到该企业后的第二个星期，就开始对采购内部进行整顿，主要采取了以下措施。

①取消了各部门的手工采购申请。各部门指定专人在系统内的采购申请单上申报所需的物料和数量，新增物料与否由仓库把关。各部门经理审核之后到达采购员，采购员在询价之后，负责填写采购申请单，经理负责二级审核，郑总负责三级审核。

②对于一张采购申请单上迟迟未处理的物料，张三要求采购部门拆分成两张采购申请单，保证了询价完毕的物料的采购时间，同时也保留了未询价物料的信息。

③在采购申请单得到批准后，由采购文员统一钉成联号的采购订单，供方、品种、数量、不含税价格等一目了然；郑总二次审核后打印，将此作为采购执行的依据；除了设备订单，都采用了系统自动打印的方式，完全取消了手工订单。

④与供应商沟通，要求所有的供应商送货时，统一填写规定格式的无碳复写纸的送货通知单，外地送货的由采购员填写，必须注明供方代码、物料编码、数量和采购订单号码。

⑤仓库里所有的入库必须以采购订单的入库单为依据，核对送货通知单，没有或者不符合采购订单的绝对不允许入库。入库的估入和购入价格必须和订单不含税价格一致。开始的时候还允许价格误差5%，运行一个月后，就取消了价格误差。

⑥与原材料供应商沟通，要求送货的总数量不允许超过该采购订单的数量。与财务沟通，说明了订单数量、送检数量和入库数量不一定一致的关系，得到了财务的认同。采购经理每星期审查订单，对数量基本完成的订单予以手工关闭。张三一向不大赞同采购订单和生产订单给数量容差后，允许自动关闭的做法，应由经理或者计划员对自己的计划进行审查，分析未完成订单。

⑦通知仓库（当时隶属于成本部）没有入库绝对不允许发料。因为只要原材料早到两天，就可以解决这个先发后入的问题，一切后果由采购部承担。

通过张三的7项措施进行整顿，该企业的采购系统很快走上了正轨。

问题：

①企业要不要加强采购管理？如何通过管理出效益？

②企业如何设立采购管理部门？如何明确采购管理人员的职责？

③采购过程中如何确定采购原则？需要什么样的采购流程？

学习单元一　采购管理基础

（一）采购与采购管理

随着经济的深入发展，采购已成为企业必不可少的一项经营活动，是一种常见的经济行为。无论是组织还是个人，要生存，就要不断地从外部获取所需要的有形物品或无形服务。无论从广度还是深度上，采购都得到了极大的扩展，已渗透到企业活动的方方面面，它在企业中的地位日益提升。采购决策已开始进入企业战略层，采购人员应更多地思考如何实现有效采购，降低成本，从而提升企业竞争力。企业越来越重视采购环节，对采购进行有效管理已成为市场竞争的必然。

1. 采购的含义

采购是指个人或组织在一定的条件下通过信息收集、整理和评价，从供应市场获取产品或服务作为企业资源，以保证企业生产及经营活动正常开展的一项企业经营活动。它包括两方面的内容：一方面，采购人员必须主动地对用户需求作出反应；另一方面，还要保持与供应商之间的互利关系。采购对于生产、生活的意义在于通过这种活动来获取需要但缺乏的资源，这些资源既包括生活资料，也包括生产资料，既包括实物的资料，如原材料、机器设备等，也包括非实物的资料，如信息、服务、高新技术等。采购最基本的功能就是帮助自然人或组织从资源市场获取他们所需要的各种资源。

采购有狭义和广义之分。狭义的采购是指以购买的方式，由买方支付对等的代价，向卖方换取物品或服务的行为过程，在买卖双方的交易过程中，伴随物品所有权的转移；而广义的采购是指除了以购买的方式占有物品的所有权之外，还可以通过租赁、借贷等途径取得物品的使用权，以达到满足需求的目的。

对于工商企业来说，采购可分为战略采购和日常采购两部分。战略采购是指采购人员根据企业的经营战略需求，制定和执行采购企业的物料获得规划，通过内部客户需求分析，外部供应市场、竞争对手、供应基础等分析，在标杆比较的基础上设定物料的长短期采购目标，达成目标所需的采购策略及行动计划，并通过行动的实施寻找到合适的供应资源，满足企业在成本、质量、时间、技术等方面的综合指标。而日常采购是指采购人员根据确定的供应协议和条款，以及企业的物料需求时间计划，以采购订单的形式向供应方发出需求信息，并安排和跟踪整个物流过程，确保物料按时到达企业，以支持企业的正常运营过程。

采购的对象分为直接物料和间接物料，直接物料将用于构成采购企业向其客户提供的产品或服务的全部或部分，而间接物料将在企业的内部生产和经营活动中被使用和消耗。

2. 采购的地位与作用

（1）采购在企业经营中的地位

①采购的供应地位。企业开展生产经营活动，离不开原材料、生产设备和技术资源的支持，只有把采购和供应商的活动看作是自身供应链的一个有机组成部分，才能加快物料及信息在整个供应链中的流动。

②采购的质量地位。一般来说，产品中价值的 60% 是经过采购由供应商提供的，产品"生命"的 60% 应在质量控制中得到保障。也就是说，企业产品质量不仅仅要在企业内部控

制好，更多地应控制在供应商的质量管理过程中，这也是"上游质量控制"的体现。供应商上游质量控制得好，不仅可以为下游质量控制打好基础，而且可以降低质量成本，减少企业来货检验费等。实践表明，一个企业如果能将 1/4~1/3 的质量管理精力花在供应商的质量管理上，那么企业自身的质量水平至少可以提高 50%。

③采购的价值地位。一般来说，采购成本占企业总成本的比例为 30%~90%，我国企业采购成本占销售成本的 70%以上。以采购成本占企业总成本的 60%来计，采购成本每降低 2%，资产回报率便可增加 15%。采购管理是整个企业成本管理中最有价值的部分。

（2）采购在企业经营中的直接作用

①提供原料，保障生产或经营正常运转。

②控制采购价格，为企业降本增效。例如，采购可以通过实际成本的节约显著提高销售边际利润，在采购上每节约 1 元就是为公司营业利润增加 1 元。

③做好采购可以带动关联产业发展，沟通经济关系。

④做好采购可以保障社会流通，同时能够洞察市场的变化趋势。

⑤提供信息源的作用。采购部门与市场的接触可以为企业内部各部门提供有用的信息。这主要包括价格、产品的可用性、新供应源、新产品及新技术的信息，这些信息对企业中其他部门都非常有用。供应商所采用的新营销技术和配送体系很可能对营销部门大有好处；而关于投资、合并、兼并对象及当前和潜在的顾客等方面的信息，对营销、财务、研发和高层管理都有一定的意义。

（3）采购在企业经营中的间接作用

①除了直接降低采购价格，采购职能也能够以一种间接的方式对公司竞争地位的提高作出贡献，这种间接贡献以产品品种的标准化、质量成本（与检查、报废、修理有关的成本）的降低和产品交货时间的缩短等形式出现。在实践中，这些间接贡献通常比直接节省的资金更加实在。

②产品标准化。采购可以通过争取减少产品种类来对降低成本价格作出贡献，这可以通过具体产品的标准化和（或）标准供应商得以实现。这会降低对某些供应商的依赖性，更好地使用竞标的方法，并减少库存物品。

③减少库存。在国外，库存被看成是对计划的保证，这是由于难以预测输出物流而引起的（销售预测很难给出，或者不做销售预测）。另外，也应归咎于供应商交付被采购原料的无规律。计划问题经常借助库存来解决，通过向供应商不断地施加要求并且予以执行，做出仔细的交货安排和（或）与供应商之间的专门库存协议（如委托库存协议），采购可以对库存和因此占用资本的减少作出重要贡献。

④递增的柔性。迫于国际竞争的压力，越来越多的公司正尝试实施柔性制造系统，这些系统更利于提高公司的市场反应。其他方法也为生产中质量的提高、更少的库存和更高的周转率的实现作出了贡献。这种系统的实施要求供应商具有良好的素质，采购必须把这些要求施加于精选后的供应商身上。把提高供应商的表现作为目标之一的采购方针，必将会给公司在其最终用户市场上的竞争力带来提升。

⑤对产品设计和革新的贡献。随着科技的进步，产品的开发周期在极大地缩短，产品开发同步工程应运而生。以汽车为例，20 世纪 50 年代其开发周期约为 20 年，70 年代缩短到 10 年，80 年代缩短到 5 年，90 年代则进一步缩短到 3 年左右，企业之所以能够做到这一点

是与供应商早期参与开发分不开的。通过采购让供应商参与到企业产品开发中，不仅可以利用供应商的专业技术优势缩短产品开发时间、节省产品开发费用及产品制造成本，还可以更好地满足产品功能性的需要，提高产品在整个市场上的竞争力。美国麻省理工学院斯隆管理学院创新与创业部主管指出，成功的工业革新常常是从供应商和买方的相互深入作用中得出的，积极地寻求这种相互作用是采购的任务。通过这种方式，采购能够对产品的持续革新和改进作出积极贡献，这将促使公司在其最终用户市场取得更为强大的竞争地位。其他理论也表明，就革新流程而言，采购职能和供应商可以起到启动作用。

⑥鼓励采购协作。近年来，许多公司都采用了一种事业部结构，因为事业部有相当大的自主权。在这样一种结构中，每一个事业部的经理都需要报告其全权负责部门的损益情况。因此，事业部经理要对收入和成本，包括原料成本负责。在这种情况下，作为一个集体的公司能够在一个较小的供应基础上，在一般原料需求的协调采购中获得较大的好处。

3. 采购的原则

企业采购过程中要遵循哪些原则，才能使采购效益最大化？采购专家提出应用"5R"原则指导企业采购活动，也就是在适当的时候以适当的价格从适当的供应商处买回所需数量物品的活动。采购必须要围绕"价""质""量""地""时"基本要素来展开工作。5R原则包括合适的时间（Right Time）、合适的品质（Right Quality）、合适的数量（Right Quantity）、合适的价格（Right Price）、合适的供应商（Right Vendor）。

（1）合适的时间原则

企业已安排好生产计划，若原材料未能如期达到，往往会引起企业内部混乱，即产生停工待料，当产品不能按计划出货时，会引起客户强烈不满。若原材料提前太长时间买回来放在仓库里等着生产，又会造成库存过多，大量积压采购资金，这是企业最不愿看到的事情。故采购人员要扮演协调者与监督者的角色，随时了解供应商的生产情况，与供应商商议合适的交货期，特别是企业采用JIT（Just In Time，准时生产）采购（详见视频资料"采购管理基础"中的"采购方式"），更应注意按时交货。

（2）合适的品质原则

产品质量是企业的生命，而采购对产品质量起到举足轻重的作用，一个不重视品质的企业在今天激烈的市场竞争环境中根本无法立足。对采购人员而言，质量好的标准应是"符合买卖约定的要求或规格就是好质量"，而不是越高越好，应追求"满足使用要求"的经济、适当的质量。

①质量证明文件。

采购人员在了解供应商生产资质的基础上，还要重视质量证明文件。质量证明文件主要包括质量合格证和商检合格证。质量合格证是指生产者为表明出厂的产品经质量检验合格而附于产品或者产品包装上的合格证书、合格标签等标志，其形式主要有合格证书、合格标签及合格印章。商检合格证是各种进出口商品经过商检机构进行检验或鉴定后，由该检验机构出具的书面证明，包括商品检验证书、鉴定证书和其他证明书，它们起着公证证明的作用，是买卖双方交接货物、结算货款和处理索赔、理赔的主要依据，也是通关纳税、结算运费的有效凭证。

②保证采购质量的主要措施。

a. 强化采购职能机构，明确职责和权限，实行物资归口管理，集中统一采购，建立一支精干、得力、高素质的采购员队伍，做好采购员的选拔、聘用、培训、考核等工作。

b. 不断扩大从生产厂家直接订购物资的范围，以相对稳定的渠道来保证质量。

c. 建立专职质量检验机构，认真、严格、仔细地做好采购物资入库前的质量检验。

d. 按照《中华人民共和国民法典》（后文简称《民法典》）的要求与供方签订采购合同，特别是对验收中难以发现或无法试验，而需在使用中发现问题的产品的质量标准，应更为严格、具体、明确，以便做好采购物资质量异议的处理和索赔工作。

e. 对大批量、重要物资的采购可采用招标采购等方式。

f. 定期召开主要由生产技术人员参加的价格质量听证会，听取有关人员的意见、建议，不断调整、改进采购工作。

③采购物品品质达不到约定要求带来的后果。

a. 导致企业内部相关人员花费大量的时间与精力去处理，增加管理费用。

b. 导致生产线返工增多，降低产品质量、降低生产效率。

c. 导致生产计划推迟进行，有可能引起不能按承诺的时间向客户交货，降低客户对企业的信任度。

d. 导致客户退货，不但使企业蒙受经济损失，甚至还会失去客户。

（3）合适的数量原则

批量采购虽有可能获得数量折扣，但进货过多不但造成企业库存太高，导致压仓、滞销风险，而且会积压采购资金，进货太少又不能满足生产需要，造成停工待料，还会增加送货成本，故合理确定采购数量相当关键。一般按经济订货量采购，采购人员不仅要监督供应商准时交货、还要强调按订单数量交货。

（4）合适的价格原则

采购价格是影响成品价格最重要的因素，是采购活动中的敏感焦点，企业在采购中最关心的要点之一就是采购能节省多少采购资金。一个合适的价格往往要经过以下几个环节的努力才能获得。

①多渠道获得报价。采购人员在事先调查市场价格的基础上，不仅要有从前的渠道供应商报价，还应该寻找一些新供应商报价。企业与某些现有供应商的合作可能已达数年之久，但它们的报价未必优惠。获得多渠道的报价后，企业就会对该物品的市场价有一个大体的了解，并进行比较。

②比价比质。俗话说"货比三家"，因为专业采购所买的东西可能是一台价值百万或千万元的设备或年采购金额达千万元的零部件，这就要求采购人员必须谨慎行事。由于供应商的报价单中所包含的条件往往不同，故采购人员必须将不同供应商报价中的条件转化一致后才能进行比较，采取如"定价比质""定质比价"，只有这样才能得到真实可信的比较结果。

③议价。经过比价环节后，筛选出价格最适当的两三个供应商的报价。进一步地深入沟通、磋商，不仅可以将详细的采购要求传达给卖方，而且可进一步"杀价"，供应商的第一次报价往往含有"水分"，在买方市场条件下，"水分"易挤出，但是，如果采购物品为卖方市场，即使是面对面地与供应商议价，最后所取得的实际效果可能也要比预期低。

④定价。经过上述3个环节后，买卖双方均可接受的价格便作为日后的正式采购价，一般需保留两三个供应商的报价。这两三个供应商的价格可能相同，也可能不同。

（5）合适的供应商原则

优质产品是由优质的企业制造出来的，表现不良的供应商会影响到企业的利润及声誉。因此，采购人员在选择供应商时应从质量水平、交货能力、价格水平、技术能力及售后服务等方面加以考虑。同时还应遵循本单位优选、近处单位优选、老供应商优选、直接生产单位优选、信誉好的单位优选的原则。

4. 采购的程序

企业的相关部门要按采购流程进行采购活动，只有这样才能保证采购工作正常、顺利地完成。通过建立合理的采购流程，约束相关采购过程业务活动，使得各项采购指标业绩最佳。采购的来源、采购的模式及采购的对象等不同，都可能在作业细节上影响到采购程序。但是对于采购的基本作业流程每个企业都大同小异，如图3-1所示。

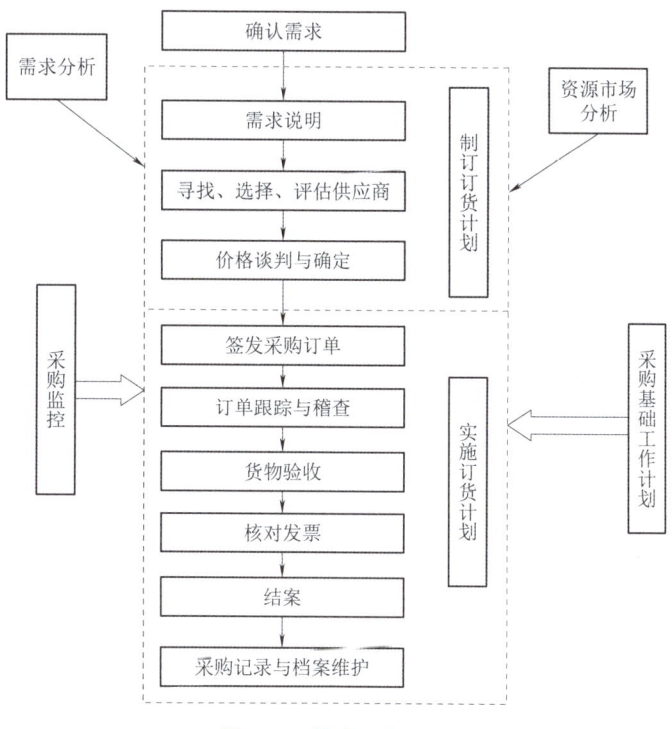

图 3-1 基本采购程序

（1）确认需求

采购部门在进行采购之前，应根据企业中物资需求部门的确切需要，确定企业采购物料的种类、需求的数量、需求时间及特殊要求等。采购部门事先拟订制式的请购单，供需求部门填写。

（2）需求说明

如果采购部门不了解使用部门到底需要什么，采购部门就不可能进行具体的采购活动。因此，在确定需求后，就必然要对需要采购的商品或服务给出一个准确的说明，即对需求的细节如品质、保证、售后服务、运输及检验方式等加以明确说明，以便使来源选择及价格谈判等作业能顺利进行。

（3）寻找、选择、评估供应商

寻找、选择供应商是采购工作中的重要环节。它涉及高质量物料或服务的确定和评价。这一环节主要是根据需求说明在新的或原有供应商中选择成绩良好的厂商，通过其报价或以各种公告的方式公开征求合适的供应商，并与供应商洽谈，通过磋商来评价各个供应商。供应商是企业外部影响企业生产运作系统的最直接因素，也是保证企业产品的质量、价格、交货期和服务的关键因素，因此，对其评价是很重要的。

（4）价格谈判与确定

在确定可能的供应商之后，应与其进行价格谈判，从而确定合适的采购价格，并与供应商签订初步协议。价格谈判时应考虑到产品质量问题、交货时间与批量问题、包装与运输方式、售后服务等问题。

（5）签发采购订单

选择好供应商后，就要发出订单，并要得到供应商的确认。采购订单相当于合同文本，是具有法律效力的书面文件，对买卖双方的要求、权利及义务，必须予以说明。签发采购订单必须十分仔细，每项条款需认真填写，关键处的用词需反复推敲，表达要简洁，含义要明确。对于采购的每项物品的规格、数量、价格、质量标准、交货时间与地点、包装标准、运输方式、检验形式、索赔条件与标准等应该一一审定。

（6）订单跟踪与稽查

采购订单签发后，采购部门应按照采购合同上的规定对订单的执行情况进行跟踪，防止对方发生违约事件，保证订单顺利执行，货物按时入库，以保证供应。对订单实施跟踪还可以随时掌握货物的动向，万一发生意外事件，可及时采取措施，避免不必要的损失，或将损失减少到最低水平。

（7）货物验收

在签订合同后，采购企业应按照合同上的规定对供应商所提供的货物进行验收入库。凡供应商所提交的货物因不符合合同规定而验收不合格的，应根据合同规定退货，有时还需向供应商索赔，同时应立即办理重购。

（8）核对发票

采购部门应向供应商索要发票及产品的相关证明材料。收到供应商的发票后，采购部门需将采购订单、验收的货物清单、发票三件凭证进行核对以确定所有凭证中的内容一致，然后财务部门才能办理付款。

（9）结案

不管是对经过验收合格的货物进行付款，还是对验收不合格的货物进行退货，采购部门都需办理结案手续，清查各项书面资料有无缺失、绩效好坏等，呈报高级管理层或权责部门核阅批示。

（10）采购记录与档案维护

凡经结案批示后的采购业务，应列入档案登记并进行分类编号，予以保管，以备参阅时或发现问题时进行核查。档案应该具有一定保管期限的规定。

5. 采购管理的含义

采购管理就是对企业采购活动执行过程的科学管理。为保证企业采购目标的实现而对采购活动进行计划、组织、协调与控制，是整个物流活动的重要组成部分，是企业为实现战略目标而获取供应商的商品和资源的活动。采购工作在企业运营中的地位十分重要，它的影响往往最直接、最明显地反映到成本、质量上，对于制造企业、商贸公司等来说，由于采购、外协的比重大，采购管理的意义就更加重大了。

采购在企业中占据着非常重要的地位，因为购进的零部件和辅助材料一般要占到最终产品销售价值的40%~60%。这意味着，在获得物料方面所做的点滴成本节约对利润产生的影响，要大于企业其他成本在销售领域内相同数量的节约给利润带来的影响。

（1）采购管理的目标

①提供不间断的物料流和物资流，从而保障组织运作。

②使库存投资和损失保持最小。

③保持并提高产品或服务的质量。

④发展有竞争力的供应商。

⑤当条件允许的时候，将所购物料标准化。

⑥以最低的总成本获得所需的物资和服务。

⑦提高企业的竞争地位。

（2）采购管理的主要内容

①采购计划管理。采购计划管理是对企业的采购计划进行制订和管理，为企业提供及时准确的采购计划和执行路线。采购计划包括定期采购计划（如周、月度、季度、年度）、非定期采购任务计划（如系统根据销售和生产需求产生的）。通过对多对象多元素的采购计划的编制、分解，将企业的采购需求变为直接的采购任务。系统支持企业以销定购、以销定产、以产定购的多种采购应用模式，支持多种设置灵活的采购单生成流程。

②采购订单管理。以采购订单为源头，对从供应商确认订单、发货、到货、检验、入库等采购订单流转的各个环节进行准确的跟踪，实现全过程管理。通过流程配置，可进行多种采购流程选择，如订单直接入库，或经过到货质检环节后检验入库等。在整个过程中，可以实现对采购存货的计划状态、订单在途状态、到货待检状态等的监控和管理。采购订单可以直接通过电子商务系统发向对应的供应商，进行在线采购。

③采购财务管理。在采购财务管理中，发票管理是采购结算管理中的重要内容，采购货物是否需要暂估、劳务采购的处理、非库存的消耗性采购处理、直运采购业务、受托代销业务等均是在此进行处理。合理利用供应商的赊销期及相关现金折扣，与财务部门共同确定付款时间，按期付款。

④供应商管理。采用供应商投标竞价等方法选择供应商，并建立供应商信息资料库，方便后期维护供应商关系，必要时可外延进行供应商培训等。

⑤采购最佳批量与采购时期的管理。根据历史统计消耗情况，建立模型，用最佳经济批量计算，并考虑实际情况进行修改后，在合理的提前期发出订单，进行采购，保证原料的及时供应并控制冗余。

⑥采购价格管理。对不同供应商，可采取招标竞价的方法确定合理价格；对长期供应商，可采取批量采购打折的方法确定价格；对价格，应建立数据库，并及时更新；对公司有剩余能力生产的原材料，应与相关生产部门共同决定外购或自制政策。

6. 采购管理的发展趋势

（1）传统采购方式（主要有比价采购、询价采购、招标采购等）的缺点

①物料管理、采购管理、供应商管理由一个职能部门来完成，缺乏必要的监督和控制机制；同时，在这种模式下，供应部（科）担负着维系生产用原材料供给的重任，为保证原材料的正常供应，必然会加大采购量，尤其是在原料涨价时，这样容易带来不必要的库存积压和增加大量的应付账款。

②业务信息共享程度弱。由于大部分的采购操作和与供应商的谈判是通过电话来完成的，没有必要的文字记录，采购信息和供应商信息基本上由每个业务人员自己掌握，业务的可追溯性弱，一旦出了问题，难以调查，同时，采购任务的执行优劣在相当程度上取决于人，人员的岗位变动对业务的影响大。

③采购控制通常是事后控制。其实不仅是采购环节，许多企业对大部分业务环节基本上都是事后控制，无法在事前进行监控。虽然承认事后控制也能带来一定的效果，但是事前控制毕竟能够为企业减少许多不必要的损失，尤其是如果一个企业横跨多个区域，其事前控制的意义将更为明显。

（2）在经济全球化形势下，采购行为的发展趋势

经济的全球化，使企业在快速变化的新世界和新经济秩序中生存与发展，采购行为已成为企业的重大战略，其发展趋势表现如下。

①采购管理集中化。集中整个企业的采购力量，对整个供应市场产生影响，以便在采购活动中处于有利地位；同时，采购活动的集中化也有利于公司对供应商的统一管理，便于公司主体资源的优化。

②供应链管理（Supply Chain Management，SCM）共享化。供应链管理是中高级的采购管理，企业与供应商之间为伙伴型合作关系，供应商充当合作伙伴的角色。其特征为：与供应商建立策略性伙伴关系；更加重视整个供应链的成本和效率管理；与供应商共同研发产品及其对消费者的影响；寻求新的技术和材料替代物，OEM（Original Equipment Manufacturer，原始设备制造商，OEM生产也称定点生产，俗称代工）方式的操作；更为复杂和广泛的应用投标手段。其核心思想为：与供应商建立战略合作伙伴关系，让供应商早期参与采购需求的分析和开发。

③采购管理专业化。作为一个合格的专业采购员需要了解采购产品的原理、性能要求，了解相关市场行情、价格走势，了解供应商的实力、供应商报价的合理性及供应保证能力。需要具有极强的谈判能力和计划能力，能在供应及时的同时保证价格和质量标准。

④采购管理电子化。采购工作电子化是采购发展的必然趋势。相对传统采购模式而言，电子采购具有价格透明、效率高、竞争充分、节约成本等优势。利用网络开放性的特点，将采供双方的有效信息全部公开，能够促使各供货商之间进行最有效的竞争，能够最大限度地保证采购质量。实现电子化评标，不仅能为评标工作提供方便，而且由于需要对各种电子信息进行分析、整理和汇总，可以促进企业采购的信息化建设。

⑤实施战略采购。战略采购的具体形式是企业和具有"战略联盟伙伴"地位的供应商确立相对长期稳定的供需关系，而不是每一次采购均实施招标操作程序。战略采购可以降低双方乃至整个供应链的营运成本，达到双赢的目的。应该说，战略采购是竞争采购的深化，是一种更高层面的、企业之间形成供应链关系的、双方双赢的采购模式。

一般来说，现代采购主要有战略采购、电子采购等。

（二）采购部门设置与采购方法

1. 采购部门设置

（1）按采购地区设置部门

按物品的采购来源分设不同的部门，如国内采购部、国外采购部。这种划分方式主要是基于国内外采购的手续及交易对象有显著的差异，由于对采购人员的工作条件要求不同，所以分别设立部门以利于管理，如图 3-2 所示。

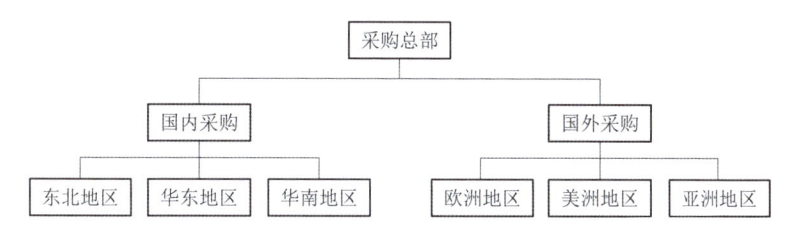

图 3-2　按地区设置的采购部门结构

（2）按照物品类别设置部门

根据不同的物料设置不同的部门，不同的采购人员负责某些特定的物料采购，可使采购人员集中关注其经办的物料，并成为这一供应市场上经验丰富的采购专家。这种设置方法适合材料需求种类多、专业性强的企业，如图 3-3 所示。

图 3-3　某公司采购部门设置图

（3）按采购功能建立采购部门

按照采购过程，将市场开发、询价、议价、定价，分由不同人员负责，起到内部牵制作用。这种组织方式适合采购工作量庞大的企业，并借此将采购工作"分工专业化"，以避免由一位采购员担任全部有关作业可能带来的舞弊问题，如图 3-4 所示。

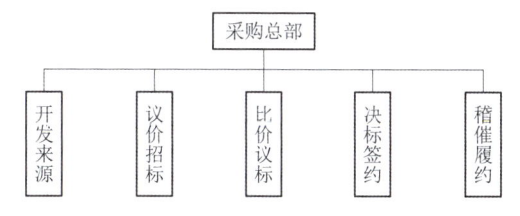

图 3-4　按采购功能建立的采购部门结构

（4）混合式建立采购部门

不同企业有不同的特点，在许多稍微具有规模的企业或机构中，通常会兼有以物品、地区、价值、业务等为基础来建立采购部门的内部组织，可以形成不同的混合式组织形式。先按地区划分为外购科及内购科，分设科长掌管，再按物品类别，交由不同的采购人员承办。同时，也以价值为基础，另外设立原料科，由副总经理兼任科长来掌管。例如，某化纤企业因主要原料约占整个部门采购金额的 70%，故由采购经理直接洽商决定，交由原料科人员办理有关交易的手续，如图 3-5 所示是该化纤企业采购组织。

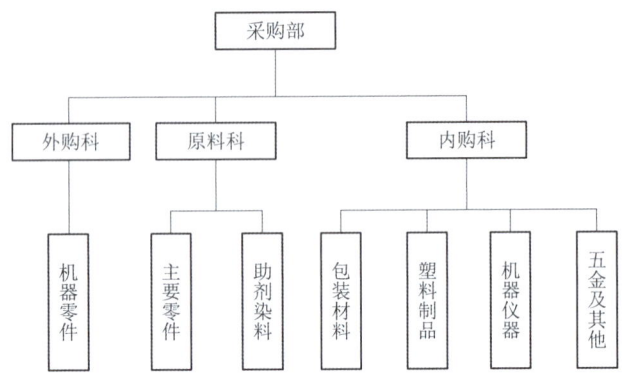

图 3-5　某化纤企业采购组织

（5）按采购物品的价值建立采购部门

为加强对物品的管理，一般将采购的对象按其价值和品种分为 A、B、C 三类，A 类物品采购次数少、物品价值高，属重要物品，其采购质量如何将直接影响到企业经营的风险和成本，一般应由采购部门主管负责，而将采购次数频繁，但价值不高的 B、C 类物品，交给基层采购人员负责。

按照物品价值建立部门的方式，主要是保障主管对重大的采购项目能够集中精力加以处理，达到降低成本及确保来源的目的。此外，让主管有更多的时间，对采购部门的人员与工作绩效加以管理。

另外，可以依据产品对企业的重要性，将策略性项目（利润影响度高，供应风险大）的决定权交给高级主管（如主管采购的行政副总经理），将瓶颈项目（利润影响程度低，供应风险高）交给基层主管（如采购科长），将非紧要项目（利润影响程度低，供应风险低）交给采购人员，如图 3-6 所示是按采购物品的价值建立的采购部门结构。

图 3-6　按采购物品的价值建立的采购部门结构

2. 采购方法

①集中采购。集中采购是集权式的采购组织采用的方式，即企业在核心管理层建立采购管理机构，统一组织企业所需物品的采购业务。其下属机构没有采购决定权，只有建议权。集中采购的优点表现为：采购数量大，提高对卖方的谈判力量，较易获得价格折让与良好服务；只有一个采购部门，因此采购方针与作业规则，比较容易统一实施；采购功能集中，减

少人力浪费；有利于人才培养与训练；推行分工专业性，使采购作业成本降低，效率提升；可以统筹规划供需数量，避免各自为政，产生过多存货，各部门过剩物资，也可相互转用。但这种方式也存在一定的弊端，表现为：采购流程过长，延误时效；零星、地域性及紧急采购状况难以适应；采购与使用单位分离，采购绩效较差，如规格确认、物品转运等费事耗时。

②分散采购。分散采购是由企业下属各单位（如子公司、分厂、车间或分店）实施的满足自身生产经营需要的采购，是集中采购的完善和补充。其优点是：能适应不同地区市场环境变化，商品采购具有相当的弹性；对市场反应灵敏，补货及时，购销迅速；由于分部拥有采购权，可以提高一线部门的积极性，提高其士气；由于采购权和销售权合一，分部拥有较大权力，所以便于分部考核，要求其对整个经营业绩负责。其缺点是：部门各自为政，容易出现交叉采购、人员费用较大。

③集中与分散采购相结合。采用这种模式的采购组成，要求企业实施集权与分权相结合的采购管理体制来保证有效的采购管理；该集中的采购权力要集中，该下放的权力要合理有效地分给下级机构，以增加企业的采购灵活性和适应性；但在一个企业中，哪些采购权利该集中，哪些该分散，没有统一的模式。

（三）采购人员应具备的素质

采购人员是企业采购工作的执行主体，因此，采购人员的素质高低会直接影响企业采购的效率、质量和效益。要加强采购人员的培训，提高采购人员的综合素质，科学合理地设置岗位，制定选报采购人员的标准，以保证采购任务的完成。

1. 现代采购人员应具备的观念

（1）战略观念

从企业大局出发，把握企业发展战略目标，使采购工作符合企业整体发展要求。

（2）经济观念

在采购过程中讲究经济核算，提高购进环节的经济效益，尽量组织本地产品购进，货比三家，择优而购，精打细算，节省开支。

（3）市场观念

把握市场发展规律，调整市场变化趋势，善于抓住每一个市场机会。

（4）竞争观念

竞争是市场经济条件下的必然现象，在采购过程中同样充满了竞争，既有同行之间的竞争，又有采购人员与供应商的竞争。很显然，竞争会给采购人员的工作带来压力，采购人员要善于竞争，把竞争的压力转化为搞好采购工作的动力。

（5）服务观念

采购过程实际上是一个服务过程，一方面，采购要为本企业经营服务；另一方面，在采购过程中应着眼于长远利益，为供应商提供力所能及的服务，如提供信息、协助推销、介绍新客户等。

（6）创新观念

创新观念要出奇制胜。一方面，在采购过程中要有新招数，如开发新货源或选择更好的供应商，以提高采购工作的效率；另一方面，也要在企业经营项目上独辟蹊径，做到"人无我有、人有我优、人优我廉、人廉我转",从而使企业立于不败之地。

2. 现代采购人员应具备的素质

（1）品德方面

①觉悟高、品行端正是一个采购员应有的基本素质，只有思想道德高尚，才能大公无私、克己奉公，处处为企业大局着想，不贪图个人小利。在实际工作中，有许多采购员拿回扣，要好处费，或借采购之机游山玩水，造成企业采购费用开支过大，或采购商品质量低劣，给企业造成巨大损失。

②敬业精神同前一种要求一样，也是从事任何工作的人员都必备的优秀品质，采购人员也不例外。拥有敬业精神是做好本职工作的基本要求，再有才华的人也只有在这种精神下才能做出成绩。采购人员敬业精神的好坏会直接影响企业供应情况。良好的敬业精神可以保证企业供应的稳定，保证生产的顺利进行。

③承受困难的毅力。采购工作是一项重要而艰巨的工作，要与企业内外方方面面的人打交道，经常会受到来自企业内外的"责难"，采购人员应具有应付复杂情况和处理各种纠纷的能力，在工作中被误解时，能在心理上承受得住各种各样的"压力"。

④虚心、诚心、耐心。采购人员和供应商打交道的过程中，采购人员往往占据主动地位，拥有局面的控制权，但是采购人员对供应商的态度一定要保持公平互惠，甚至要做到不耻下问，虚心求教，不可趾高气扬，傲慢无理。与供应商建立良好的合作伙伴关系的过程中充满了艰辛，这要求采购人员要有足够的耐心，有良好的涵养。只有虚心和耐心地同供应商谈判，诚心诚意地与供应商交往，才会换来对方的合作，从而达到目的。

（2）知识和能力

知识和能力既是相辅相成又是相互独立的。知识是能力的强大后盾，能力是知识的反映，但是作为采购人员，只有专业知识是远远不够的，参加实践的能力才是为企业带来财富的根源。

①政策、法律知识。政策、法律知识包括国家出台的各种相关法律、价格政策、专营方向，了解这些知识才能维护国家与企业利益。

②市场知识。了解消费者需要，掌握市场细分策略及产品、价格、渠道、促销方面的知识，才能合理地选择采购商品的品种，从而保证采购的商品适销对路。

③业务基础知识。业务知识包括谈判技巧、商品知识（商品功能、用途、成本、品质）、签约的基本知识等，这是做好本职工作的关键，了解这些知识将有助于与供应商的沟通，能主动进行价值分析，开发新来源或替代品，有助于降低采购成本。

④社会心理知识。了解客户的心理活动，把握市场消费者的心理需求，从而提高采购工作的针对性。

（3）能力素质

知识不等于能力，国外心理学家研究表明，要办好一件事，知识起的作用只占1/4，而能力起的作用占3/4，可见能力更为重要。要做好采购工作，采购人员同样应具有相应的能力，可将采购人员需具备的能力归纳如下。

①市场分析能力。分析市场状况及发展趋势，分析消费者购买心理，分析供货商的销售心理，从而在采购工作中做到心中有数。

②团结协作能力。采购过程是一个与人协作的过程，一方面，采购人员要与企业内部各

部门打好交道，如与财务部门打好交道解决采购资金、报销等问题，与仓储部门打好交道了解库存现状及变化等；另一方面，采购人员要与供应商打好交道，如询价、谈判等，采购人员应处理好与供应商和企业内部各方面的关系，为以后工作的开展打下基础。

③语言表达能力。采购人员是用语言文字与供应商沟通的，必须做到正确、清晰地表达所欲采购产品的各种条件，如规格、数量、价格、交货期限、付款方式等，如果口齿不清，只会浪费时间，导致交易失败。因此，采购人员的表达能力尤为重要，是采购人员必须锻炼的表达技巧。

④成本分析和价值分析能力。采购人员必须具有成本分析能力，会精打细算。买品质太好的商品，物虽美，但价更高，会加大成本；若盲目追求价廉，则必须付出品质低劣的代价，还会伤害和其余供应商的关系。因此，对于供应商的报价，要结合其提供商品的品质、功能、服务等因素综合分析，以便买到适宜的商品。

⑤前景预测能力。在市场经济条件下，商品的价格和供求在不断变化，采购人员应根据各种产销资料及与供应商打交道的过程中供应商的态度等方面，来预测将来市场上这类商品的供给情况，如商品的价格、数量等。

学习单元二　供应商的选择与管理

（一）供应商的选择

供应商管理是采购工作的关键环节，而供应商选择是供应商管理的目的，是供应商管理中最重要的工作。选择好的供应商，对企业的正常生产起着决定性作用，同时对企业的中长期发展也非常重要。

供应商的选择与注意事项

1. 确定供应商的选择标准

（1）选择供应商应遵循的原则

1）一般原则

为企业选择优良的供应商是采购部门最基本的职责，在选择供应商时应做到全面、具体、客观，建立和使用一个全面的供应商综合评价指标体系，可对供应商做出全面、具体、客观的评价。应综合考虑供应商的业绩、设备管理、人力资源开发、质量控制、成本控制、技术开发、用户满意度、交货协议等可能影响供应链合作关系的方方面面。

一般原则包括：

①系统全面性原则。全面系统评价体系的建立和使用。

②简明科学性原则。供应商评价和选择步骤、选择过程透明化、制度化和科学化。

③稳定可比性原则。评估体系应该稳定运作，标准统一，减少主观因素。

④灵活可操作性原则。不同行业、企业、产品需求、不同环境下的供应商评价应是不一样的，要保持一定的灵活操作性。

⑤学习更新原则。评估的指标、标杆对比的对象及评估的工具与技术都需要不断地更新。

2）关键点控制的四项原则

①门当户对原则。门当户对原则体现的是一种对等管理思想，它和"近朱者赤"的合

作理论并不矛盾。在非垄断性货源的供应市场上，由于供应商的管理水平和供应链管理实施的深入程度不同，应该优先考虑规模、层次相当的供应商。不一定行业老大就一定是首选的供应商，如果双方规模差异过大，采购比例在供应商总产值中比例过小，则供应商往往在生产排期、售后服务、弹性和谈判力量对比等方面不尽如人意。

②半数比例原则。从供应商风险评估的角度，半数比例原则要求购买数量不能超过供应商产能的50%。如果仅由一家供应商负责100%地供货和100%成本分摊，则采购商风险较大，因为一旦该供应商出现问题，按照"蝴蝶效应"，势必影响整个供应链的正常运行，不仅如此，采购商在对某些供应材料或产品有依赖性时，还要考虑地域风险。

③供应源数量控制原则。供应源数量控制原则指实际供货的供应商数量不应该太多，同类物料的供应商数量最好保持在两三家，有主次供应商之分。这样可以降低管理成本和增强管理效果，保证供应的稳定性。

④供应链战略原则。采购商与供应商建立信任、合作、开放性交流的供应链长期合作关系，必须首先分析市场竞争环境。通过分析现在的产品需求、产品的类型和特征，确认是否有建立供应链合作关系的必要。对于公开和充分竞争的供应商市场，可以采取多家比价，控制数量和择优入围的原则；而在只有几家供应商可供选择的有限竞争的市场和垄断货源的独家供应市场，采购商则需要采取战略合作的原则，以获得更好的品质、更紧密的伙伴关系、更好的排程、更低的成本和更多的支持。

对于实施战略性长期伙伴关系的供应商，可以签订"一揽子协议/合同"。在建立供应链合作关系之后，还要根据需求的变化确认供应链合作关系是否也要相应地变化。一旦发现某个供应商出现问题，应及时调整供应链战略。

供应链战略管理还体现在仔细分析和处理近期和长期目标、短期和长远利益的关系。采购商从长远目标和长远利益出发，可能会选择某些表面上看似苛刻、昂贵的供应商，但实际上这是放弃了短期利益，主动选择了一个由优秀元素组成的供应链。

（2）选择供应商的流程与标准

1）选择供应商的流程

①建立评审小组。企业必须建立评审小组来控制和实施供应商评价。小组成员由采购中心、公司质量部、事业部的质量部、生产部门等的工程师组成，包括研发工程师、相关专家顾问、质检人员、生产人员等。评审小组以公司整体利益为出发点，独立于单个事业部，组员必须有团队合作精神且具有一定的专业技能。

②确定评价指标及其权重。每个评价指标的重要性对不同的企业是不一样的。因此，对于不同的企业，在进行评价指标权重设计时也应不同。评价供应商的一个主要工作是调查、收集有关供应商的生产运作等各个方面的信息，在收集供应商信息时，可以利用一定的工具和技术方法。

③列出全部可能的供应商。通过供应商信息数据库以及采购人员、销售人员或行业杂志、网站等媒介渠道了解市场上能提供所需物品的供应商。

④评价选择供应商。对供应商的评价共包含两个程序：一是对供应商做出初步筛选；二是对供应商实地考察。在对供应商进行初步筛选时，首要的任务是使用统一标准的供应商情况登记表来管理供应商提供的信息。这些信息应包括供应商的注册地、注册资金、主要股东结构、生产场地、设备、人员、主要产品、主要客户、生产能力等，通过分析这些信息，可

以评估其工艺能力、供应的稳定性、资源的可靠性及其综合竞争能力。

在许多供应商中，剔除明显不适合进一步合作的供应商后，就能得出一个供应商考察名录。然后，要安排对供应商的实地考察，这一步至关重要。必要时在审核团队方面，可以邀请质量部门人员和工艺工程师一起参与，他们不仅会带来专业的知识与经验，而且共同审核的经历也有助于公司内部的沟通和协调。在综合考虑多方面的重要因素之后，就可以给每个供应商打出综合评分，选择出合格的供应商。

2）选择供应商的标准

选择供应商的标准有许多，根据时间的长短进行划分，可分为短期标准和长期标准。在确定选择供应商的标准时，一定要综合考虑短期标准和长期标准，把两者结合起来，才能使所选择的标准更全面，进而利用标准对供应商进行评价，最终寻找到理想的供应商。

①短期标准。

a. 合适的产品质量。采购商品的质量合乎采购单位的要求，是采购单位进行商品采购时首先要考虑的因素。对于质量差、价格偏低的商品，虽然采购成本低，但会导致企业的总成本增加，因为质量不合格的产品在企业投入使用的过程中，往往会影响生产的连续性和产成品的质量，这些最终都会反映到总成本中去。

同时，质量过高并不意味着采购的物品适合企业生产所用，如果质量过高，远远超过生产要求的质量，对于企业而言也是一种浪费。因此，采购中对于质量的要求是符合企业生产所需，要求过高或过低都是错误的。

供应商的产品质量主要从质量体系、产品合格率、返修退货比率等方面进行考量。

b. 较低的成本。成本不仅包括采购价格，而且包括原料或零部件使用过程中所发生的一切支出。采购价格低是选择供应商的一个重要条件，但是价格最低的供应商不一定就是最合适的，因为如果在产品质量、交货时间上达不到要求，或者由于地理位置过远而使运输费用增加，都会使总成本增加，所以总成本最低才是选择供应商时考虑的重要因素。

c. 及时交货。供应商能否按约定的交货期限和交货条件组织供货，直接影响企业生产的连续性，因此，交货时间也是选择供应商时要考虑的因素之一。

企业在考虑交货时间时需要注意两个方面的问题：一是要降低生产所用的原材料或零部件的库存数量，进而降低库存占压资金，以及与库存相关的其他各项费用；二是要降低断料停工的风险，保证生产的连续性。结合这两个方面的内容，对交货及时的要求应是：用户什么时候需要就什么时候送货，不晚送也不早送，非常准时。

d. 整体服务水平高。供应商的整体服务水平是指供应商内部各作业环节能够配合购买者的能力与态度，其水平高低的指标包括以下几个方面：

〇 安装服务。通过安装服务，采购商可以缩短设备的投产时间或投入运行所需要的时间。

〇 维修服务。免费维修是对买方利益的保护，同时也对供应商提供的产品提出了更高的质量要求。这样，供应商就会想方设法提高产品质量，避免或减少免费维修情况的出现。

〇 技术支持服务。如果供应商向采购者提供相应的技术支持，就可以在替采购者解决难题的同时销售自己的产品。例如，信息时代的产品更新换代非常快，供应商提供免费或者有偿的升级服务等技术支持对采购者有很大的吸引力，也是供应商竞争力的体现。

〇 其他服务。供应商对产品售前和售后的培训工作情况，也会大大影响采购方对供应商的选择。

②长期标准。选择供应商的长期标准主要在于评估供应商是否能保证长期而稳定的供应，其生产能力是否能配合公司的成长而相应扩展，其产品未来的发展方向能否符合公司的需求，以及是否具有长期合作的意愿等。选择供应商的长期标准主要考虑以下4个方面。

a. 供应商内部组织是否完善。供应商内部组织与管理关系到日后供应商的供货效率和服务质量。如果供应商组织机构设置混乱，采购的效率与质量就会因此下降，甚至会由于供应商部门之间的互相扯皮而导致供应活动不能及时地、高质量地完成。

b. 供应商质量管理体系是否健全。采购商在评价供应商是否符合要求时，其中重要的一个环节是看供应商是否采用相应的质量体系，如是否通过ISO 9000质量体系认证，内部的工作人员是否按照该质量体系不折不扣地完成各项工作，其质量水平是否达到国际公认的ISO 9000所规定的要求。

c. 供应商内部机器设备是否先进及保养情况如何。从供应商机器设备的新旧程度和保养情况就可以看出管理者对生产机器、产品质量的重视程度及内部管理的好坏。如果车间机器设备陈旧，机器上面灰尘油污很多，很难想象该企业能生产出合格的产品。

d. 供应商的财务状况是否稳定。供应商的财务状况直接影响到其交货和履约的绩效，如果供应商的财务出现问题，周转不灵，就会影响供货进而影响企业生产，甚至出现停工的严重危机。

在确定选择供应商标准时，还应考虑供应商的信誉、企业形象及市场竞争力等方面的因素。

2. 供应商调查

选择供应商的第一步就是开展供应商的调查。供应商的调查在不同的阶段有不同的要求，大致可以分成三种，第一种是对供应商的初步调查，第二种是资源市场调查，第三种是对供应商的深入调查。

（1）对供应商的初步调查

对供应商的初步调查即对供应商的基本情况的调查，主要是了解供应商的名称、地址、生产能力、能提供什么产品、能提供多少、价格如何、质量如何、市场份额有多大、运输进货条件如何等。

1）调查的目的

其目的是了解供应商的一般情况：一是为选择最佳供应商做准备；二是了解掌握整个资源市场的情况，因为许多供应商基本情况的汇总即是整个资源市场的基本情况。

2）调查的特点

一是调查内容浅，只要了解一些简单的、基本的情况；二是调查面广，最好能够对资源市场中所有供应商都有所调查、有所了解，从而能够掌握资源市场的基本状况。

3）调查的基本方法

一般可以采用访问调查法，即通过访问相关人员而获得信息。例如，可以访问供应商单位市场部有关人员，或访问有关用户，或有关市场主管人员，或其他的知情人士，通过访问建立起供应商资料表（见表3-1）。

表 3-1 供应商资料表

公司基本情况	名称			
	地址			
	营业执照		注册资本	
	联系人		职位、部门	
	电话		传真	
	E-mail		信用度	
产品情况	产品名	规格	价格	质量	可供量	市场份额
运输方式		运输时间		运输费用	
备注					

填写供应商资料表是采购管理的基础工作。在采购工作中，可以利用供应商资料表来选择供应商。当然，供应商资料表也要根据情况变化，经常进行维护、修改和更新。

在实行了计算机信息管理的企业中，供应商管理应纳入计算机信息管理中。把供应商资料表的内容输入到计算机中，利用数据库进行操作、维护和利用。计算机信息管理有很多优越性，它不但可以方便地储存、增添、修改、查询和删除数据，而且可以对数据进行统计汇总和分析，甚至实现不同子系统之间的数据共享。

在对供应商初步调查的基础上，要利用供应商初步调查的资料进行供应商分析。对供应商进行初步分析的主要目的是比较各个供应商的优势和劣势，选择适用于企业的供应商，其分析的主要内容如下。

①产品的品种、规格和质量水平是否符合企业需要，价格水平如何。只有产品的品种、规格、质量水平适合企业，才算得上是企业的可能供应商，才有必要进行后面的分析。

②企业的实力、规模如何，产品的生产能力如何，技术水平如何，管理水平如何，企业的信用度如何。

③看产品是竞争性商品还是垄断性商品，如果是竞争性商品，则应调查供应商的竞争态势如何，产品的销售情况如何，市场份额如何，产品的价格水平是否合适。

④供应商相对于企业的地理交通情况如何，进行运输方式、运输时间和运输费用的分析，看运输成本是否合适。

在进行以上分析的基础上，可选定供应商提供决策支持。

（2）资源市场调查

资源市场调查的目的，就是要进行资源市场分析，对于企业制定采购策略及产品策略、生产策略等都有很重要的指导意义。资源市场调查不仅仅包含供应商调查，还应包括以下一些基本内容。

1）资源市场的规模、容量、性质

例如，资源市场究竟有多大范围，多少资源量，多少需求量，是卖方市场还是买方市场，是完全竞争市场还是垄断竞争市场，是一个新兴的成长的市场还是一个陈旧没落的市场。

2）资源市场的环境

例如，市场的管理制度、法制建设、市场的规范化程度、市场的经济环境、政治环境等外部条件如何，市场的发展前景如何。

3）资源市场中各个供应商的情况

也就是前面进行的对供应商初步调查所得到的情况。把众多的供应商的调查资料进行分析，就可以得出资源市场自身的基本情况，如资源市场的生产能力、技术水平、管理水平、可供资源量、质量水平、价格水平、需求状况及竞争性质等。

对资源市场进行分析：一是要确定资源市场是紧缺型的市场还是富余型市场，是垄断型市场还是竞争型市场。对于垄断型市场，将来应当采用垄断型采购策略；对于竞争型市场，应当采用竞争型采购策略，如采用投标招标制、一商多角制等。二是要确定资源市场是成长型的市场还是没落型市场。如果是没落型市场，则要趁早准备替换产品，不要等到产品被淘汰了再去开发新产品。三是要确定资源市场总的水平，并要根据整个市场水平来选择合适的供应商。通常选择在资源市场中处于先进水平且产品质量优、价格低的供应商。

（3）对供应商的深入调查

1）深入调查供应商

经过初步调查后，对准备发展为自己的供应商的企业要进行更加深入仔细的考察活动。这种考察，是深入供应商企业的生产线、各个生产工艺、质量检验环节甚至管理部门，对现有的设备工艺、生产技术、管理技术等进行考察，看看所采购的产品能不能满足本企业所应具备的生产工艺条件、质量保证体系和管理规模要求。有的甚至要根据采购的产品的生产要求，进行资源重组，并进行样品试制，试制成功以后，才算考察合格。只有通过这样深入的供应商调查，才能发现可靠的供应商，建立起比较稳定的物资采购供需关系。无论采用哪种方式，在对供应商调查过程中，如表3-2所示的内容是必须进行调查的。

表3-2 供应商深入调查内容表

材料供应状况	①商品所用原材料的供应来源； ②材料的供应渠道是否畅通； ③原材料的品质是否稳定； ④供应商原料来源发生困难时，其应变能力的高低等
专业技术能力	①技术人员素质的高低； ②技术人员的研发能力； ③各种专业技术能力的高低
质量控制能力	①质量管理组织是否健全； ②质量管理人员素质的高低； ③质量管理制度是否完善； ④检验仪器是否精密及维护是否良好； ⑤原材料的选择及进料检验的严格程度； ⑥质量管理操作方法及流程管制标准是否规范； ⑦成品规格及成品检验标准是否规范； ⑧质量异常的追溯是否程序化； ⑨统计技术是否科学及统计资料是否翔实等

续表

管理人员水平	①管理人员素质的高低； ②管理人员工作经验是否丰富； ③管理人员工作能力高低
机器设备情况	①机器设备的名称、规格、厂牌、使用年限及生产能力； ②机器设备的新旧、性能及维护状况等
财务及信用状况	①每月的产值、销售额； ②来往的客户； ③经营的业绩及发展前景等
管理规范制度	①管理制度是否系统化、科学化； ②工作指导规范是否完备； ③执行的状况是否严格

2）深入调查供应商的前提条件

进行深入的供应商调查，需要花费较多的时间和精力，而且调查的成本高，但并不是对所有的供应商都是必需的，只有在以下情况下才需要。

①准备发展成紧密关系的供应商。例如，在进行准时化采购时，供应商的产品准时、免检、直接送上生产线进行装配，这时供应商已经同企业形成了像其一个生产车间一样的紧密关系，如果要选择这样紧密关系的供应商就必须进行深入的供应商调查。

②寻找关键零部件产品的供应商。如果企业所采购的是一种关键零部件，特别是如精密度高、加工难度大、质量要求高、在产品中起核心功能作用的零部件产品，企业在选择供应商时，就需要特别小心，要进行反复认真的深入考察审核。只有深入调查证明确实能够达到要求时，才可确定发展其成为关键零部件的供应商。

除以上两种情况以外，对于一般关系的供应商，或者是非关键产品的供应商，一般可以不必进行深入的调查，只要进行初步的调查即可。

3. 评审供应商

（1）供应商管理方法

许多企业是一种满足顾客生活需要的产业，它本身不生产也不制造商品，顶多是再加工而已，故须依赖很多厂商供货，才能对顾客做到完整无缺的供应。目前，国内的物流还未能发挥其应有的配送功能，而许多企业的供应商可能高达几百家，有的甚至高达几千家，在这种情形下，一定要对供应商进行管理，否则业务的推动必定难行，下面是管理供应商的一些方法。

1）进行供应商分类与编号

一般企业所销售的商品范围相当广泛，故应对供应商进行分类管理。例如，分成果菜类的供应商、日用品类的供应商，再依各类别来编号，给每一个厂商一个编号，这种编号大概4位数就可以了。又如，某公司是供应饼干的厂商，而饼干的部门分类码为3，则可以将该公司编成3001来辨识管理。

2）建立供应商基本资料档案

将单一供应商的基本资料，包括企业名称、地址、电话、负责人、资本额、营业证、营业额等，建立成基本资料卡，由计算机存档并管理，以便随时可以查阅。

3）建立供应商商品台账

对于同一供应商所供应的商品的进价、售价、规格、数量、毛利率等商品资料要建立台账，放在本部门作为统筹商品的基础，进售价或规格有所变更时要及时修改。

4）统计供应商销售数量

对于每家供应商商品的销售量、销售额必须予以统计，作为议价谈判的筹码。

（2）供应商评价

利用 ABC 分类法（详见视频资料"供应商的选择与注意事项"）来管理供应商，将供应商评价分为 A、B、C 三级，其中，A 级厂商通常由主管亲自控制及管理，或由企业自己来决定合作方式。

有关供应商评价的内容及相关评分情况可参考表 3-3。

表 3-3 供应商评价表

项目	评价				得分
	A	B	C	D	
商品畅销程度	非常畅销(10)	畅销(8)	普通(6)	滞销(2)	
次品率	2%以下(15)	2%~5%(10)	5%~10%(6)	10%(2)	
配送能力	准时(15)	偶误(10)	常误(5)	极常误(2)	
供应价格	比竞争店优(20)	与竞争店同(10)	略差于竞争店(8)	与竞争店差距大(2)	
促销配合	极佳(15)	佳(10)	差(5)	极差(2)	
商品品质	佳(10)	一般(8)	差(6)	时常出现坏品(2)	
退货服务	准时(10)	偶误(8)	常误(6)	极常误(2)	
供应商经营潜能	极佳(10)	佳(8)	普通(6)	小(2)	
备注	*评价每半年一次，一年两次，取平均得分； *得分 70 分以上的为 A，61~70 分为 B，51~60 分为 C，50 分以下为 D； *对 A 级供应商进行年度适当表扬。					

采购人员应该按照表 3-3 对供应商进行严格评价审核，以确保供应商能够始终如一地提供高质量的供应服务。但在对供应商评价的过程中，有以下一些需要注意的问题。

①可靠性。供应商能始终如一地履行所有书面承诺吗？比如，从价格到质量，谁能以最低的价格提供最好的商品？比如，订单处理时间多长？多久能收到送货？

②记录。供应商会很快地填写记录吗？

③毛利。毛利（差价）足够吗？

④创新。供应商的商品是创新的还是守旧的？

⑤地方广告。供应商在当地媒体做广告吗？

⑥投资。供应商的总投资成本有多大？

⑦风险。与供应商交往的风险有多大？

（二）供应商的开发与培养

1. 供应商的开发

一批适合企业需要的供应商是企业的宝贵资源。供应商适时、适量地为企业提供物资供应，保证企业生产和流通的顺利进行，这是企业最大的需要。企业生产需要物资，供应商就相当于企业的后勤队伍，供应商开发和管理实际上就是企业后勤队伍的建设。

供应商开发就是要从无到有地寻找新的供应商，建立起适合企业需要的供应商队伍。在采购工作中，供应商管理的一个重要任务就是要开发供应商。

供应商开发是一项很重要的工作，同时也是一个庞大复杂的系统工程，需要精心策划、认真组织。

（1）供应商信息来源

要开发供应商，首先就必须扩大供应商来源，供应商越多，选择供应商的机会就越大。寻求供应商的主要信息来源包括：国内外采购指南、国内外产品发布会、国内外新闻传播媒体（如报纸、刊物、广播电台、电视、网络）、国内外产品展销会、政府组织的各类商品订货会、国内外行业协会会员名录和产业公报、国内外企业协会、国内外各种厂商联谊会或同业工会、国内外政府相关统计调查报告或刊物（如工厂统计资料、产业或相关研究报告）、其他各类出版物的厂商名录。利用电视、报纸做全国性或区域性的招商广告，在预定期举办说明会，介绍公司状况，先吸引供应商接触，再慢慢选择，这也是供应商信息来源之一；也可以在电视或报刊的广告商品上，通过媒体上联络电话、地址来作为信息来源。

（2）采购供应商开发的步骤

供应商的开发是采购体系的核心，其表现也关系到整个采购部门的业绩。一般来说，供应商开发首先要确认供应商是否建立有一套稳定有效的质量保证体系，然后确认供应商是否具有生产所需特定产品的设备和工艺能力。其次是成本与价格方面，要运用价值工程的方法对所涉及的产品进行成本分析，并通过双赢的价格谈判实现成本节约。在交付方面，要确定供应商是否拥有足够的生产能力，人力资源是否充足，有没有扩大产能的潜力。最后一点也是非常重要的，就是供应商的售前、售后服务的记录。其具体开发步骤如下。

1）供应市场竞争分析

目前市场的发展趋势是怎样的，各大供应商在市场中的定位是怎样的，从而对潜在供应商有一个大概的了解，再将所需产品按 ABC 分类法找出重点物资、普通物资和一般物资，根据物资重要程度决定与供应商关系的紧密程度。对于关键物资、重点物资，要建立起比较紧密的供应商关系；对于非重点物资，可以建立起一般供应商关系，甚至不必建立起固定的供应商关系。

2）寻找潜在供应商

经过对市场的仔细分析，可以通过前面提到的供应商信息来源来寻找供应商。在这些供应商中，去除明显不适合进一步合作的供应商后，就能得出一个供应商考察名录。

3）对供应商的实地考察

邀请质量部门人员和工艺工程师一起参与供应商的实地考察，他们不仅会带来专业的知识与经验，其共同审核的经历也会有助于公司内部的沟通和协调。在实地考察中，应该使用统一的评分标准进行评估，并着重对其管理体系进行审核，如作业指导书等文件、质量记录等，重要的还有销售合同评审、供应商管理、培训管理、设备管理及计量管理等。考察中要及时与团队成员沟通，发现供应商的优点和不足之处，并听取供应商的解释。如果供应商有改进意向，可要求供应商提供改进措施报告，做进一步评估。

4）对供应商的询价与报价

对合格的供应商发出询价文件，一般包括图纸和规格、样品、数量、大致采购周期、要求交付日期等细节，并要求供应商在指定的日期内完成报价。在收到报价后，要对其条款进行仔细分析，对其中的疑问要彻底澄清，并做相应记录，包括传真、电子邮件等。根据报价中大量的信息进行报价分析，比较不同供应商的报价，选择报价合适的供应商。

5）合同谈判

对报价合适的供应商进行价格、批量产品、交货期、快速的反应能力、供应商成本变动及责任赔偿等方面的谈判。每个供应商都是所在领域的专家，多听取供应商的建议往往会有意外的收获。例如，曾有供应商主动推荐替代的原材料，用韩国的钢材代替瑞士产品，其成本节约高达50%，而且性能完全满足要求，这是单纯依靠谈判所无法达到的降价幅度。

6）供应商辅导

价格谈好以后的试运行供应商，采购部门要积极参与辅导、合作。采购应当根据生产的需要，也要根据供应商的可行性，来共同设计规范相互之间的作业协调关系，制定一定的作业手册和规章制度，并且为适应企业的需要，要对供应商在管理、技术、质量保障等方面进行辅导和协助。

7）追踪考核

在试运作阶段，项目采购部门要对供应商的物资供应业务进行追踪考核。考核主要从产品质量是否合格、交货是否准时、交货数量是否满足及信用度几个方面进行。

8）选择确定供应商

通过策略联盟参与设计，供应商可以有效帮助企业降低成本。还有非常重要的一个方面就是隐性成本，采购周期、库存、运输等都是看不见的成本，要把有条件的供应商纳入适时送货系统，尽量减少存货，降低公司的总成本。选择供应商需要注意：一是要选择那些企业形象好并有实力的供应商；二要应避免选择独家供应商；三要避免缺乏科学的选择方法。

（3）采购供应商关系的开发

供应商关系的开发是指采购部门与供应商建立起战略性合作伙伴关系，把供应商纳入企业的供应链管理中来。

许多企业正在逐渐认识到建立良好的供应商关系的重要性。以前，许多企业把自己的供应商看成对手，并在此基础上与它们共事，而好的供应商关系能够带来许多好处，还总能帮着发现问题，提出解决建议。因此，单纯依据价格选择和变换供应商是一种很短见的方法，不能满足不断变化着的需求。

众所周知，保持好的供应商关系已经作为维持竞争优势的重要因素，应该视供应商为伙伴，与少数可靠供应商建立稳定战略性合作伙伴关系，因为这些供应商能够进行高质量供应，严格按照交付时间运作，保持与生产规模变化、交付时间等相关的柔性。

2. 供应商的培养

采购工作就是要持续不断获得高质量、低价格、及时交付的产品和超越期望的服务，要实现这一目标，必须拥有优秀而忠诚的供应商。优秀的供应商应具备提供高质量、低价格、及时交付的产品和提供超越期望的服务的能力；同时，供应商应始终把采购商作为第一顾客，始终以采购商的需要作为自己持续改进的方向，忠诚于采购企业。

在企业的吸引力还不够强大的情况下，要拥有优秀而忠诚的供应商，培养比寻找更加重要。

（1）正确认识供应商在产品实现过程中的基础作用，树立依靠供应商、服务供应商的思想，善待供应商，给供应商以信心

1）供应商是产品实现的基础

零部件的质量、价格、交付周期，在很大程度上决定着产品的质量、成本和生产周期。外协、外购零部件占构成产品的零部件的比例越大，这种决定程度就越大，而零部件的质量、成本和交付周期又取决于供应商。因此，供应商是产品实现的基础，应当把供应商当作自己的分厂看待，相信供应商，依靠供应商，为供应商服务，把供应商培养成为巩固的零部件生产基地。

2）平等对待供应商

在买方市场环境下，在业务关系中，需求方通常处于强势地位，而供应商通常处于相对劣势的地位，因此，有些企业便时常利用自己的强势地位直接或间接地迫使供应商接受一些不对等条件。这种做法短期内可能会给企业带来一些利益，但从长远看对企业却是不利的，会使产品质量、交期波动和服务质量下降，损害自身利益。

3）主动维护供应商的利益

供应商经营的目的是获利，如果不能获利，供应商就不会提供满意的产品和服务，必须主动维护供应商的利益。

①给予供应商合理的利润率。从长远看，即使在质量、服务同等的前提下，价格最低不一定是最好的选择，关键要看利润率的合理性，给予零部件与产品相同或相近的利润率应该是合理的。

②不要求供应商承担除协议规定以外的其他任何义务，不单方面提高产品要求或服务要求，变相降低供应商的利润率。

③进入批量生产阶段后，设计方案应尽量维持稳定，不要轻易变更。如遇非变更不可的，应事先主动与供应商沟通，并做好相应的善后工作。

④当供应商的产品平均不良率（来料检验不良率、过程检验不良率、成品一次交验不良率的平均值）大于或等于利润率时，就意味着供应商可能在此产品上已经或正在出现亏损。为了保证供货的稳定性和持续性，应当立即主动派遣相关人员，与供应商共同改善其质量管理措施，提高合格率。

⑤建立、健全防止员工腐败的制度，约束员工的行为，从制度上预防员工利用职权损害供应商的利益。防腐制度应重点对供应商选择、器件选型、方案选择、定价、制定合同条款、采购比例分配、质量控制、索赔等方面的行为进行约束。

⑥尽量采用独家供货，在供应商的供货能力能够满足企业的需求并且没有大的过失的情况下，不轻易增加新供应商，即使有更好的价格也是如此。如非独家供货，在供应商没有大的过失的情况下，也不轻易降低采购比例或者改变采购方向。如果供应商在产品开发过程中或设计变更过程中有投入，则必须从订单或者其他方面给予相应的回报。

（2）充分认识到打造优秀而忠诚的供应商队伍对企业生存和发展的重要性，从建设零

部件制造基地的战略高度对供应商进行选择、评价和管理。

1) 选择供应商应遵循合适原则

企业对供应商的吸引力决定着供应商对企业的忠诚度，企业选择供应商应当讲究"门当户对"。在选择供应商的时候应当从自身的规模、知名度、采购量和付款能力等实际情况出发，选择合适的供应商，而不是选择最优秀的供应商。

所谓合适，一是供应商的产品结构与需求相适应；二是供应商的资质条件、研发能力、质量保证能力、生产能力和成本控制能力等基本上能够满足要求；三是供应商有长期合作的愿望，愿意要求进行持续改进；四是本企业对供应商的吸引力足够强大，有可能对其进行长期有效的控制。

2) 评价供应商要重视供应商的发展潜力

现有能力评价是评价供应商的基本要素，如质量体系认证情况、研发能力、设计过程的质量控制能力、生产能力、生产组织方式、物流和制造过程的质量控制能力、成本控制能力、现有市场、对现有市场的服务情况、产品可追溯性、供应商管理能力等。但是，要选择合适的培养对象，只对其现有能力进行评价是不够的，还需要对其发展潜力进行评价，而且发展潜力应当成为确定培养对象的重点考虑因素，当现有能力与发展潜力不可兼得的时候，应优先考虑发展潜力好的供应商。

3) 管理供应商要管理与帮助并重

供应商管理的常用方法是：对供应商的供货业绩进行监测，依据监测结果对供应商进行级别评定，实施分级管理，奖优罚劣，对不合格项进行整顿；定期对供应商进行重新评价，依据评价结果调整采购措施，淘汰不合格的供应商。

这是一种事后控制措施，对防止同一错误的重复出现有一定的帮助，但对于预防错误的发生和提升供应商的能力，其作用并不一定明显。帮助供应商提升设计过程和制造过程的质量保证能力是确保来料质量的最好途径；将采购企业进度管理延伸到供应商的生产和物流过程是保证及时交付的最佳办法；帮助供应商提升成本控制能力是降低采购价格的有效手段。因此，既要对供应商进行考核和奖惩，也要给予供应商必要的帮助。

① 帮助供应商提升设计和制造过程的质量保证能力。帮助供应商对其设计和生产过程的关键环节进行控制，如主动与供应商沟通，让供应商精确掌握本企业的要求；给予供应商需要的技术支持；与供应商共同改进零部件的质量问题；与供应商共同完善其采购过程、制造过程的质量控制手段和方法；帮助供应商完善物流过程中的标志管理和不合格品控制；等等。

② 帮助供应商提升成本控制能力。原料价格、库存量、生产效率、合格率、生产消耗等是影响零部件成本的重要因素，除了帮助供应商提升质量控制能力外，应主动在其他方面给予供应支持，如与供应商进行采购资源共享，帮助供应商开发更廉价的采购渠道；给予供应商尽可能充足的生产周期，采购量尽可能稳定；与供应商共同改善其物流和制造过程，减少无效劳动，缩短生产周期；与供应商共同探讨改善库存管理的办法，帮助供应商降低其原材料、在制品、成品的库存量；帮助供应商改善其生产工艺，减少生产过程中能源、辅料、耗材的消耗；等等。

③ 帮助供应商完善计划管理手段。供应商能否快速、准确地接收订单和能否将订单快速、准确地转化为相关部门的工作任务对交付的及时性有很大的影响，因此，供应商的计划

管理手段与本企业计划管理手段应当具有兼容性。如果是通过互联网给供应商下发订单，应当督促、帮助供应商建立和完善相应的计划管理手段，确保供应商能够自动接收到下达的订单，并能够自动将订单转化为各部门的工作任务，而且还要保证采购部门能够对供应商的订单执行情况（如物料采购进度、生产进度、交付进度）进行即时监控。

④帮助供应商开拓市场，维持其稳定。当供应商出现生产任务不足，生产能力和人员出现过剩，有可能导致亏损、人才流失等严重情况时，应尽可能帮助供应商开拓市场，以维持供应商的企业稳定，从而保证零部件供应的持续性和稳定性。

⑤为供应商提供员工培训支持。帮助供应商提高其员工的技能和素养，以及让供应商的员工了解采购企业、认同采购企业，主动为供应商员工提供技术培训、管理培训、宣传企业文化等。

总之，要平等善待供应商，积极培养供应商，持续不断地获得高品质、低价格、及时交付的产品和超越期望的服务。

（三）供应商的激励与控制

1. 供应商的激励

激励是管理者为了使被管理者按照自己设定的程序或要求进行操作，以便取得预定的绩效而对被管理者实施的物质或精神上的奖励或惩罚措施。

在现代物流管理理论中，企业的物流管理范围被扩大，向两端延伸到供应商和用户，以供应链一体化为主的物流管理模式成为当今物流管理的突出特征。企业与供应商之间已经超越了买卖关系，而形成了双方共同努力、谋求共赢的战略合作伙伴关系。在这种前提下，对供应商的关注程度被提高，甚至将供应商纳入了日常的管理，对供应商的激励就是对其实施有效管理的手段之一。对供应商实施有效的激励，有利于增强供应商之间的适度竞争，保持对供应商的动态管理，提高供应商的服务水平，降低企业采购的风险。

（1）对供应商实施有效激励的措施

1）建立供应商业绩评价体系

建立供应商业绩评价体系是建立供应商激励机制的基础，它为对供应商的激励提供了信息支持。供应商业绩评价体系包括供应商信息的收集、业绩评价方法、评价及分析工具、评价组织与人员等方面的内容。其中，供应商信息的收集主要是收集供应商为企业提供物资供应过程中所产生的各种信息，包括质量、价格、交货及时性、包装符合性、服务与工作配合等；业绩评价方法指进行评价时采用的方法，一般有定性评价和定量评价两种（定量评价被较多采用）；分析和评价的工具包括数学模型的采用、权变理论的应用、加权平均法的应用等多种；评价组织与人员指企业应建立对供应商进行业绩评价和管理的组织部门，并配置适宜的、拥有评价工作需要的专业技能的人员。另外，对供应商进行业绩评价的周期选择也非常重要，周期太短则信息有限，评价结果不能说明供应商的实际业绩水平；周期太长，又会使供应商对业绩评价失去兴趣，难于发挥评价的作用。

2）建立供应商激励标准

激励标准是对供应商实施激励的依据，制定对供应商的激励标准需要考虑以下因素：

①本企业采购物资的种类、数量、采购频率、采购政策、货款的结算政策等。

②供应商的供货能力，可以提供的物资种类、数量。

③供应商所属行业的进入壁垒。
④供应商的需求，重点是现阶段供应商最迫切的需求。
⑤竞争对手的采购政策、采购规模。
⑥是否有替代品。

上述因素的主要目的是针对不同的供应商，为其提供量身定做的激励方案，以达到良好的激励效果。

（2）激励的方式

按照实施激励的手段不同，可以把激励分为两大类：正激励和负激励。所谓正激励，就是根据供应商的业绩评价结果，为供应商提供的奖励性激励，目的是使供应商受到这样的激励后，能够"百尺竿头，更进一步"；负激励则是对业绩评价较差的供应商提供的惩罚性激励，目的是使其"痛定思痛"，或者将该供应商清除出去。

1) 常见的正激励的表现形式

①延长合作期限，即把公司与供应商的合作期限延长，可以增强供应商业务的稳定性，降低其经营风险。
②增加合作份额，即提高供应物资的数量，可以增加供应商的营业额，提高其获利能力。
③增加物资类别，即增加合作的物资种类，可以使供应商一次送货的成本降低。
④供应商级别提升，能够增强供应商的美誉度和市场影响力，增加其市场竞争力。
⑤书面表扬，能够增强供应商的美誉度和市场影响力。
⑥颁发证书或锦旗，即为供应商颁发优秀合作证书或者锦旗，有助于提升其美誉度。
⑦现金或实物奖励。

2) 常见的负激励的表现形式

①缩短合作期限，即单方面强行缩短合作期限。
②减少合作份额。
③减少物资种类。
④业务扣款。
⑤降低供应商级别。
⑥依照法定程序对供应商提起诉讼，用法律手段解决争议或提出赔偿要求。
⑦淘汰，即终止与供应商的合作。

（3）激励方式的选择

在供应商业绩评价的基础上，按照得分多少对供应商进行分级。对于同类供应商，按照数量的多少，选择排名第一至第三的给予正激励，排名倒数第一至第三的给予负激励（一般被激励的供应商不超过同类供应商总数的30%）。

各种激励方式适用于不同的供应商，如在正激励中，适用不同供应商的激励方式如下。

1) 合作激励

宜根据供应商的表现给予相应的褒奖，利用合作次数、合作份额的增多来鼓励供应商为供应链的整体利益作出贡献。

2) 价格激励

高的价格能增强供应商的积极性，不合理的低价格会挫伤供应商的积极性。

3）增加物资类别

适用于能够提供更多物资种类，且物资质量符合公司标准，增加物资类别有助于降低其成本的供应商。

4）供应商级别提升

适用于尚未达到战略合作伙伴级别的供应商（供应商级别的提升要逐步进行，不可越级提升）。

5）商誉激励

宜对各供应商进行阶段性或一次性的合作评估，对评估高的企业给予很高的评价，从而提高供应商的声誉和商誉。

6）现金或实物奖励

适用于作出重大贡献或特殊贡献的供应商，一般由副总经理以上的领导提出。

7）参与激励

让供应商参与到项目开发中来，例如，可以就工程施工中的某一新技术或新材料与总包、分包或货物供应单位等进行共同开发与研究。

由于负激励是一种惩罚性激励手段，一般用于业绩不佳的供应商。实施负激励的目的在于提高供应商的积极性，改进合作效果，维护企业利益不受损失。

（4）激励时机的确定

对供应商的激励一般在对供应商业绩进行一次或多次评价之后，以评价结论为实施依据。激励时机一般有以下几种：

①市场上同类供应商的竞争较为激烈，而现有供应商的业绩不见提升时。

②供应商之间缺乏竞争，物资供应相对稳定时。

③供应商缺乏危机感时。

④供应商对企业利益缺乏高度关注时。

⑤供应商业绩有明显提高，对企业效益增长贡献显著时。

⑥供应商的行为对企业利益有损害时。

⑦按照合同规定，企业利益将受到影响时。

⑧出现经济纠纷时。

⑨需要提升供应商级别时。

⑩其他需要对供应商实施激励的情况。

特别需要注意的是，在对供应商实施负激励之前，要查看该供应商是否有款项尚未结清，是否存在法律上的风险，是否会对公司的生产经营造成重大影响，是否会对大部分供应商产生负面影响，以避免因激励而给企业带来麻烦。

（5）激励的确定与实施

激励由企业的供应商管理部门根据业绩评价结果提出，由部门经理审核，报分管副总经理批准（涉及法律程序、现金及实物奖罚、证书和锦旗的激励，报公司总经理审批）后实施。实施对供应商的激励之后，要高度关注供应商的行为，尤其是受到负激励的供应商，观察对它们实施激励前后的变化，作为评价和改进供应商激励方案的依据，以防出现各种对企业不利的问题。

2. 供应商的控制

供应商控制是指企业对供应商原辅料及配套的服务进行评估和接收的程序。供应商是生产资料的制造或经营者，其所提供的器材直接影响产品的质量与成本，供应商的生产（经营）能力与管理水平将影响企业的生产与效益。为了保证产品的正常生产与维护企业的经济效益，在进行物资采购的全过程中，应加强对供应商的管理与控制。供应商控制是保障企业生产与经济效益的重要环节，适用于大中型企业及所有严格管理的企业。

（1）供应商控制的目的

1）实现价格控制

对于供应商来说，商品价格的高低直接关系到其销售额和利润多少。因此，虽然在一定的压力或诱惑下，供应商会在其可以承受的程度内，在价格上做出一定的让步，但它的前提是保证供应商有利可图。另外，商品价格对于采购企业来说直接意味着它的成本，为了获得更高的利润，采购企业将努力压低各个方面的成本，因此，通过控制供应商价格的方法来控制自身的成本。

2）保证供应产品质量

产品质量是企业的生命，对供应商的控制可以直接影响到采购企业对其产品质量的控制。这是因为，如果能够积极有效地对上游供应商进行控制，供应商在做出一定让步的同时会积极地维护其与采购商之间的关系，从供应商内部自然地加强质量管理和控制，从而保证采购企业的产品质量。

3）实现物流成本的节省

为了降低成本，买卖双方可以通过协商来控制物流成本，建立起一套行之有效的物流体系。这样，采购企业可以及时地得到其需要的产品，节省时间，快速地对市场变化进行反应。

（2）供应商控制的方法

为使供应商提供的商品持续地满足采购方的要求，采购方应根据实际情况，采取以下有效的控制方法。

1）制订联合质量计划

采购作业需要把供需双方的能力对等协调起来，协调的办法就是制订联合质量计划。联合质量计划一般要包括经济、技术、管理三个方面的内容。

2）向供应商派常驻代表

为直接掌握供应商商品质量状况，可由采购方向供应商派出常驻代表，其主要职责是向供应商提出具体的商品质量要求，了解该供应商质量管理的有关情况，如质量管理机构的设置，质量体系文件的编制，质量体系的建立与实施，产品设计、生产、包装、检验等情况，特别是对出厂前的最终检验和试验要进行监督，对供应商出具的质量证明材料要核实并确认，起到在供应商内进行质量把关的作用。对具有长期稳定的业务联系，建立了固定的购销关系，采购批量大、技术性强、对质量要求严格的供应商，采购方还可派出质检组常驻供应商，不但对商品质量进行全程、全面地检查和监督，而且还要监督买卖合同的全面执行，保证及时生产、及时发货、满足采购方各方面的要求。同时，质检组还可向供应商反映已购产品在使用过程中的问题和新的要求，促使供应商改进和提高产品质量，不断开发用户所需要的新产品。

3）定期或不定期监督检查

采购方可根据实际情况派技术人员或专家对供应商进行定期或不定期的监督检查。通过监督检查，有利于全面把握供应商的综合质量能力，及时发现薄弱环节并要求其改善，从而从机制上保证了供货质量。

4）定期排序

排序的主要目的是评估供应商的质量保证能力，以及为是否保留、更换供应商提供决策依据，一般准则如下：

①质量合格率（一般要求不能低于95%）。

②商品投放使用后的质量问题（一般要求总的工序合格率不低于85%）。

③回复质量问题纠正报告的态度和速度（即时响应、令人信服的分析、有纠正预防措施）。

④交货期履约情况（积极履行合约并对延期交货做出合理说明）。

5）设监督点

通过设监督点对关键工序或特殊工序进行监督检查

6）成品联合检验

可以由客户会同采购人员一同到供应商处实行联合检验。

7）要求供应商及时报告生产条件或生产方式的重大变更情况（如发包外协等）

为有效地控制采购商品的质量，除采取上述方法外，采购方还应帮助供应商导入新的体系和方法。采购方应对供应商导入自己多年总结出的先进质量管理手段和技术方法，主动地帮助指导供应商在短时间内提升质量管理水平和技术水平，增强质量保证能力。采购方对供应商给予的帮助是多方面的，主要目的不是扩大生产能力而是提高商品质量。可帮助供应商组织有关人员的技术培训，进行设备的技术改造，实现检验和试验的标准化、规范化，贯彻ISO 9000族标准，争取通过质量体系认证等。

学习单元三　采购模式分析

（一）集中采购与分散采购

1. 集中采购

集中采购指同一企业内部或同一企业集团内部的采购管理集中化的趋势，即通过对同一类材料进行集中化采购来降低采购成本。

采购方式

为实现集团采购业务集中管控的需求，集中采购包括以下几种典型模式：集中定价、分开采购；集中订货、分开收货付款；集中订货、分开收货、集中付款；集中采购后调拨等运作模式。采用哪种模式，取决于集团对下属公司的股权控制、税收、物料特性、进出口业绩统计等因素，一个集团内可能同时存在几种集中采购模式。

（1）集中订货、分开收货、集中付款模式

集团总部或采购公司负责管理供应商及制订采购价格等采购政策，并且负责采购订货工作。分支机构提出采购申请，集团总部进行汇总、调整，并根据调整结果下达采购订单，发收货通知单给分支机构；分支机构根据收货通知单或采购订单进行收货及入库；集团总部汇集分支机构的入库单与外部供应商进行货款结算，并根据各分支机构的入库单与分支机构分别进行内部结算。

（2）集中采购后调拨模式

集团总部或采购公司负责管理供应商及制定采购价格等采购政策，并且负责采购订货工作。分支机构提出采购申请，集团总部进行汇总、调整，并根据调整结果下达采购订单，集团总部完成后续的收货、入库、外部货款结算处理。之后，根据各分支机构的采购申请，集团总部启动内部调拨流程，制定调拨订单并做调拨出库，分支机构根据调拨订单做入库处理，两者最后做内部结算处理。

2. 分散采购

分散采购是集中采购的完善和补充，有利于采购环节与存货、供料等环节的协调配合，有利于增强基层工作责任心，使基层工作富有弹性和成效。

与集中采购相对应，分散采购是由企业下属各单位（如子公司、分厂、车间或分店）实施的满足自身生产经营需要的采购。

（1）采购适用的采购主体

①二级法人单位、子公司、分厂、车间。

②离主厂区或集团供应基地较远，其供应成本低于集中采购时的成本。

③异国、异地供应的情况。

（2）分散采购适用的采购客体

①小批量、单件、价值低、总支出在产品经营费用中所占比重小的物品（各厂情况不同，自己确定）。

②分散采购优于集中采购的物品，包括费用、时间、效率、质量等因素均有利，而不影响正常的生产与经营的情况。

③市场资源有保证，易于送达，较少的物流费用。

④分散后，各基层有这方面的采购与检测能力。

⑤产品开发研制、试验所需要的物品。

（二）全球采购

全球采购一般是指不包括企业行为的"官方采购"，如联合国、各种国际组织、各国政府等机构和组织，为履行公共职能，使用公共性资金所进行的货物、工程和服务的采购。

采购的对象包罗万象，既有产品、设备等各种各样的物品，也有房屋、构筑物、市政及环境改造等工程，还有各种服务。

1. 全球采购的特点

（1）全球范围内采购

采购范围扩展到全球，不再局限于一个国家一个地区，可以在世界范围内配置自己的资源。因此，要充分和善于利用国际市场、国际资源，尤其是随着经济全球化进入全球物流时代的到来。国内物流是国际物流的一个环节，要从国际物流角度来处理物流具体活动。

（2）风险性增大增强

国际采购通常集中批量采购，采购项目和品种集中、采购数量和规模较大，牵涉的资金比较多，而且跨越国境、手续复杂、环节较多，存在许多潜在的风险。

（3）采购价格相对较低

因为可以在全球配置资源，可以通过比较成本的方式，找寻价廉物美的产品。

(4）选择客户的条件严格

因为全球采购的供应商来源广且所处环境复杂，所以制定严格的标准和条件去筛选和鉴别供应商尤其重要。

(5）渠道比较稳定

虽然供应商来源广且全球采购线长、面广、环节多，但由于供应链管理理念的兴起，采购商与供应商形成了战略合作伙伴关系，所以采购供应渠道相对比较稳定。

2. 全球采购的程序

①通过市场调查、讨论和其他途径，包括立法，来确定产品/服务的规格和标准及需要的数量和质量。

②通过可行的各种途径，包括贸易指南、贸易协会、贸易展览会和互联网，来寻求最合适的供应商。

③制订一个谈判计划，包括产品的规格、与国际/国内标准的一致性、价格、可用性、销售条款、国际支付协议（信用证、往来账户、跟单托收）、承运人名称、保险、进出口单据和发货日期。

④签订合同时，要依据卖方供应链网络确定交货日期、交货地点、货物数量，与卖方的开证行处理好资金安排，并且在遵循买卖合同《2020年国际贸易术语解释通则》《ICC跟单信用证统一惯例（2007年修订本）》及跟单托收的情况下处理进口和关税文件。

⑤管理供应链，包括下列活动：从供应商经营场所以集装箱运货至进口商的 ICD（Inland Clearance Depot，集装箱内陆验关堆场）或者港口，要以交货日期为准；在进口商 ICD 或港口经营场所清关；把集装箱装到船上运至目的港，而后通过集装箱轮转船；港口卸货清关，在港口或 ICD 或买方经营场所支付进口关税。

⑥在整个运输过程中访问在线计算机跟踪调查货物。

⑦提货并对产品进行全方位评估，包括运输延期、损害索赔、支付协议（包括货币、进口报关等）。

⑧制定产品的后续策略，不断地对产品进行评估，以便为之后的订单做准备或必要的调整。对于固定的供应商，要保持经常的沟通，并培养感情。

3. 全球采购的实施

全球采购需要投入大量的资源和精力，采购经理必须明确企业的采购需求和采购目标。重点在选择和发展供应商上，需要对国外供应商进行全面的评估，应从总成本、质量、配送及整个过程中的责任分配等几个方面考虑。为了识别世界范围内的潜在供应商，评估它们的能力及与已选择的供应商建立更牢固的关系，采购部门应该有全球意识，并掌握与全球采购相关的知识和培养全球采购的能力。

（三）招投标采购的相关知识

招投标采购是一种适用于实施投资规模较大的建设工程项目和物资采购行为的有组织、规范化地实现采购的交易运作方式。它先将工程项目、物资、服务的采购规则、条件等内容以公开的方式发出邀请，召集若干承包商或供应商，以秘密的方式报价投标，在公开、公正、公平原则基础上进行竞争，通过招标机构规范的评估，择优选择中标者，实现节约资金、资源优化配置的目的。

1. 招投标采购的特点

（1）程序性

招投标程序由招标人事先拟定，不能随意改变（现在都有严格的规定），招投标当事人必须按照规定的条件和程序进行招投标活动，这些设定的程序和条件不能违反相应的法律、法规。

（2）公开性

程序公开，结果公开。招标的信息和程序向所有投标人公开，开标也要公开进行，使招投标活动接受公开的监督，招标具有透明度高的特点，一般称为阳光下的操作。

（3）一次性

在某个招标项目的招投标活动中，投标人只能进行一次递价，以合理的价格定标。标在投递后一般不能随意撤回或者修改。招标不像一般交易方式那样，在反复洽谈中形成合同，任何一方都可以提出自己的交易条件进行讨价还价，招标则不行，投标价一旦通过开标大会唱标，核验无误签字后，则不能更改，所以有些单位招标，报几次价实际上是不合法的，这就是投标的一次性。

（4）公平性

这种公平性主要是针对投标人而言的。任何有能力、有条件的投标人均可在招标公告或投标邀请书发出后参加投标，在招标规则面前各投标人具有平等的竞争机会，招标人不能有任何歧视行为。

2. 招投标采购的基本原则

（1）公开原则

公开原则要求招投标活动具有高的透明度。实行招标信息公开、招标程序公开、招标的一切条件和要求公开、公开开标、公开中标结果。

（2）公平原则

公平原则要求给予所有投标人平等的机会，使其享有同等的权利，并履行相应的义务，不能歧视任何一方（国际上通行的是不歧视原则）。

（3）公正原则

公正原则要求评标时按事先公布的标准对待所有的投标人。

（4）诚实信用原则

诚实信用原则就是平时讲的诚信原则，在招投标活动中诚信还体现在不得规避招标、串通投标、泄漏标底、划小标段、骗取中标、非法允许转包等。

3. 招投标采购的作用

实行招标采购，有利于深化企业改革，推进企业技术进步；有利于企业提高资金利用率，提高技术引进的成功率和实用性，促进企业的消化吸收，推动企业技术进步；投标方为中标成功，必然提供先进技术、合理价格，满足企业需求，从而激励企业重视技术进步，提高市场竞争力。

4. 招投标采购的方式

（1）公开招标

指招标人以招标公告的方式邀请不特定的法人或者其他组织投标。

（2）邀请招标

招标人以邀请书的方式邀请特定的法人或者其他组织投标。

（四）招投标采购的流程

1. 招标前的准备工作

（1）检查项目招标必须具备的基本条件

①招标项目按照国家有关规定需要履行项目审批手续的，应当先履行审批手续，而且已经取得了批准。

②招标人应当有进行招标项目的相应资金，或者资金来源已经落实。

此外，工程施工招标条件有：初步设计及概算、招标方案、资金、图纸及技术资料等。

（2）确定、细化招标方案

（3）若是委托招标，要选择好招标代理机构

2. 组建招标工作班子、签订招标委托协议（如有招标委托协议时）、制订招标工作计划

3. 编制、送审招标资格预审文件，编制、送审招标文件，准备和编制标底（如设标底时）

（1）资格预审文件

资格预审文件是招标人指导投标人如何通过资格预审的文件。其主要内容如下：

a. 申请人须知及附件（包括资格预审必要条件标准——最低标准、附加条件标准和招标工程项目概况）。

b. 资格预审申请书与各种附表（资格预审文件按规定经过审定核准后，才能发资格预审公告）。

（2）编制招标文件（标书）

1）招标文件的性质与作用

①是投标人编制投标文件的依据；

②是评标委员会进行评标时评标标准和评标方法的根据；

③是招标人和中标人拟定合同文件的基础；

④汇总招标人发包或采购所需各项要求的最重要、最完整、具有法律效力的重要文件。

2）招标文件的主要内容

案例分析

案例一

江苏电信公司加强物资采购集中管理，实行重点采购物资由省公司统一招标确定价格，并统一进行货款支付，有效地降低了通信工程的建设成本。2002年上半年，通过对交换设备、电缆、光缆等重点项目进行公开招标，使采购价格平均降低了20%，节约资金达1.22亿元。2002年年初以来，江苏电信公司着力强化物资采购的集中管理，制定了通信设备器材采购集中管理暂行办法。按照设备类别、年投资额和对网络"三性"的影响程度，对通信设备器材分别采取省公司统谈统签、统谈分签、确定采购范围委托市分公司集中采购

的方式进行。由于实行了采购集中管理，在统谈中获得了有利的谈判条件，既坚持了同种设备全省同价，规范了厂商在全省各地的报价，也坚持了开放技术、开放市场，形成了竞争，有效降低了工程建设成本。

分析：
集中采购为江苏电信公司带来了哪些好处？

案例二

中电投蒙东能源集团公司是中国电力投资集团公司下属的一家国有大型综合能源企业，下辖白音华煤电公司、中电霍煤集团、通辽发电总厂、通辽热电厂、赤峰热电厂、元宝山电厂等十多家企业。

在分散的采购模式下，各电厂都设有独立的采购部门负责本电厂的采购工作。在拥有各自独立的采购部门的同时，各电厂也设有相应独立的仓库，二级仓库的数量总共为18个，其总的仓库年运营费用在集团公司的费用支出中占很大的比例，并且为保证运输，各电厂同时还配备了相应规模的运输设备。各电厂采购的流程简短，采购过程简洁、费时较短，采购的产品直接运送到各个电厂的仓库，能够保证所需要的原材料及时地供应到各生产部门。

分析：
蒙东能源集团分散采购具有哪些特点？

案例三

2006年10月，经批准，××公司建设××城市社会保障卡系统，项目投资规模为2亿元，资金来源为企业自筹加银行贷款。招标采购内容和行政监督部门核准的招标方式见表3-4。

表3-4 ××公司建设××城市社会保障卡系统招标方式

项目内容	采购数量	招标方式	要求到货时间
32K接触式IC卡	1 000万张	公开招标	2007年5月31日
读卡机具	10 000台	公开招标	2007年3月31日
触摸屏	500台	公开招标	2007年3月31日
小型机	100台	邀请招标	2007年2月28日
存储设备	150台	公开招标	2007年2月28日
某品牌服务器	1批	不招标	2007年2月28日
某品牌数据库软件	300套	不招标	2007年2月28日
台式计算机	500台	公开招标	2007年5月31日
笔记本电脑	100台	公开招标	2007年5月31日
打印机	500台	公开招标	2007年5月31日
复印机	100台	公开招标	2007年5月31日
电话机	500台	公开招标	2007年5月31日
传真机	100台	公开招标	2007年5月31日

用户提出的32K接触式IC卡投标人资格要求包括：注册资本超过1 000万元、IC卡产品通过某电子产品质量认证中心检测、具有芯片生产厂家的投标授权、具有社会保障卡销售

业绩。经过市场调查了解到，本项目所需 32K 接触式 IC 卡由 IC 卡芯片和 IC 卡卡基两部分组成，芯片成本占 IC 卡总成本的 80%。IC 卡芯片由专门的芯片厂家生产，这类厂家较少；IC 卡卡基由卡基厂家生产，并负责集成芯片成为最终产品。卡基厂家非常多。本项目所需的 32K 接触式 IC 卡要求具有特殊的算法，目前满足要求的现成芯片产品并且通过某电子产品质量认证中心检测的只有一家企业，其他芯片厂家要开发出满足本项目要求的芯片并且通过某电子产品质量认证中心检测需要 2 个月时间。

分析：
从以上案例分析招投标采购的优、缺点。

综合实训

假如你作为一家位于广州的上市公司——广州宏图公司的招标部门主管，负责招标采购一家新建工厂的装修材料及工程。

假如招标文件规定投标有效期为 90 天，保修期为终验后 12 个月。

开标后，招标人组建了 5 人评标委员会，其中采购部 1 人，招标代理机构 1 人，公司专家库抽取 3 人。评标委员会采用了以下评标程序对投标文件进行了评审和比较：

①评标委员成员签到。
②由招标人确定评标委员会主任委员。
③学习招标文件，讨论并通过招标代理机构提出的评标细则，该评标细则对招标文件中评标标准和方法中的一些指标进行了具体量化。
④对投标文件的封装进行了检查，确认封装合格后进行拆封。
⑤逐一查验投标人的营业执照、资质证书、系统集成资质证书、ISO 9000、ISO 14000 等证书原件，并对相关问题与投标人进行了面对面的现场澄清。

a. 投标人 A 在开标后递交了一份降价声明，承诺在投标价的基础上优惠 10%。投标有效期 90 天。评标委员会接受了该价格优惠，对 A 的评标价进行了核减。

b. 投标人 B 在 01 包设备 1 中多报了 M 功能模块，该模块价值 10 万元人民币，其 02 包设备 2 未报价。投标有效期 60 天。评标委员会澄清后得知 B 投标人 02 包设备已停产，无法提供，并将投标有效期改为 90 天。

c. 投标人 D 的报价中直接注明"保修期为到货后 12 个月"。

d. 作为评标委员会成员的招标人代表希望投标人 D 再适当考虑一下降低报价的可能性。

e. 要求 B、D 细化投标方案，并根据其现场应答作为评标标准。

⑥按讨论后确定的评标细则，对投标人资质、业绩、项目经验、项目管理、技术性能、售后服务等进行打分。
⑦按讨论后确定的评标细则，对投标报价进行评审打分。
⑧评分汇总。
⑨推荐中标候选人，完成并签署评标报告。
⑩评标结束。

在上述评标过程中，还发生了以下事件：

【事件 1】评标专家甲在初步评审时，发现投标人 C 的 03 包设备某模块单价明显高于正常的市场价格水平，与其他投标人相应模块平均价格相比，高出 3 倍多，但该投标人投标总价与其他投标人投标报价相比，处于平均偏低的水平，建议对该投标人投标报价进行详细分析，同时所有评标委员会成员应分工对其他投标人的投标报价进行分析，并视情况要求相关投标人澄清、说明或者补正。

招标人代表认为，对投标价格进行必要的分析是评标工作内容，但是投标人比较多，如果评标时开展该项工作并进行澄清、说明和补正，时间上不允许，建议由招标人在签订合同前针对中标人进行分析及必要的澄清、说明或者补正。其他评标委员会成员对该意见均不持异议。评标报告中建议招标人在签订合同前对中标人的投标价格进行详细分析和必要的澄清、说明或者补正。

【事件 2】评分汇总结束后，评标委员会某成员提出某项技术方案分数不合理，希望评标委员会重新讨论并重新打分，评标委员会意见产生分歧，一部分人认为打分是个人行为，不能重新打分；一部分人认为该成员提出的问题是有道理的，应该重新打分，最后经评标委员会举手表决后少数服从多数，重新对技术进行了打分。

实训任务：

①评标过程有何不妥？请说明理由并提出建议。

②事件 1 中是否可以在评标报告中建议招标人在签订合同前对中标人的投标价格进行详细分析和必要的澄清、说明或者补正？

③事件 2 中评标委员会的做法是否妥当？请说明理由并提出解决建议。

学习单元四　认识物流仓储

（一）全新的仓储管理理念

仓库就是保管、储存物品的建筑物和场所的总称。仓库在生产和销售环节的流通过程中担负着储存物品（包括原材料、零部件、在制品和产成品等）的职能，并提供有关储存物品的信息以供管理决策之用。

认识物流仓储

1. 对仓库的认识变化

很多人将仓库看作是"必不可少的邪恶"，因为仓库仅仅担负着储存物品的功能，却增加了整个物品的配送成本，并产生了额外的仓库作业成本。其实，仓库作为企业物流系统中一个必不可少的部分，在生产和消费之间架起了沟通的纽带。第二次世界大战以后，人们越来越关注仓库的使用效率和使用成本，一些企业对是否应该拥有如此之多的仓库提出了疑问。在 20 世纪六七十年代，仓库管理主要专注于新技术的应用，以便寻求更好的方法来代替传统的手工操作。在这期间，仓库管理技术水平的提高已经影响了仓库作业过程的每一个环节。在 20 世纪 80 年代，仓库管理的焦点是对仓库系统的设备配置和搬运技术进行合理的整合集成，人们越来越注重仓库的整体效益。在 20 世纪 90 年代，仓库管理集中在增强仓库的灵活性和信息技术的有效利用上，以适应顾客需求的个性化特征和市场需求的不确定性。

2. 仓储产生的原因

（1）降低运输和生产成本

储存及相关的库存会增加费用，但也可能提高运输和生产的效率，降低运输和生产成本，达到新的均衡。

（2）协调供求

某些企业的生产极具季节性，但需求是连续不断的，而且比较稳定，因此，它们就面临着协调供求的问题。例如，生产蔬菜、水果罐头的工厂就必须储存一定量的产品，以便在作物的非生长季节供应市场。

与之相反，另一些企业的产品或服务需求的季节性很强，而且需求不确定，但是全年的生产是稳定的，因为这样可以使生产成本最小，同时能够储备足够的库存来供应相对较短的热销季节。例如，空调和圣诞玩具就是这样的产品。

如果使供求完全相符的成本过高，就需要进行储存。从商品价格的角度来考虑，企业也需要对某些商品进行储存。某些原材料和产品（如铜、钢材、石油等）的市场价格随时间的波动非常大，也会促使一些企业为了低价采购而提前购买。这时，往往需要进行储存，且储存成本可以与购买商品的低价格相平衡。

（3）生产需要

储存可以被看成是生产过程的一部分。有些产品（如奶酪、葡萄酒和烈性酒）在制造过程中，需要储存一段时间使其发酵。

（4）营销需要

市场营销部门经常考虑的是市场是否可以随时得到产品。储存就可用来增加产品这方面的价值，即储存使产品更接近客户，运送时间常常会被缩短或使得供给随时可得。通过加快交货时间，企业可以改善客户服务，并增加销售。

（二）仓储的功能

1. 储存

储存设施最显著的用途就是保护和有序地储藏存货。货物可以在仓库里储存的时间，以及货物对储存条件的要求会对储存设施的结构和布局提出严格要求。储存设施种类很多，既有长期的、专门化的储存仓库（如陈年白酒），也有通用商品的储存仓库（阶段性保有商品），还有暂时存放商品的仓库（如卡车车站）。在最后一种情况下，货物只停留很短的时间，以便装满整车。产品储存的形式也多种多样，包括准备进入市场的成品、待组装的或者需进一步加工的半成品和原材料。

2. 集中

运输费率的结构（特别是费率分界点）会影响储存设施的使用。如果货物供应来源较多，建立货物集中地（如仓库或者货运站）的方法或许更经济，这样可以将零星货物集中成较大批量的运输单位（见图3-7），降低总的运输成本。

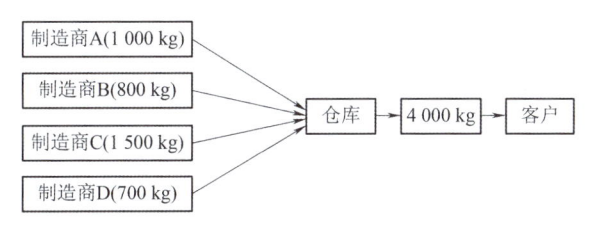

图 3-7　仓储的集中功能

3. 拆装

利用储存设施进行拆装（或换装）与利用储存设施进行集中运输正好相反。图3-8举例说明了拆装的一般情况，将低费率大批量运输的货物运进仓库后，再根据客户的需要以小批量送到他们手中。

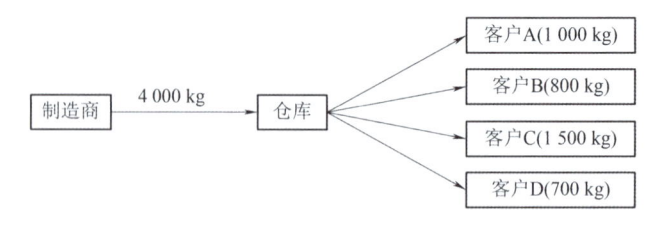

图3-8　仓储的拆装功能

拆装是仓库的常见业务，特别是入库货物的单位运输费率高于出库货物的单位运输费率、客户以零部件批量订购或生产商与客户之间的运输距离遥远时，拆装业务更为普遍。由于运输费率的差异，分拨仓库的选址趋向于离客户近的地方，便于拆装作业；集中运输的情形则刚好相反。

4. 混装

利用储存设施进行产品混装的方法如图3-9所示。有的企业会从许多生产商那里采购产品来供应多个工厂的某部分产品线，这时，管理人员会发现，如果建立一个仓库来将产品混装在一起，可能会带来运输中的经济效益。

图3-9　仓库的混装功能

如果没有这样的混装点，就要直接在生产地履行客户订单，由于货运量小，运输费率偏高。而在混装点则可以将各部分生产所需的货物通过大批量运输集中到一个地点，然后根据订单组合产品，再将混装后的货物运送到客户处。物料搬运系统的物料搬运活动归纳起来主要有3项：装卸、货物进出仓库和订单履行。

（三）仓储管理的现代化之路

1. 保管思想现代化

仓储企业应当根据所确定的关键绩效测量指标，基于所收集的相关数据和信息，运用各种科学的方法和工具对绩效进行预测，并确定企业的长、短计划期内的预测绩效。如图3-10所示给出了一个实际应用的仓储企业提升关键绩效的框架示意图。

因此，仓储企业应当通过各种渠道，收集与竞争对手和标杆的预测绩效有关的数据和信息，将企业与竞争对手进行比较。预测绩效的测量和指标还可以包括各方面带来的变化，如新商机、新市场、产品和服务技术上的创新等。

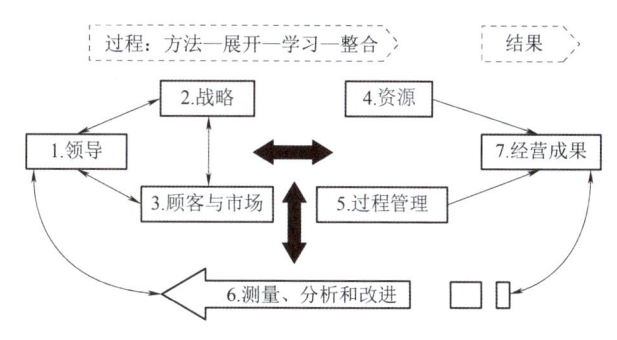

图 3-10 仓储企业提升关键绩效的框架

2. 保管组织现代化

要建立仓储管理信息系统，健全严格的管理制度，使各项管理工作形成一个严格的科学体系。

3. 保管技术现代化

以作业机械设备配套为基础，以自动化操作为中心，最大限度地减少作业人员的体力和脑力劳动消耗，实现作业的高效率和高效益。

4. 保管方法科学化

要不断吸取和应用社会科学与自然科学的最新成果，如线性规划、网络规划、决策理论等，结合仓储保管的特点，应用库存管理中的 ABC 分类法、库存控制理论，做好仓储管理工作，促进商品流通的合理化。

5. 管理人员现代化

管理人员必须具备专门的知识与技能。要重视与加强对有关人员的培训和考核，培养一支具有现代化科学管理知识和管理技术的高素质队伍，不断提高仓储保管的管理现代化水平。

（四）仓储商务管理

仓储商务管理是仓储经营人对仓储商务所进行的计划、组织、指挥和控制的过程，是独立经营的仓储企业对外行为的内部管理，属于企业管理的一个方面。仓储商务活动是面向市场、充满风险的活动，市场的作用越明显，经济的竞争越激烈，仓储商务活动就越重要。通过实施有效的仓储商务管理，可以帮助企业更好地处理对外经济联系中的相关问题，规避风险，塑造企业形象，最大限度获得经济效益，从而保持企业的可持续发展。

1. 仓储商务与仓储商务管理

仓储商务是指仓储经营人利用其拥有的仓储保管能力向仓储使用人提供仓储保管产品并获得经济收益的交换行为。仓储商务是仓储企业对外的基于仓储经营而进行的经济交换活动，是一种商业性的行为，因此，仓储商务发生在公用仓库或第三方物流企业的仓库之中，企业自用仓库则不发生仓储商务活动。

一个营利性组织能否长期生存和发展，起决定性作用的是其盈利能力。而盈利能力的强弱则受到多种因素的影响，如资本实力、员工素质、管理水平、商务能力等。在各种因素中，商务能力起着举足轻重的作用。只有选择到适合自身特点和市场要求的商业机会开展生产经营活动，才能实现盈利目标。随着中国物流市场的开放，越来越多的国际物流企业进入中国，仓储业务将是它们的重要能力。在激烈的市场竞争中，仓储企业要赢得竞争优势，提高驾驭市场风险的能力，必须增强商务能力。

2. 仓储商务活动的特点

（1）外向性

即仓储企业的商务活动总是面向外部的，仓储企业与外界的各种联系主要是通过商务活动实现的。因此，仓储企业的仓储商务管理就是为了使仓储企业能进行尽可能大的产品交换，向社会提供尽可能多的仓储产品，满足社会对仓储产品的需要。

（2）多变性

即仓储企业面临的外部环境是不断变化的，仓储企业的商务活动必须经常保持与外部环境的适应性。仓储企业应有效地收集市场信息，跟随市场的需要提供产品，提高服务水平，降低交易价格，提高企业竞争力。

（3）全局性

即商务管理的好坏直接影响到仓储企业的全局，如一项不适当的促销措施可能造成仓储企业产销过程循环受阻，一项错误合同的签订可能导致仓储企业重大损失等。

3. 仓储商务活动的内容

（1）仓储内部商务活动

仓储内部商务活动是指仓储企业的各部门之间相互协作，根据市场的需求经过一系列的劳动转化，为仓储企业所处的环境提供产品或服务的活动。

仓储内部商务活动包括：

①仓储地点的选择与确定。

②仓储布局规划与设计。

③仓储设施设备的选择与配备。

④仓储人员的组织。

⑤各种仓储服务的过程。

（2）仓储外部商务活动

仓储外部商务活动是指仓储企业为了获取经营与运作过程中所需资源或者为了销售自己所能提供的产品或服务而进行的所有活动。通常所讲的商务活动主要指外部商务活动。仓储外部商务活动的工作中心是要吸引顾客购买仓储产品或服务，同时树立仓储企业良好的形象。

仓储外部商务活动包括：

①有效地组织货源，广泛地收集和高质量地分析市场信息，捕捉有利的商业机会，科学制定竞争策略。

②根据市场的需要和发展，科学地规划和设计产品营销策略，促进产品销售。

③进行交易磋商管理和合同管理，严格依合同办事，讲信用，保证信誉。

④提供优质的服务以满足消费者和用户的需要，实现企业经济效益。

⑤建立风险防范机制，妥善处理商务纠纷和冲突，防范和减少商务风险。

不管是仓储企业内部商务还是外部商务，几乎每一个活动过程，都在为仓储企业创造价

值，因此形成了一个由许多价值过程构成的价值链。价值链的概念是由迈克尔·波特在其著名作品《竞争优势》中提出的，他认为企业的竞争优势来源于企业在设计、生产、营销、交货等过程及辅助过程中所进行的许多相互分离的活动。价值链将一个企业分解为战略性相关的许多活动，这些活动中的每一个都对企业创造的价值有所贡献。根据这一理论，仓储企业的价值链是仓储企业在本产业内的各种活动的组合，仓储企业通过比其竞争对手更廉价或更出色地展开这些重要的战略活动来赢得竞争优势。

4. 货源组织

提高仓储经营效益的关键在于货源的组织。在市场经济环境下，货主有权选择仓库，这使原先在计划经济下仓储货源按计划保证的仓储企业面临挑战，仓储企业不得不以自己优异的设施、良好的服务、优惠的价格积极参与竞争，在竞争中获取更大的效益。因此，通过走出去、请进来等多种方式在客户中宣传自己的仓储业务，树立企业形象，让客户充分地了解自己变得非常重要。

仓储企业的销售以客户的需求为依据，结合仓储企业的设施，通过分析、规划、执行和控制等程序，合理地制定储存量、收费标准、分销渠道和推销宣传策略等，最大限度地实现仓储企业的利润。

销售技术的关键是最大限度地满足消费者的要求，即尽可能创造良好、方便的储运条件，以吸引客户存货。在揽货时，应注意客户的利益，为客户出谋划策，例如，负责任地告诉客户采用怎样的储存方式较好，如何储存更为经济等，仓储企业应通过自己的宣传及实际的服务来增强客户对仓储安全的信任感；通过分析和改进，来减少流通的环节和节约仓储费用，通过确保货物在仓储中安全无损，来降低客户的货物流通成本。

具体来说，仓储企业在进行市场营销中，应注意满足以下几个方面的需要：

①满足更广泛的客户的需要。仓储企业应打破原有服务对象的界限，广开门户，拓展货源，内联外延，纵横渗透。不仅要为商业部门服务，也要为工矿企业服务，只要满足社会需要，都应为之服务。

②满足服务内容的需要。应改变过去仅从事仓储的状态，积极开展客户需要的各类服务，承接代客管账、代客分货、代客装卸、加工整理、打包托运等，在这些业务中必须提供优质的服务。

③满足服务方式的需要。不同的客户会对仓储方式提出不同的要求，仓储企业对此也应采取更为灵活的经营方式。如服务方式除了一般的储存关系外，还可以是租赁关系，当然也可以对储存货物采用自管方式或共管方式。

④满足服务的时间需要。客户的货物进出库场的时间越来越难以确定，为此，仓储企业应根据需要确保销售战略是仓储企业经营的重要组成部分，并随着市场经济的不断完善，必须从传统的生产管理型向经营管理型转变。只有这样，仓储企业才有生存发展的空间。

（五）仓储安全管理

仓库安全管理就是针对物品在仓储环节对仓库建筑要求、照明要求、物品摆放要求、消防要求、收发要求、事故应急救援要求等的综合性管理措施。

仓库的安全工作应该位于一切管理工作的首位，并且始终贯穿于整个仓储的全过程。仓库是物资储存基地，仓库安全管理十分重要，仓储物资大多是易燃、可燃物资，危险性较

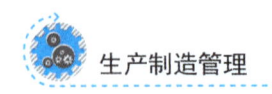

大。如果管理不善，就可能发生燃烧或者爆炸事故，给国家和人民的生命财产造成损失。因此，加强仓库安全管理，提高安全技术水平，及时发现和消除仓库中不安全的因素，杜绝各类事故的发生，具有十分重要的意义。

在仓库的安全工作中，造成不安全的因素主要有两大类：一类是由于管理人员知识上的局限性造成的，如对某化学品、危险品、易燃品、腐蚀品的性质不了解，对某些商品储存的规律没有安全掌握，以至于发生事故；另一类是管理人员素质不高引起的，如有的仓库管理人员失职等。

1. 仓库安全基础设施

各类仓库场所要按国家有关法规标准，配置相应的消防报警和灭火设施、设备、器材，确保消防水源充足，消防水泵、备用电源、消防栓、消防水带、灭火器具配置达标、有效。

仓库必须安装火灾自动报警装置和灭火设施，按规定数量和种类配备消防器具。库区及库房要按有关规定设置消火栓，室外消火栓的间距不得超过 120 m、保护半径不得超过 150 m；室外消火栓距路边距离不得超过 2 m，与房屋外墙距离不宜小于 5 m。

安全（视频）监控系统应有一定的基本要求，监控设置范围主要包括单位周围边界、公共作业区域、仓储区域、公共办公场所、重点危险源、人员密集活动场所、重点生产工艺部位及其他重要监控部位。

监控系统要具有对图像信号采集、传输、切换控制、自动报警、显示、分配、记录和重放的基本功能。现场探测图像清晰，有图像来源、时间和运行状态提示。视频探测设备应适应现场的照明条件，环境照度不满足视频监测要求时，要配置辅助照明。

2. 入库安全处理

货物要入库时门卫必须严格对其车辆进行检查登记，并要求外单位人员佩戴"访客证"，门卫需要带领车辆到达卸货区；仓管员到来后，告知安全主任带一名以上保安员来卸货区做好防范工作，严禁非授权人员进入卸货区；仓管员安排员工卸货，同时检查货物数量、品种、重量、规格、货号等是否符合送货单；由质检人员按照来料检验标准进行验货；验货完毕，质检人员记录检查结果；相关人员签字后，仓管员对合格品办理入库登记，做好标识（如数量、品种、重量、规格、货号等）；对不合格产品填写退货单，并安排退货，退货产品需放于指定不合格区域；车辆出门需有保安员严格检查，如有货物出工厂，需凭出厂单核对数量、货号、重量、规格等，待一切正常后，保安员记录好车辆驶出工厂的时间，同时收回"访客证"。

3. 库存安全管理

库存安全包括存货需求量的变化、订货间隔期的变化及交货延误期的长短。预期存货需求量变化越大，企业应保持的安全库存量也越大；同样，在其他因素相同的条件下，订货间隔期、订货提前期的不确定性越大，或预计订货间隔期越长，则存货的中断风险也就越高，安全库存量也应越高。

存货的短缺成本和储存成本。一般来说，存货短缺成本的发生概率或可能的发生额越高，企业需要保持的安全库存量就越大。增加安全库存量，尽管能减少存货短缺成本，但会给企业带来储存成本的额外负担。在理想条件下，最优的订货和储存模式可以求得，但在实际操作过程中，订货成本与储存成本反向变化，不确定性带来的风险使得这个自出现商品流通以来就出现的问题一直没有得到有效地解决。

4. 出库库存管理

出库处理包括单证处理、订单分配、补货、拣货和发货。系统对出货过程中可能使用的单证进行管理，还可根据客户设置的补货标准进行动态补货。对仓库操作中工作量最大的业务环节——拣货，系统支持两种拣货方式：离散拣货（基于订单的拣货方式）和合并拣货（基于批次的拣货方式）。针对分配的结果，用户可以打印拣货清单，在拣货清单上详细记录了需要拣取货物的库位、批次、数量或者跟踪号。系统支持几种出货方式：整票订单出货、订单行出货、拣货明细出货。

5. 仓库作业安全操作

（1）安全操作管理制度化

安全作业管理应成为仓库日常管理的重要项目，通过制度化的管理保证管理的效果，制定科学合理的各种作业安全制度、操作规程和安全责任制度，并通过严格的监督，确定员工能够有效并充分地执行安全操作管理制度。

（2）重视作业人员资质管理和业务培训

应对新参加仓库工作和转岗的员工，进行仓库安全作业教育和操作培训，保证上岗员工都掌握作业技术与规范。从事特种作业的员工必须经过专门培训并取得特种作业资格，才能上岗作业，且只能按证书规定的项目进行操作，不能混岗作业。

安全作业宣传和教育是仓库的长期性工作，作业安全检查是仓库安全作业管理的日常性工作，通过严格的检查、不断的宣传，严厉地对违章和忽视安全行为进行惩罚，强化作业人员的安全责任意识。

（3）加强劳动安全保护

劳动安全保护包括直接和间接对员工实行的人身保护。仓库要遵守《中华人民共和国劳动法》（后文简称《劳动法》）的规定，保证每日不超过八小时、每周不超过四十四小时的工时制，依法安排加班，给员工以足够的休息时间，包括合适的工间休息。提供合适和足够的劳动防护用品，劳保鞋、手套、安全帽、工作服等，并督促作业人员使用和穿戴。

6. 仓库保卫工作

治安保卫管理是仓库管理的重要组成部分，涉及财产安全、人身安全，只有治安保卫工作开展良好，才能确保企业的生产顺利进行，它是仓库实现经营效益的保证，在生产效率和经营效益与安全保卫发生冲突时，要以治安保卫优先。仓库治安保卫管理的原则为：坚持预防为主、确保重点、严格管理、保障安全和谁主管谁负责。

7. 仓库消防工作

消防工作是外贸仓库管理中的头等大事，也是深化仓库改革、提高经济效益的重要保证，因此需要提高认识、端正态度，加强消防设施的建设，进行经常性的消防教育。消防工作是保障国家和人民生命财产安全所不可缺少的，认真贯彻"以预防为主，防消结合"的方针。"以预防为主"，是指要把预防摆在消防工作的首位，采取有力措施，从根本上取得预防火灾的主动权。

学习单元五　出入库管理流程

（一）仓储出入库的动力源——物料清单

1. 产品是由众多"单层结构"组成的

任何一个产品都是由若干个"单层结构"组成的，由一个母件和从属于母件的一个或一个以上的子件组成。对于设计图纸而言，母件指的是组装图上的装配件，子件是零件明细表中的众多零件。以图3-11所示的产品结构树为例，件 X 作为最上层的母件是一个出厂产品，它由 A、B、C、D 四个子件组成。件 X 与 A、B、C、D 组成一个"单层结构"，在企业 ERP 系统中称为"单层物料单"。件 B 对于件 X 来讲是子件，但它对于件 E、F 来讲又是母件，并一起组成一个第二个层次的单层结构。同理，件 E 与件 G、H、I；件 D 与件 I 又组成位于不同层次的单层结构。任何一个产品都是这样由无数个"单层结构"组成的。母件与子件的关系是唯一的，如果品种或数量不同，将视为有不同代码的单层结构。母件与子件之间的连线是工艺路线，单层结构上每一项物料代表的是已完工并可以入库的物料，而不是正在工序之间未成形的在制品。

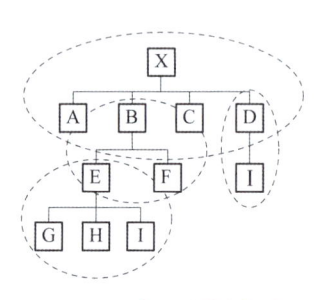

图 3-11　产品结构树示例

如果一个企业的无数产品由一定数量标准的"单层结构"配置而成，即用少量的标准"单层结构"组成性能多样的各种产品或产品系列，这就是人们常说的标准化和系列化。ERP 系统可以通过"反查"物料清单功能，查询每一个物料（零件）是用在哪些"单层结构"上，每一个"单层结构"又是用在哪些产品上。如果有许多产品都"借用"相同组件，说明产品设计的通用性很好。ERP 系统还可以通过"物料分类"功能查询每一类别下所有物料的规格品种，通过分析，作为确定标准化过程中优先选用的依据，对简化诸如各种原材料、紧固件等带有通用性物料的品种规格很有帮助。把这些功能与成组技术结合起来应用，正是产品研发部门的主要工作。产品研发人员最值得自豪的事，莫过于他们亲手设计的产品在市场上得到公认和畅销，而且能够以较低的成本为企业带来较大的利润。

2. 模块化物料清单与定制物料清单

凡是要列入计划、控制库存、控制成本的物件都统称为物料，包括所有的原材料、配套件、毛坯、半成品、联副产品、回收品、包装材料、说明书、合格证、成品、工艺装备等。

在编制物料清单之前，首先要先定义企业所有物料的分类，建立各种分类码的基本要求是说明物料的来源（自制、外购）、处理方式及与会计科目的关系。每一项物料必须有唯一的编码，并建立各自的物料文档，只有建立了物料文档的物料才允许进入物料清单。按照"物料分类—物料码—物料文档—物料清单"的顺序依次编制，是一个非常规范的操作程序，前道程序没有完成，后道程序就不能进行。

图 3-12 是一个以电子挂钟为例的模块型产品结构。电子挂钟简化为由机芯、钟盘、钟框和电池 4 个部件组成，其中机芯是通用件，所有挂钟都要采用，没有可选问题。钟盘、钟框可以有各种选项（如颜色、造型、材质等）供客户选择，但必须任选其一，而电池是可

选可不选的可选件。这些可选的物料可以是企业自己生产的，也可以是由合作伙伴提供的。

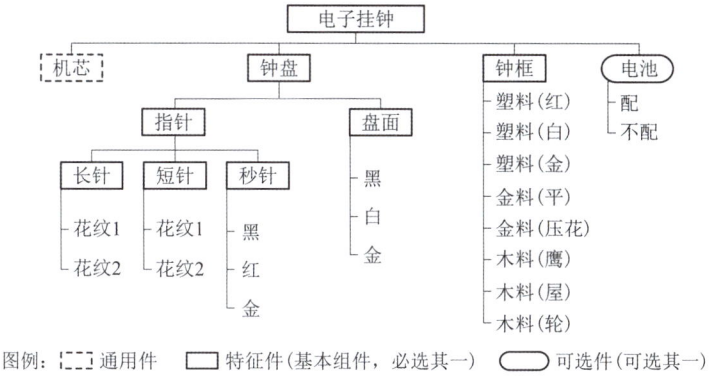

图例： ┆┈┆通用件　□特征件（基本组件，必选其一）　○可选件（可选其一）

图 3-12　模块型产品——电子挂钟结构

在这样一个可供广泛选择配置的范围内，可以经济合理地满足绝大多数客户的个性化需求，满足客户定制的要求，即所谓大规模定制，ERP 系统在销售订单中设置可选件的选择表，由客户逐项输入 Y（选）或 N（不选），然后与物料主文件集成运算，摘出所有选为 Y 的物料，自动生成定制物料单，作为计划下达的依据，其流程如图 3-13 所示。

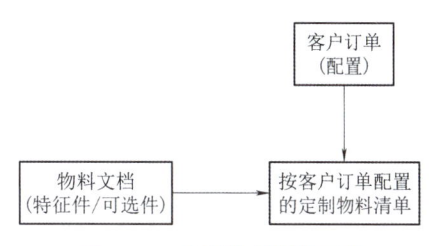

图 3-13　定制物料单的形成

模块型产品结构对当前许多机电制造行业都是非常普遍需要的概念和方法，是一个任何成熟制造业 ERP 软件不可缺少的功能。对于制造企业仓储部及其外包第三方物流商来说，最终所有的物料单据将反映在仓储环境，无论是原材料还是成品，终将进入出入库流程。

（二）仓库出入库管理流程

仓库在整个物流系统中扮演着极其重要的角色，与其他业务连在一起向客户提供能够达到的服务。仓库最明显的功能之一就是储存物品，但随着人们对仓库概念的深入理解，仓库也担负着处理破损、集成管理和信息服务的功能，其含义已经远远超出了单一的储存功能。

1. 入库管理

仓库作业过程的第一个步骤就是验货收货。物品入库，它是物品在整个物流供应链上的短暂停留，而准确的验货和及时的收货能够加强此环节的效率。一般来说，在仓库的具体作业过程中，入库主要包括以下几个具体步骤。

（1）核对入库凭证

根据物品运输部门开出的入库单核对收货仓库的名称、印章是否有误，商品的名称、代号、规格和数量等是否一致、有无更改的痕迹等，只有经过仔细的核对后才能确定是否收货。

（2）入库验收

物品的验收包括对物品规格、数量、质量和包装方面的验收，对物品规格的验收主要是对物品品名、代号、花色等方面的验收；对物品数量的验收主要是对散装物品进行称量，对

77

整件物品进行数目清点，对贵重物品进行仔细的查收等；对物品质量的验收主要查验物品是否符合仓库质量管理的要求，产品的质量是否达到规定的标准等；对物品包装方面的验收主要有核对物品的包装是否完好无损，包装标志是否达到规定的要求等。

（3）记账登录

如果物品的验收准确无误，则应该在入库单上签字，确定收货，安排物品存放的库位和编号，并登记仓库保管账目；如果发现物品有问题，则应另行做好记录，交付有关部门处理。

在努力处理有关仓库管理的各项事务时，总需要及时而准确的仓库信息，如仓库利用水平、进出货频率、仓库的地理位置、仓库的运输情况、顾客需求状况及仓库人员的配置等，这对一个仓库管理能否取得成功至关重要。目前，在仓库的信息传递方面，越来越多地依赖计算机和互联网，如通过使用电子数据交换系统或条形码技术来提高仓库物品的信息传递速度和准确性，通过互联网及时地了解仓库的使用情况和物资的储存情况。

2. 库存管理

仓库作业过程的第二个步骤是存货保管，物品进入仓库进行保管，需要安全地、经济地保持好物品原有的质量水平和使用价值，防止由于不合理的保管措施所引起的物品磨损和变质或者流失等现象。库存管理具体步骤如下。

（1）堆码

由于仓库一般实行按区分类的库位管理制度，所以仓库管理员应当按照物品的储存特性和入库单上指定的货区和库位进行综合的考虑和堆码，做到既能够充分利用仓库的库位空间，又能够满足物品保管的要求。

物品堆码的原则主要如下：

①尽量利用库位空间，较多采取立体储存的方式。

②仓库通道与堆垛之间保持适当的宽度和距离，提高物品装卸的效率。

③根据物品的不同收发批量、包装外形、性质和盘点方法的要求，利用不同的堆码工具，采取不同的堆码形式，其中，危险品和非危险品的堆码，性质相互抵触的物品应该区分开来，不得混淆。

④不要轻易地改变物品储存的位置，大多应按照先进先出的原则。

⑤在库位不紧张的情况下，尽量避免物品堆码的覆盖和拥挤。

（2）养护

仓库管理员应当经常或定期对仓储物品进行检查和养护，对于易变质或储存环境比较特殊的物品，应当经常进行检查和养护。检查工作的主要目的是尽早发现潜在的问题，养护工作主要是以预防为主。在仓库管理过程中，应采取适当的温度、湿度和防护措施，预防破损、腐烂或失窃等，达到储存物品的安全。

（3）盘点

对仓库中贵重的和易变质的物品，盘点的次数越多越好，其余的物品应当定期进行盘点（如每年盘点一次或两次）。盘点时应当做好记录，与仓库账目核对时，如果出现问题，应当尽快查出原因，及时处理。可以使用"循环盘点法"解决仓库盘点与进出口流程的交叉问题。

3. 应用"循环盘点法"优化仓库盘点流程

循环盘点法是将物资逐区、逐类、分批、分期、分库连续盘点，或者在某类物资达到最低存量时，即加以盘点。这种方法可以将年度集中清查盘点的繁重工作有节奏地分散到平时进行，既不妨碍物资收发工作的正常进行，又能使仓库管理人员充分利用作业的间隙。

4. 出库管理

仓库作业管理的最后一个步骤是发货出库，仓库管理员根据提货清单，在保证物品原先的质量和价值的情况下，进行物品的搬运和简易包装，然后发货。

（1）核对出库凭证

仓库管理员根据提货单，核对无误后才能发货，除了保证出库物品的品名、规格和编号与提货单一致外，还必须在提货单上注明物品所处的货区和库位编号，以便能够比较轻松地找出所需的物品。

（2）配货出库

在提货单上，凡是涉及较多的物品，仓库管理员应该认真复核，交付提货人；凡是需要发运的物品，仓库管理员应当在物品的包装上做好标记，而且可以对出库物品进行简易的包装，在填写有关的出库单据、办理好出库手续之后，才可以放行。

（3）记账清点

每次发货完毕之后，仓库管理员应该做好仓库发货的详细记录，并与仓库的盘点工作结合在一起，方便以后的仓库管理工作。

（4）填写仓库出库工作考核表（见表3-5）

表3-5 仓库出库工作考核表

绩效考核人员名单				
被考核人员				
考核地点		考核时间		
考核项目	考核内容		分值	实际得分
出库前准备工作	选择好发货的货区、货位		10	
	安排好出库货物的堆放场地		10	
	认真检查出库货物		10	
	妥善安排人力和机械设备		10	
	准备好包装材料		10	
出库作业	认真核对出库凭证		5	
	准备备货或理货		10	
	认真复核和正确登账		10	
	包装、置放正确		10	
	交接手续清晰		5	
	异常情况处理恰当		10	
	合计		100	

注：考核满分为100分，60~70分为及格，71~80分为中等，81~90分为良好，91分以上为优秀。

传统的仓储作业管理常常把货品放在货品到达时最近的可用空间或不考虑商品动态变化的需求和变化了的客户需求模式，沿袭多年习惯和经验来放置物品。传统型货品布局造成了流程速度慢、效率低及空间利用不足。然而，现代物流尤其是在供应链管理模式下的新目标是：用同样的劳动力或成本来做更多的工作；利用增值服务把仓库由资金密集转化成劳动力密集的行业；减少订单履行时间，提供更快捷、更周到的服务。

学习单元六　库存管理与控制

（一）库存及其分类

库存是指处于储存状态的物品或商品。库存与保管概念的差别在于前者是从物流管理的角度出发强调合理化和经济性，后者是从物流作业的角度出发强调效率化。库存具有整合需求和供给，维持各项活动顺畅进行的功能。当顾客订货后要求到货的时间（交纳周期）比企业采购材料、生产加工、到运送货物至顾客手中的时间（供应链）周期要短的情况下，为了填补这个时间差，就必须预先库存一定数量的该商品。例如，某零售商直接向厂家生产订购一定数量的商品并要求第二天到货，而厂家生产该商品需要5天时间，运送需要1天时间。如果厂家预先生产一定数量的这种商品并储存在物流仓库，则可以立即满足顾客的要求，避免发生缺货或延期交货现象。一般来说，企业在销售阶段，为了能及时满足顾客的需求，避免发生缺货或延期交货现象，一定的原材料、零部件的库存是必不可少的。因此，既要防止缺货、避免库存不足，又要防止库存过量，避免发生大量的不必要的费用。

按照不同的视角，库存有多种分类方式。按生成的原因不同，可以将库存分为以下6种类型。

（1）周期库存

周期库存是指补货过程中产生的库存，周期库存用来满足确定条件下的需求，其生成的前提是企业能够正确地预测需求和补货时间。

（2）在途库存

在途库存是指从一个地方到另一个地方处于运输路线中的物品。在没有到达目的地之前，可以将在途库存看作是周期库存的一部分。需要注意的是，在进行库存持有成本的计算时，应将在途库存看作是运输出发地的库存，因为在途的物品还不能使用、销售或随时发货。

（3）安全库存（或缓冲库存）

安全库存是指由于生产需求存在不确定性，企业需要持有周期库存以外的安全库存或缓冲库存。持有这个观点的人普遍认为，企业的平均库存水平应等于订货批量的一半加上安全库存。

（4）投资库存

投资库存指不是为了满足目前的需求，而是出于其他原因，如由于价格上涨、物料短缺或是为了预防罢工等囤积的库存。

（5）季节性库存

季节性库存是投资库存的一种形式，指的是生产季节开始之前累积的库存，目的在于保证稳定的劳动力和稳定的生产运转。

（6）闲置库存

闲置库存指在某些具体的时间内不存在需求的库存。

此外，库存按物品在生产过程和配送过程所处的状态，可分为原材料库存、在制品库存、维修库存和产成品库存；按库存的作用分类，可分为周转库存、安全库存、调节库存和在途库存；按库存物品所处的状态，可分为动态库存和静态库存。其中，静态库存指长期或暂时处于储存状态的库存，这是一般意义上认识库存的概念。实际上，广义的库存还包括处于制造加工状态或运输状态的库存，即动态库存。

（二）库存的作用

为了确保"物畅其流"，各行各业一般都存在不同数量的库存。以生产为主的企业，需要储备一定物资以维持其连续生产；服务性的企业，一般也需备置某些常用设备和服务用具等。归纳起来，实行库存的意义如下：

（1）有利于实施科学管理，防止短缺

库存的重要目标之一就是在需要之时，将必需的物资按需要量供应。例如，企业生产急需的物资不能及时供应，管理就会混乱；医院没有一定数量的床位库存，病人就无法住院治疗；银行没有现金库存，客户就可能取不到钱。

（2）有利于提高资金的利用效果，缩短订货提前期

当制造商维持一定量的成品库存时，顾客就可以很容易地采购到他们所需的物品，由此缩短了顾客的订货提前期，使得企业的经营活动更为灵活。

（3）有利于有效地开展仓库管理工作

通过库存，可使原来零散放置的物料被整理得井然有序，废旧物料堆放整齐，工厂空地整洁干净，从而实现文明生产。

此外，还可以把经常动用的物料及危险性物料分片保管，以保证企业的安全生产。

库存尽管有如此重要的作用，但也有其不利的一面，即库存占用了企业大量的资金，而且物资库存要修建仓库，同时库存还易掩盖管理中存在的一些问题。因此，库存管理的目标不是增加库存，而是在保证一定服务水平的基础上不断降低库存。

（三）库存管理的作用

库存管理也称为库存控制，是指对制造业或服务业生产、经营全过程的各种物品、生产成品及其他资源进行管理和控制，使其储备保持在经济合理的水平上，是企业根据外界对库存的要求与订购的特点，预测、计划和执行一种库存的行为，并对这种行为进行控制。它的重点在于确定如何订货、订购多少、何时订货等问题。

库存管理不当会导致库存的不足或剩余。库存不足将会错过销售机会，失去销售额，甚至失去客户；反之，库存过剩则会加大库存的持有成本。库存管理基于两个方面：一是客户服务水平，即在正确的地点、正确的时间，有足够数量的合适商品；二是订货成本与库存持有成本的关系。

1. 库存管理在企业经营中的作用

对于库存管理在企业经营中的角色，不同的部门有不同的看法，为了实现最佳库存管

理，需要协调各个部门的活动，使企业内每个部门不仅仅以有效实现本部门的功能为目标，更要以实现企业的整体效益为目标。库存管理在企业经营中的作用可归纳为以下几点：

（1）增强生产计划的柔性

激烈的市场竞争造成的外部需求波动是正常现象，加强库存管理能减轻生产系统必须尽早出成品的压力。

（2）满足需求的不断变化

例如，顾客可能是从街上走进来买一套立体音响设备的人，也可能是一名机修工，需要购买他的工具箱或生产制造过程需要的工具。这时的库存就涉及预期库存，因为它们被持有是为了满足预期的平均需求。

（3）防止中断

制造企业为保持生产的连续运行不中断，一般用库存作缓冲。

（4）阻止脱销

持有安全库存可以弥补到货延误，此处的安全库存是指为应对需求和交付时间的多变性而持有的超过平均需求的库存。

（5）充分利用经济订货量的折扣优势

订购量大时一般折扣较大。

（6）缩短订货周期

产品的生产周期与生产系统的库存成正比，与产出率成反比。一般来说，库存高、生产周期长，会加大生产管理的复杂性与难度，使企业难以保证产品交货期。做好库存管理既能缩短产品生产周期，保证产品的交货期，又能提高生产系统的柔性，提高对用户多样化需求的服务能力。

2. 库存管理在物流管理中的作用

以往的惯例是，组成物流供应链的各企业间的关系是相互买卖交易关系，因此，企业很少在它们之间交流信息，也不习惯相互协调进行库存管理，更不用说在整个供应链水平上分享交流信息和共同协调进行库存管理。这样往往会形成不必要的库存，同时可能降低顾客的满意度。例如，过去组成供应链的各个企业物资储存往往超过实际需要库存量，这种超过实际需要量的库存常被称为"缓冲库存"。

同样的，过去组成供应链的各个企业与各自的顾客（需要方）之间缺乏必要的信息交流，从而对顾客的需要，特别是最终消费者的实时需要难以把握，往往依靠预测来安排生产。由于预测与实际存在差距，所以库存不足（缺货）或库存过剩的现象经常发生。

从物流管理整体来看，过去这种传统交易习惯导致的不必要库存给企业增加了成本，而这些成本最终将反映在销售给顾客的产品价格上，从而减少了顾客的满意度。因此，对供应链进行库存管理不仅可以降低库存水平，减少资金占用和库存维持成本，而且还可以提高顾客的满意度。当然，实现真正意义上的零库存在现实中是不可能的，这只是准时生产方式下的努力目标。

随着组成供应链的企业间的关系从过去建立在买卖交易基础上的对立型关系向基于共同利益的协作伙伴型关系的转变，供应链中各个企业间交流、分享信息，协调进行库存管理成为可能，而先进的库存管理方法和技术的出现使这种可能变为现实。

（四）库存控制的基本方法

1. 经济订货批量模型

（1）库存周期

库存总成本最小的订货量称为经济订货批量。这里描述了3个库存周期，每一周期都以 Q 个单位为开始，它是固定订货批量。刚收到订货时，库存水准为 Q 个单位，物品按斜率为负值的斜线表示的某一固定需求率 R 出库。当库存量降至再订货点时，就按 Q 单位发出一批新的订货，经过一固定的提前期后，货物便到达入库，如图3-14所示。

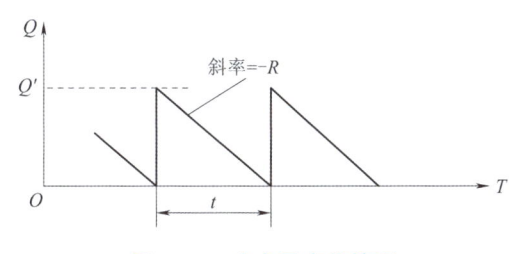

图3-14 库存量变化情况

建立再订货点是为何时订购固定批量提供一个信号，在企业库存管理中，再订货点是以提前期或补充时间的概念，即订货被补充或制造固定批量所需的时间长度为基础的。

（2）简单模型

简单EOQ（经济订货量）模型的基本假设如下：

①需求量确定并已知，整个周期内的需求是均衡的。
②供货周期固定并已知。
③集中到货，而不是陆续入库。
④不允许缺货，能满足所有需求。
⑤购买价格或运输费率等是固定的，与订货的数量、时间无关。
⑥没有在途库存。
⑦只有一项产品库存，或虽有多种库存，但各不相关。
⑧资金可用性无限制。

前四条假设密切相关，是确定性条件成立的基本前提。在每一相关时间间隔（每天、每周或每月）需求是已知的，并与时间呈线性关系。库存消耗的速率是固定的，补充库存所需时间长度是已知的，换句话说，订货与收货之间的提前时间是固定的，这表明在原有库存用完之前所订货物刚好到达，因此，不需考虑缺货情况及缺货损失。对于价格固定的假设表明没有价格折扣，而且价格相对稳定。无在途库存假设意味着货物以买方工厂交货价为基础购买（购买价格包含运费）并以卖方工厂交货价（买方负责运输）出售。这表明企业在购货时，直到收到所买货物才拥有所有权，在销货时，货物所有权在产品离开工厂或装运点就转移了。如果做出这些假设，企业就不用负责在途货物，即没有在途存货储存成本。许多企业库存有多种产品，单项物品的假设并没有脱离现实，可以对每一项重要的库存产品单独作 EOQ 模型，但由于没有考虑各种产品之间的相互作用，所以和现实会有一定的差距。资金的可用性在一些情况下是非常重要的，如果对库存的资金有某些限制，可作为批量模型的一个约束条件。

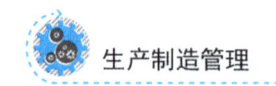

在以上假设前提下，简单 EOQ 模型只考虑两类成本：库存持有成本与订货、生产准备成本。简单模型的决策涉及两种成本之间的权衡分析。库存持有成本随订货批量的增加而线性增加，如果只考虑库存持有成本，则订货批量越小越好；而总订货成本随订货批量的增加而减少，如果只考虑订货成本，则订货批量越大越好。因此，应权衡考虑两种成本，使总成本达到最小的订货批量即为最优订货批量。

（3）数学描述

为了建立 EOQ 模型，首先假定以下变量：

D——每年的需求量（件）；

O——订货批量（件）；

C——每次的订货成本或生产准备成本（元/次）；

P——每件商品的价值（元/件）；

F——每件商品的年持有成本占商品价值的百分比（%）；

Q——每次下单数量；

$K=PF$——每件商品的年储存成本（元/件）；

t——时间（天）；

TC——年库存总成本（元）。

已知上述假设，则年总成本可由下面公式表示：

$$TC = DP + \frac{DC}{Q} + \frac{QK}{2}$$

为了获得使总成本达到最小的 O，即经济订货批量，将 TC 函数对 O 微分，有

$$EOQ = \sqrt{\frac{2CD}{K}}$$

【例 3-1】某企业原材料 A 的年需求量为 1 200 单位，单价为 10 元，年保管费率为 20%，每次订货成本为 300 元，根据 EOQ 模型，该企业原材料 A 的经济订购批量为 600 单位，库存总成本为 13 200 元，计算过程如下：

$$EOQ = \sqrt{\frac{2CD}{K}} = \sqrt{\frac{2 \times 1\,200 \times 300}{10 \times 20\%}} \text{（单位）} = 600 \text{（单位）}$$

$$TC = DP + \frac{DC}{Q} + \frac{QK}{2} = 1\,200 \times 10 + \frac{1\,200 \times 300}{600} + \frac{600 \times 10 \times 20\%}{2} \text{（元）} = 13\,200 \text{（元）}$$

（4）再订货点

除了要知道订货多少之外，还必须知道什么时候订货，这就是再订货点。在确定性条件下，补充期或提前期需要足够的库存，如果提前期已知，可以用提前期乘上日需求量来确定再订货点。

假设订货补充期或提前期为 10 天，已知每天的需求量是 10 个单位，那么提前订货点是 100 单位（10 天×10 单位/天）。

2. 订货点法

订货点法（定量订货方式）是指库存量下降到一定水平（订货点）时，按固定的订货数量进行订货的方式。该方法的关键在于计算出订货点的储备量，对于某种物品来说，当订货点和订货量确定后，就可以实现库存的自动管理。订货点的计算公式为：

订货点=平均日需求量×平均订货周期+安全量

（1）订货点法的优点

①管理简便，订货时间和订货量不受人为判断的影响，保证库存管理的准确性。

②由于订货量一定，便于安排库内的作业活动，节约理货费用。

③便于按经济订货批量订货，节约库存总成本。

（2）订货点法的缺点

①不便于对库存进行严格的管理。

②订货之前的各项计划比较复杂。

（3）订货点法的适用范围

①单价比较便宜，而且不便于少量订货的物品，如螺栓、螺母。

②需求预测比较困难的物品。

③品种数量多，库存管理事务量大的物品。

④消费量计算复杂的物品，通用性强、需求总量比较稳定的物品等。

3. 固定订货周期法

固定订货周期法（定期订货方式）的特点是按照固定的时间周期来订货（一个月或一周等），而订货数量则是变化的。一般都是事先依据对产品需求量的预测，确定一个比较恰当的最高库存额，在每个周期将要结束时，对存货进行盘点，决定订货量，货物到达后的库存量刚好到达原定的最高库存额。

与 EOQ 模型相比，这种方法不必严格跟踪库存水平，减少了库存登记费用和盘点次数。价值较低的商品可以大批量购买，也不必关心日常的库存量，只要定期补充即可。例如，食品店就经常使用这种方法，有些食品每天进货，有些每周进一次，另一些可能每月才进一次货。

如果需求和订货提前期是确定的，并且可以提前知道，那么使用固定订货周期法时，每周期的订货量是一样的；如果需求和订货提前期都不确定，那么每周期的订货量就是需求和订货提前期的函数。

这种方法的关键在于确定订货周期，订货周期是指提出订货、发出订货通知，直至收到订货物品的时间间隔。采用这种库存管理的方法进行订货时，需要预先掌握每个时期内订货点的库存量。其计算公式为：

$$Q = \bar{D}(T+\bar{L}) + S - Q_0 - Q_1$$

式中　$\bar{L}$——平均订货时间；

　　　$\bar{D}$——平均日需求量；

　　　T——订货间隔时间；

　　　S——安全储备量；

　　　Q_0——现有库存量；

　　　Q_1——已订未达量。

定期订货法的适用范围如下：

①消费金额高，需要实施严密管理的重要物品。

②根据市场的状况和经营方针，需要经常调整生产或采购数量的物品。

③需求量变动幅度大，而且变动具有周期性，可以正确判断的物品。

④建筑工程、出口等可以确定的物品。

⑤设计变更风险大的物品。
⑥多种商品采购可以节省费用的情况。
⑦同一品种物品分散保管、同一品种物品向多家供货商订货、批量订货分期入库等，订货、保管、入库不规则的物品。
⑧需要定期制造的物品等。

4. 安全库存控制法

许多企业都会考虑保持一定数量的安全库存，即缓冲库存以防在需求或提前期方面的不确定性，但是，困难在于确定什么时候需要保持多少安全库存。安全库存太多意味着多余的库存，而安全库存不足则意味着缺货或失销。

安全库存每一追加的增量都造成效益的递减。超过期望需求量的第一个单位的安全库存所提供的防止缺货的预防效能的增值最大，第二个单位所提供的预防效能比第一个单位稍小，依此类推。如果安全库存量增加，那么缺货概率就会减少。在某一安全存货水平，储存额外数量的成本加期望缺货成本会有一个最小值，这个水平就是最优水平，高于或低于这个水平，都将产生损失。

零售业保持安全库存可以使其在用户的需求率不可预测或不规律的情况下，有能力供应它们。生产企业保持产成品安全库存可以在零售和中转仓库的需求量超过平均值时有能力补充它们的库存，半成品的额外库存可以在工作负荷不平衡的情况下，使各制造部门间的生产正常化。准备这些追加库存要不失时机地为客户及内部需要服务，以保证企业的长期效益。

为了确定需要保持多少库存，有必要确定如果发生缺货而造成的损失：首先，分析发生缺货可能产生的后果，包括延期交货、失销和失去客户；其次，计算与可能结果相关的成本，即利润损失；最后，计算一次缺货的损失。

如果增加库存的成本少于一次缺货的损失，那么就应增加库存以避免缺货；如果发生内部短缺，则可能导致生产损失（人员和机器的闲置）和完工期的延误；如果由于某项物品短缺而引起整个生产线停工，这时的缺货成本可能非常高，尤其对于实施及时管理的企业来说，更是这样。为了对安全库存量做出最好的决策，制造企业应该对由于原材料或零配件缺货造成停产的成本有全面的理解，首先确定每小时或每天的生产率，然后计算停产造成的产量减少，最后得出利润的损失量。

（五）库存盘点的方法

在库存过程中，有些货物因存放时间太长或保管不当使其质量受到影响。为了对库存商品的数量进行有效控制，并查清商品在库中的质量状况，必须定期或不定期地对各储存场所进行清点、查核，这一过程就是盘点。

1. 库存盘点的目的

（1）查清实际库存数量

由于众多原因，如收发中记录库存数量时多记、误记、漏记，作业中导致商品损坏、遗失，验收与出货时清点有误，盘点时误盘、重盘、漏盘等，往往导致账面库存数量与实际存货数量不符，通过盘点清查实际库存数量与账面数量，发现问题并查明原因，及时调整。

（2）计算企业资产的损益

库存商品总金额直接反映企业流动资产的使用情况，库存量过高，流动资金的正常运转将受到威胁，而库存金额又与库存量及其单价成正比，盘点就可以准确地计算出企业实际损益。

（3）发现商品管理中存在的问题

通过盘点查明盈亏原因，发现作业与管理中存在的问题，并做出相应的措施，从而提高库存管理水平，减少损失。

2. 库存盘点的内容

（1）货物数量

通过点数计数查明商品在库的实际数量，核对库存账面资料与实际库存数量是否一致。

（2）货物质量

检查在库商品质量有无变化，有无超过有效期和保质期，有无长期积压等现象，必要时还必须对商品进行技术检验。

（3）保管条件

检查保管条件是否与各种商品的保管要求相符合，如堆码是否合理稳固，库内温度是否符合要求，各类计量器具是否准确等。

（4）库存安全状况

检查各种安全措施和消防、器材是否符合安全要求，建筑物和设备是否处于安全状态。

3. 库存盘点的范围

盘点范围包括对库存的盘点和对其他财产的盘点，如固定资产。其中，库存的盘点包括原物料、在制品（正在加工或等待继续加工，未检验）、半成品（完成加工或等待继续加工，已检验）、成品的盘点，或者塑料件、五金件、电子元件等的盘点。不同划分方式就会有不同的盘点范围，总之，盘点范围直接决定盘点工作量的大小。

4. 库存盘点的步骤

库存盘点作业一般步骤如图 3-15 所示。

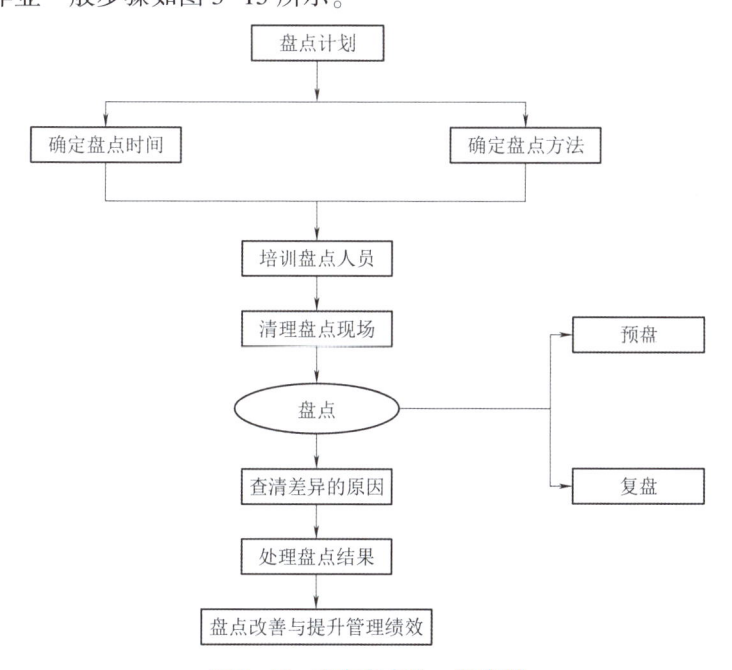

图 3-15　库存盘点的一般步骤

（1）盘点计划

一般来说，盘点计划多在复盘日期的一个月前就要具体拟订而且发布。如预定 6 月 26 日到 6 月 30 日为复盘（一般人所称的"大盘点"，就专指复盘而言），那么 5 月 31 日前就要确立盘点计划。这样才可以要求仓库人员做好预盘，以待复盘的完善执行；同时，要求生产现场在复盘的多少天以前调整生产作业，渐渐达成"净空"水准，以利盘点（因为在制品是最不容易计价的）。

（2）确定盘点时间

一般来说，为保证账物相符，货物盘点次数越多越好，但盘点需投入人力、物力、财力，有时大型全面的盘点还可能引起生产的暂时停顿，因此，合理地确定盘点时间非常必要。引起盘点结果盈亏的关键原因在于出入库过程中发生的错误，出入库越频繁，引起的误差也会越大。

决定盘点时间时，既要防止过久盘点对公司造成的损失，又要考虑配送中心资源有限、商品流动速度较快的特点，在尽可能投入较少资源的同时，要加强库存控制，可以根据商品的不同特性、价值大小、流动速度、重要程度来分别确定不同的盘点时间，盘点时间间隔可以每天、每周、每月或每年盘点一次。如 A 类主要货品每天或每周盘点一次；B 类货品每两三周盘点一次；C 类不重要的货品每月盘点一次即可。需要注意的问题是，每次盘点持续的时间应尽可能短，全面盘点以 2~6 天完成为佳，盘点的日期一般会选择在以下两个节点：

①财务结算前夕。通过盘点计算损益，以查清财务状况。

②淡季。因淡季储货较少，业务不太繁忙，盘点较为容易，投入资源较少，且人力调动也较为方便。

（3）确定盘点方法

因盘点场合、要求的不同，盘点的方法也有差异，为满足不同情况的需要，尽可能快速准确地完成盘点作业，所决定的盘点方法要对盘点有利，以不致盘点时混淆。

①账面盘点法。账面盘点法是将每一种商品分别设立"存货账卡"，然后将每一种商品的出入库数量及有关信息记录在账面上，逐笔汇总出账面库存结余量。

②现货盘点法。现货盘点法是对库存商品进行实物盘点的方法。按盘点时间频率的不同，现货盘点又分为期末盘点和循环盘点。

a. 期末盘点法。期末盘点法是指在会计计算期末统一清点所有商品数量的方法。由于期末盘点法是将所有商品一次点完，所以工作量大、要求严格，通常采取分区、分组的方式进行。分区即将整个储存区域划分成一个个的责任区，不同的区由专门的小组负责点数、复核和监督，因此，一个小组通常至少需要两人分别负责清点数量并填写盘存单，复查数量并登记复查结果，第三人核对前二次盘点数量是否一致，对不一致的结果进行检查，等所有盘点结束后，再与计算机或账册上反映的账面数核对。

b. 循环盘点法。循环盘点法是指在每天、每周清点一部分商品，一个循环周期将每种商品至少清点一次的方法。循环盘点法通常对价值高或重要的商品检查的次数多，而且监督也严密一些，而对价值低或不太重要的商品盘点的次数可以尽量少。循环盘点一次只对少量商品盘点，所以通常只需保管人员自行对照库存数据进行点数检查，发现问题时要按盘点程序进行复核，并查明原因，然后调整。也可以采用专门的循环盘点单登记盘点情况。

期末盘点法与循环盘点法的优劣差异比较如表 3-6 所示。

表 3-6　期末盘点法与循环盘点法差异比较

盘点方式比较内容	期末盘点法	循环盘点法
时间	期末、每年仅数次	平常、每天或每周一次
所需时间	长	短
所需人员	全体动员（或临时雇用）	专门人员
对营运的影响	需停止作业数天	无
对品项的管理	平等	A 类重要货品：仔细管理； C 类不重要货品：稍微管理
盘差原因追究	不易	容易

要得到最正确的库存情况并确保盘点无误，可以采取限账面盘点与现货盘点平等的方法，以查清误差出现的实际原因。

（4）培训盘点人员

盘点人员的培训分为两部分：一是针对所有人员进行盘点方法及盘点作业流程的训练，让盘点作业人员了解盘点目的、表格和单据的填写；二是针对复盘与监盘人员进行认货品的训练，让他们熟悉盘点现场和盘点商品，对盘点过程进行监督，并复核盘点结果。

（5）清理盘点现场

盘点作业开始之前必须对盘点现场进行整理，以提高盘点服务业的效率和盘点结果的准确性，清理工作主要包括以下几个方面的内容：

①盘点前对已验收入库的商品进行整理并归入储位，对未验收入库属于供货商的商品，应区分清楚，避免混淆。

②盘点场关闭前，应提前通知，将需要出库配送的商品提前做好出库准备。

③账卡、单据、资料均应整理后统一结清，以便及时发现问题并加以预防。

④预先鉴别变质、损坏商品。对储存场所堆码的货物进行整理，特别是对散乱货物进行收集与整理，以方便盘点时计数，在此基础上，由商品保管人员进行预盘，以提前发现问题并加以预防。

（6）盘点

1）预盘阶段

预盘不限于仓库人员，而应该扩大到生产现场，因为生产现场难免仍有在制品，原则上，半成品、余料及成品在盘点前最好已经回缴仓库（但是有些工厂则将其仍留在现场待盘点），当然也有一些生财器具同样要盘点。采购与托外加工主办人员也不能置身事外，因为很可能仍有一些模具等生财器具在外面，也有一些料品送去托外加工，仍留在托外工厂内，这也是资产，同样要列入盘点范围。

在预盘阶段，首先由盘点主持人以计算机或会计部门的"永续盘存账"为基准做出预盘明细表（见表 3-7）交给仓库（或现场等直接责任对象），要求依之"点"出应有数量，同时依新储位整顿存置定位，挂上盘点单，记录预盘有关字段，并把预盘结果（包括盘盈、盘亏的差异）呈报盘点主持人。当然，也可以由盘点主持人直接做出"盘点单"交给预盘主办者，而不用做出预盘明细表。盘点主持人一点也不闲着，除了要稽核预盘进行实况之外，还要针对预盘的差异状况进行分析与调查，并采取补救措施。

表 3-7 预盘明细表

品类：			预盘期：	年 月		
料号	品名规格	单位	前期盘存量	本期入库量	本期出库量	本期应有盘存量

在表 3-7 中，建议每一品类打印一份，以利于该品类（各料项）仓库主办员便捷使用于预盘作业（因为一般仓储，都以同一品类存放同一储位区为原则）。而在字段中，"前期盘存量"与"本期出库量"可以略去。

依据预盘明细表，仓库人员在预盘阶段逐一清点，再挂上盘点单（见表 3-8），是最合理的方式。

表 3-8 盘点单

物料盘点单			编号	
品类代号			简称	
料号				
品名				
规格				
计量			应有预盘量	
预盘	日期		盘点人	
	实盘量		盘盈（亏）量	
复盘	日期		盘点人	
	实盘量		盘盈（亏）量	
存料状态	☐良　品 G ☐不良品 B ☐呆　料 D	备注		

盘点单基本上分为三大部分：

①第一部分是总字段，包括"盘点单编号""品类代号""简称""料号""品名""规格""计量"及"应有预盘量"。其中，最需要注意的是"盘点单编号"，一般是在盘点前就已印妥，而且按顺序联号控制，由盘点主持人管控。因为基本上盘点一定要把散存于储位（区）的料品，一一回笼到同一储位（区），所以一个料项一张盘点单是合理的。

②第二部分是"预盘"有关字段，由预盘主办人填入"实盘量"，以及盘盈或盘亏量，加上预盘者的签名（含日期时间）。

③第三部分则是"复盘"有关字段，由复盘者填入，包括"实盘量"及盘盈或盘亏量，同时加上签名。

盘点单或称盘点卡，大多由稍硬卡纸印制，且有铁丝可绑挂，绝大多数设计为三联式：

第一联仍挂料架上（结算完成后再取消），第二联由复盘者撕下来交与盘点主持人，第三联由预盘主办人撕下来呈交盘点主持人，以明责任，兼作反馈信息，这是最佳顺序。

预盘的注意事项如下：

①预盘是最基础的工作，因此要求"细腻"与"确实"，否则整体盘点就不易落实有效率。

②要依据预盘时程计划表去进行，而且依序找定储位区与储位逐一进行，最好把散落在其他储位（区）的存量找到，回归固定的储位。同时，依照仓储整顿的观念，分辨出呆料与不良品（如有呆料与不良品必须移仓，则要求另立盘点单），把容器中的零星数整理补齐，放弃该储存区空容器，如此才有利于复盘作业。

③盘点主持人也要每日盯紧预盘时程计划表，与呈上来的盘点单第三联互相勾稽，以控制进度，必要时要到仓库现场去查看确认。

2）复盘阶段

预盘完成就绪后，就可进入复盘阶段。复盘工作多由盘点主持人指派与被盘点部门权责比较不相干的部门人士担任。例如，物料仓库的复盘工作，大多由人事、营业、设计等部门人员去担任，而不是采购或品管，因为后两者与物料仓库关系较为密切。

复盘工作较为单纯，是根据预盘阶段的盘点单去复盘。复盘者可以要求被盘者逐项将料品卸下，深入清点，再记入实际状况，填入"复盘"有关字段内。一般是撕下盘点单一联，返回给盘点主持人。

负责任的复盘人员还会更进一步复查料品的质量状况（甚至存置时间、呆料状况），呈报反映，这当然值得鼓励。

复盘的注意事项：复盘一般采取抽样详查、每项全盘的观念。每一个料项都要"盘"到，即使简略复盘（依容器标准内装数乘以容器数，可得总数，但要检查容器是否"落实"整顿）也可。但每隔若干料项，一定要详盘，也就是要求预盘人把该料项从储位上卸下，逐一数，以确认其预盘的确实度。如发现有不少的"不落实"之处，可以向盘点主持人呈报，要求重新做一次预盘的工作。

（7）查清差异原因

盘点会将一段时间以来积累的作业误差，及其他原因引起的账物不符暴露出来，发现账物不符，而且差异超过容许误差时，应立即追查产生差异的原因。

一般来说，产生盘点差异的原因主要有以下几个方面：

①记账员素质不高，登记数据时发生错登、漏登等情况。

②账务处理系统管理制度和流程不完善，导致货品数据不准确。

③盘点时发生漏盘、重盘、错盘现象，导致盘点结果出现错误。

④盘点前数据未结清，使账面数不准确。

⑤出入作业时产生误差。

⑥由于盘点人员不尽责导致货物损坏、丢失等后果。

（8）处理盘点结果

查清原因后，为了通过盘点使账面数与实物数保持一致，需要对盘点盈亏和报废品一并进行调整。除了数量上的盈亏，有些商品还将会通过盘点进行价格的调整，这些差异的处理，可以经主管审核后，用表3-9所示的更正表进行更正。

表 3-9　货品盘点数量盈亏、价格增减更正表

货品编号	货品名称	单位	账面资料			盘点实存			数量盈亏				价格增减				差异因素	负责人	备注
			数量	单价	金额	数量	单价	金额	数量		金额		数量		金额				
										盈	亏	盈	亏	增	减	增	减			

（9）盘点改善与提升管理绩效

盘点不应该仅限于资产的结算及财务报表的用途，而应该有更高层次的目标，那就是改善物料管理问题，提升物料管理水准，尤其"实地盘点"劳师动众，产销活动甚至不得不停下来，没有精打细算是不行的。

【思考题】

① 库存管理在企业经营中有哪些作用？
② 安全库存的主要作用是什么？

学习评价

评价类型	权重/%	具体指标	分值	得分		
				自评	组评	师评
职业能力	65	掌握采购管理与供应商管理基础	15			
		了解不同采购模式及适用范围	25			
		掌握物流管理及库存管理基础	25			
职业素养	20	坚持出勤，遵守纪律	5			
		协作互助，解决难点	5			
		按照标准规范操作	5			
		持续改进优化	5			
劳动素养	15	按时完成，认真填写记录	5			
		工作岗位 8S 处理	5			
		小组分工合理	5			
综合评价	总分					
	教师点评					

学习情境四

设备管理

✓ 学习目标

知识目标	技能目标	素质目标
①了解设备及设备管理； ②了解设备管理制度； ③熟悉设备的使用与维护； ④熟悉设备资产管理	①会制定企业设备管理制度； ②懂得设备使用与维护的管理方法； ③掌握资产设备管理的方法	①培养学生遵守劳动纪律、保障生产安全的意识； ②树立职业道德、敬业精神、合作意识； ③培养创新意识，增强社会责任感； ④培养专业的职业素养

✓ 情境导入

在建立现代化企业制的进程中，由于生产中的信息化、智能化、柔性化等因素逐渐渗透到管理领域，设备管理的思路与手段都在发生变革。海尔集团5年来通过实施"流程再造"，已使企业的管理基本实现了信息化、扁平化、网络化。海尔的设备管理工作也在原有的基础上进行了大胆的创新，使其与本企业的生产环境与企业文化相融合，形成了独具特色的"流程再造"中的设备管理模式。

青岛海尔设备管理有限公司为了提高维修人员与操作工端对端、零距离服务的意识，提出由现场维修工和操作工共同成立TPM互动小组。要求各支持部门所有人员必须自主面对市场，主动与操作工沟通，从完好率、节拍等项着手抓好存在停机隐患设备的维护及预防工作；通过与产品事业部的沟通，进一步了解其需求；对互动小组提出的各种问题都进行有效改进，更好地满足了生产需要。通过小组活动解决了很多设备节拍及产品质量提高等方面的问题，涌现了很多较好的小组，如电子事业部的波峰焊TPM互动小组、中一的发泡吸附小组、住宅设施小组、中二的钣金小组等。

设备事业部通过实施"设备例保市场链"，重点抓设备现场工作，主要抓设备完好率和设备例保润滑维护。按照TPM工作思路，从设备事业部员工、设备处员工、维修工到产品事业部员工、分厂管理员、操作工，全员开展设备场工作，分别从横向和纵向制订标准平台并检查考评。

设备事业部对各产品事业部制定"海尔集团设备维护保养 9A 评价平台",每周由审核队对集团所有产品事业部进行设备例保检查,结果在集团内部网上通报;设备事业部对各设备处制定"设备完好维保 9A 评价标准平台",每周由审核队对 13 个设备处进行设备完好、维保检查及优劣考评;设备处组织产品事业部各分厂每周进行现场联检,在事业部范围内排序,并制定考核平台进行优劣考评;设备处根据每台设备的完好标准进行检查,将红黄牌挂在设备上,依据红黄牌机台考核平台激励操作工作和班长、车间主任。

公司各级人员均以 30%的工资作为设备现场状况考核的奖励基金。设备处根据每台设备的考评结果对维修工打分,再乘以 30%工资作为设备完好率考核结果;同时维修工对操作工继续通过索赔培训单进行考核。

问题:
① 设备管理的意义?
② 如何正确使用和维护设备?
③ 设备故障管理全过程有哪些内容?
④ 实现故障全过程管理的必要条件和措施是什么?
⑤ 加强故障管理的重要意义有哪些?
⑥ 试分析在现场管理中故障树分析法的作用是什么?
⑦ 设备事故如何分析和处理?
⑧ 企业的事故隐患及防治措施有哪些?

学习单元一 设备与设备管理

(一) 设备

设备是企业的主要生产工具,也是企业现代化水平的重要标志。对于一个国家来说,设备既是发展国民经济的物质技术基础,又是衡量社会发展水平与物质文明程度的重要标准。设备是固定资产的重要组成部分。在国外,设备工程学把设备定义为"有形固定资产的总称",它把一切列入固定资产的劳动资料,如土地、建筑物(厂房、仓库等)、构筑物(水池、码头、围墙、道路等)、机器(工作机械、运输机械等)、装置(容器、蒸馏塔、热交换器等),以及车辆、船舶、工具(工夹具、测试仪器等)等都包含在其中了。

在我国,只把直接或间接参与改变劳动对象的形态和性质的物质资料才看作设备。一般认为,设备是人们在生产或生活上所需的机械、装置和设施等,可供长期使用,并在使用中基本保持原有实物形态的物质资料。

1. 设备在现代工业企业的生产经营活动中居于极其重要的地位

① 机器设备是现代企业进行生产活动的物质技术基础,也是企业生产力发展水平与企业现代化程度的主要标志。没有机器设备就没有现代化的大生产,也就没有现代化的企业。

② 设备是企业固定资产的主体。企业是自主经营、自负盈亏、独立核算的商品生产和经营单位。生产经营是"将本就利",这个"本"就是企业所拥有的固定资产和流动资金。在企业的固定资产总额中,机器设备的价值所占的比例最大,一般都在 60%~70%。而且随着

机器设备的技术含量与技术水平日益提高，现代设备既是技术密集型的生产工具，也是资金密集型的社会财富。设计制造或者购置现代设备费用的增加，不仅会带来企业固定资产总额的增加，还会继续增大机器设备在固定资产总额中的比重。设备的价值是企业资本的"大头"，对企业的兴衰关系重大。

③机器设备涉及企业生产经营活动的全局。企业作为商品的生产、经营单位，必须树立市场观念、质量观念、时间观念、效益观念，只有以适销对路、物美价廉的产品赢得用户，占领市场，才能取得良好的经济效益，求得企业的生存和发展。在企业"产品市场调查—组织生产—经营销售"的管理循环过程中，机器设备处于十分重要的地位，影响着企业生产经营活动的全局。首先，在市场调查、产品决策的阶段，就必须充分考虑企业本身所具备的基本生产条件，否则，无论商品在市场上多么紧俏利大，企业也无法进行生产并供应市场；其次，质量是企业的生命，成批生产的产品质量必须靠精良的设备和有效的检测仪器来保证和控制。产品产量的高低、交货能否及时，很大程度上取决于机器设备的技术状态及其性能的发挥。同时，机器设备对生产过程中原材料和能源的消耗也关系极大，因而直接影响产品的成本和销售利润，以及企业在市场上的竞争能力。

此外，设备还是影响生产安全、环境保护的主要因素，并对操作者的劳动情绪有不可忽视的影响，可见，设备和现代企业的产品质量、产量、交货期、成本、效益以及安全环保、劳动情绪都有密切的关系，是影响企业生产经营全局的重要因素。

④提高设备的技术水平是企业技术进步的一项主要内容。先进的科学技术和先进的经营管理是推动现代经济高速发展的两个车轮，缺一不可，这已是人们的共识。我国发展国民经济的"八五"计划和"十年规划"，都特别强调"科学技术是第一生产力"，把经济工作转移到依靠科技进步的轨道上来。企业的技术进步，主要表现在产品开发、升级换代、生产工艺技术的革新进步，生产装备的技术更新、改造以及人员技术素质、管理水平的提高。其中，设备的技术改造和技术更新尤为重要。因为高新技术产品的研制、开发，离不开必要的先进实验设备和测试仪器，新一代的生产工艺技术常常凝结在新一代的机器设备之中，两者不可分割。因此，企业必须十分重视提高机器设备的技术水平，把改善和提高企业技术装备的素质，作为实现企业技术进步的主要内容。

第二次世界大战后，由于科学技术的飞速进步以及世界经济发展的需要，新的科学技术成果不断应用于设备，使得设备的新技术含量不断增加，设备的现代化水平空前提高。

2. 现代设备正在朝着大型化、高速化、精密化、电子化、自动化等方向发展

①大型化指设备的容量、规模、能力越来越大。比如，石油化工工业中的合成氨设备，20世纪50年代的装置年产量只有5万~6万吨，20世纪80年代国内已建成年产30万吨的合成氨装置，国外发展到了60万吨以上；国内"七五"期间建成的大庆、齐鲁、扬子、金山等"四大乙烯装置"，年产量均为30万吨，而国外已发展到90万吨的水平。

冶金工业中，我国宝钢的高炉容积为4 063 m^3；日本新日铁最大高炉容积为5 150 m^3；德国蒂森钢厂的最大转炉容积为400吨。

发电设备国内已能生产30万千瓦的水电成套设备和60万千瓦的火电成套设备；山峡电站将装备68万千瓦机组；而国外最大的发电机组功率可达130万千瓦。

设备的大型化带来了明显的经济效益。日本由于采用大容量、高参数的火力发电机组，发电效率由1951年的18.68%提高到1980年的38.12%，煤耗则由1970年的343 g/(kW·h)

降低到 1981 年的 337 g/(kW·h)。

②高速化指设备的运转速度、运行速度、运算速度大大加快,从而使生产效率显著提高。

③精密化指设备的工作精度越来越高。比如机械制造工业中的金属切削加工设备,20 世纪 50 年代精密加工的精度为 1 μm,20 世纪 80 年代提高到了 0.05 μm,到 21 世纪初,又比 20 世纪 80 年代提高了 4~5 倍。现在,主轴的回转精度达 0.02~0.05 μm,加工零件圆度误差小于 0.1 μm,表面粗糙度 Ra 小于 0.003 μm 的精密机床已在生产中得到使用。

④由于微电子科学、自动控制与计算机科学的高度发展,引起了机器设备的巨大变革,出现了以机电一体化为特色的崭新一代设备,如数控机床、加工中心、机器人、柔性制造系统等。它们可以把车、铣、钻、镗、铰等不同工序集中在一台机床上自动顺序完成,易于快速调整,适应多品种、小批量的市场要求;或者能在高温、高压、高真空等特殊环境中,无人直接参与的情况下准确地完成规定的动作。

我国 20 世纪 80 年代已经在第一、第二汽车制造厂等企业的生产线上成功地使用了驾驶室自动喷漆机器人、驾驶室自动焊接机器人。

⑤自动化不仅可以实现各生产线工序的自动顺序进行,还能实现对产品的自动控制、清理、包装、设备工作状态的实时监测、报警、反馈处理。在我国,一汽、二汽已拥有锻件、铸件生产自动线及发动机机匣等多条零件加工自动线;家电工业中有电路板装配焊接自动线、彩色显像管厂的玻璃罩壳生产自动线;冶金工业中有连铸、连轧、型材生产自动线;港口码头有散装货物(谷物、煤炭等)装卸自动线。宝钢一期工程使用 16 台计算机和 449 台微机联网,实现了多层次的生产自动控制。

以上情况表明,现代设备为了适应经济发展的需要,广泛地应用了现代科学技术成果,正在向着性能更高级、技术更加综合、结构更加复杂、作业更加连续、工作更加可靠的方向发展,为经济繁荣、社会进步提供了更强大的创造物质财富的能力。

现代设备的出现,给企业和社会带来了很多好处,如提高产品质量、增加产量和品种、减少原材料消耗、充分利用生产资源、减轻工人劳动强度等,进而创造了巨大的财富,取得了良好的经济效益。

3. 现代设备也给企业和社会带来一系列新问题

①购置设备需要大量投资。由于现代设备技术先进、性能高级、结构复杂、设计和制造费用很高,故设备投资费用的数额巨大。现在,大型、精密设备的价格一般都达数十万元之多,进口的先进、高级设备价格更加昂贵,有的高达数百万美元,因此建设一个现代化工厂所需的投资相当可观。比如上海宝山钢铁厂的一期建设工程,年产铁 300 万吨、钢 320 万吨,需要投资 160 亿元。在现代企业里,设备投资一般要占固定资产总额的 60%~70%,成为企业建设投资的主要开支项目。

②维持设备正常运转也需要大量投资。购置设备后,为了维持设备正常运转,发挥设备效能,在设备的长期使用过程中还需要继续不断地投入大量资金。首先,现代设备的能源、资源消耗量大,支出的能耗费用高。其次,进行必要的设备维护保养、检查修理也需要支出一笔为数不小的费用。据统计,1968 年英国制造业全年的维修费总额为 11 亿英镑,英国全国高达 110 亿英镑,约占英国国民生产总值的 8%,比英国制造业同年新投资总额的两倍还多;日本钢铁企业的维修费用约占生产成本的 12%;德国钢铁企业的维修费用约占生产成

本的10%；我国冶金企业的维修费一般也占生产成本的8%~10%，全国大中型冶金企业每年的维修费总额不下数十亿元，我国许多大型企业（如二汽、兰州炼油厂等）每年的设备维修费都在几千万元以上。

③发生故障停机，经济损失巨大。由于现代设备的工作容量大、生产效率高、作业连续性强，一旦发生故障停机，造成生产中断，就会带来巨额的经济损失。如鞍钢的半连续热轧板厂，停产一天损失利润100万元；武钢的热连轧厂，停产一天损失产量1万吨板材，产值达2 000万元；北京燕山石化公司乙烯设备停产一天，损失400万元。

④一旦发生事故，将会带来严重后果。现代设备往往是在高速、高负荷、高温、高压状态下运行，设备承受的应力大，设备的磨损、腐蚀也大大增加。一旦发生事故，极易造成设备损坏、人员伤亡、环境污染等灾难性的后果。如1984年印度中央邦首府博帕尔的联合碳化物印度公司，因阀门失效，剧毒原料异氰酸甲酯泄漏，造成3 000人死亡，5 000人双目失明，20万人健康受到损害；1986年的苏联切尔诺贝利核电站2号反应堆发生严重故障，造成80亿卢布的重大经济损失、严重的环境污染和社会灾难。

⑤设备的社会化程度越来越高。由于现代设备融汇的科学技术成果越来越多，涉及的科学知识门类越来越广，单靠某一学科的知识无法解决现代设备的重大技术问题；而且由于设备技术先进、结构复杂，零部件的品种、数量繁多，设备从研究、设计、制造、安装调试到使用、维修、改造、报废，各个环节往往要涉及不同行业的许多单位、企业。这就说明，现代设备的社会化程度越来越高了。改善设备性能，提高素质，优化设备效能，发挥设备投资效益，不仅需要企业内部有关部门的共同努力，而且也需要社会上有关行业、企业的协作配合。设备工程已经成为一项社会系统工程。

（二）设备管理

设备管理是伴随近代大工业生产的出现而诞生的，它随着现代工业的发展而发展，大体经历了三个重要阶段。今天所说的设备管理，是指以设备为研究对象，追求设备综合效率与寿命周期费用的经济性，应用一系列理论、方法，通过一系列技术、经济、组织措施，对设备的物质运动和价值运动进行全过程（从规划、设计、制造、选型、购置、安装、使用、维修、改造、报废直至更新）的科学管理。这是一个宏观的设备管理概念，涉及政府经济管理部门、设备设计研究单位、制造工厂、使用部门和有关的社会经济团体，包括了设备全过程中的计划、组织、协调、控制、决策等工作。对于工业交通企业来说，设备管理是企业整个经营管理中的一个重要组成部分。它的任务是以良好的设备效率和投资效果来保证企业生产经营目标的实现，取得最佳的经济效果和社会效益。

谈到设备管理，常会遇到设备工程这个名词，它的含义是什么呢？在国外，设备工程是指为了最有效地发挥设备效能，提高企业的生产效率和经济效果而对设备进行的设计、选型、维修、改进等各种技术活动和管理活动的总和。也就是说，设备工程是现代设备管理的同义语。根据设备所处的不同阶段，设备工程可分为设备规划工程和设备维修工程。前者是指设备诞生之前（即前半生）的管理，包括设备的规划、设计、制造；后者是指设备诞生之后（即后半生）的管理，包括设备的购置、安装、使用、维修、改造等。设备规划工程和维修工程，都包括技术和经济两个侧面的管理。

1. 设备管理的作用

①设备管理是企业生产经营管理的基础工作。现代企业依靠机器和机器体系进行生产，

生产中各个环节和工序要求严格地衔接、配合。生产过程的连续性和均衡性主要靠机器设备的正常运转来保持。设备在长期使用的过程中，技术性能逐渐劣化（比如运转速度降低），影响生产定额的完成；一旦出现故障停机，更会造成某些环节中断，甚至引起生产线停顿。因此，只有加强设备管理，正确地操作使用，精心地维护保养，进行设备的状态监测，科学地修理改造，保持设备处于良好的技术状态，才能保证生产连续、稳定地运行。反之，如果忽视设备管理，放松维护、检查、修理、改造，导致设备技术状态严重劣化、带病运转，必然故障频发，无法按时完成生产计划、如期交货。

②设备管理是企业产品质量的保证。产品质量是企业的生命、竞争的支柱。产品是通过机器生产出来的，如果生产设备特别是关键设备的技术状态不良，严重失修，必然造成产品质量下降甚至废品成堆。加强企业质量管理，就必须同时加强设备管理。

③设备管理是提高企业经济效益的重要途径。企业要想获得良好的经济效益，必须适应市场需要，产品物美价廉。不仅产品的高产优质有赖于设备，而且产品原材料、能源的消耗、维修费用的摊销都和设备直接相关。这就是说，设备管理既影响企业的产出（产量、质量），又影响企业的投入（产品成本），因而是影响企业经济效益的重要因素。一些有识的企业家提出"向设备要产量、要质量、要效益"，的确是很有见地的，因为加强设备管理是挖掘企业生产潜力、提高经济效益的重要途径。

④设备管理是搞好安全生产和环境保护的前提。设备技术落后和管理不善，是发生设备事故和人身伤害的重要原因，也是排放有毒、有害的气体、液体、粉尘，污染环境的重要原因。消除事故、净化环境，是人类生存、社会发展的长远利益所在。加强发展经济，必须重视设备管理，为安全生产和环境保护创造良好的前提条件。

⑤设备管理是企业长远发展的重要条件。科学技术进步是推动经济发展的主要动力。企业的科技进步主要表现在产品的开发、生产工艺的革新和生产装备技术水平的提高上。我国加入WTO以后，竞争更加激烈，企业要在激烈的市场竞争中求得生存和发展，需要不断采用新技术，开发新产品。一方面，"生产一代，试制一代，预研一代"；另一方面，要抓住时机迅速投产，形成批量，占领市场。这些都要求加强设备管理，推动生产装备的技术进步，以先进的试验研究装置和检测设备来保证新产品的开发和生产，实现企业的长远发展目标。

由此可知，设备管理不仅直接影响企业当前的生产经营，而且关系着企业的长远发展和成败兴衰。作为一个致力于改革开放潮流、面向21世纪的企业家，必须摆正现代设备及其管理在企业中的地位，善于通过不断改善人员素质，充分发挥设备效能，来为企业创造最好的经济效益和社会效益。

2. 设备管理的特点

设备管理除了具有一般管理的共同特征外，与企业的其他管理比较，还有以下一些特点。

（1）技术性

作为企业的主要生产手段，设备是物化了的科学技术，是现代科技的物质载体。因此，设备管理必然具有很强的技术性。首先，设备管理包含了机械、电子、液压、光学、计算机等许多方面的科学技术知识，缺乏这些知识就无法合理地设计制造或选购设备；其次，正确地使用、维修这些设备，还需掌握状态监测和诊断技术、可靠性工程、摩擦磨损理论、表面工程、修复技术等专业知识。可见，设备管理需要工程技术作为基础，不懂技术就无法搞好设备管理工作。

（2）综合性

设备管理的综合性表现在：

①现代设备包含了多种专门技术知识，是多门科学技术的综合应用。

②设备管理的内容是工程技术、经济财务、组织管理三者的综合。

③为了获得设备的最佳经济效益，必须实行全过程管理，它是对设备一生各阶段管理的综合。

④设备管理涉及物资准备、设计制造、计划调度、劳动组织、质量控制、经济核算等许多方面的业务，汇集了企业多项专业管理的内容。

（3）随机性

许多设备故障具有随机性，使得设备维修及其管理也带有随机性质。为了减少突发故障给企业生产经营带来的损失和干扰，设备管理必须具备应付突发故障、承担意外突击任务的应变能力。这就要求设备管理部门的信息渠道畅通，器材准备充分，组织严密，指挥灵活，人员作风过硬，业务技术精通，能够随时为现场提供服务，为生产排忧解难。

（4）全员性

现代企业管理强调应用行为科学调动广大职工参加管理的积极性，实行以人为中心的管理。设备管理的综合性更加迫切需要全员参与，只有建立从厂长到一线工人都参加的企业全员设备管理体系，实行专业管理与群众管理相结合，才能真正搞好设备管理工作。

学习单元二　设备管理制度

我国现行的设备管理制度，其要点汇集在1987年7月国务院发布的《全民所有制工业交通企业设备管理条例》（后文简称《设备管理条例》）中。《设备管理条例》明确规定了我国设备管理工作的基本方针、政策、主要任务和要求。它是我国设备管理工作的第一个法规性文件，是指导企业开展设备管理工作的纲领，也是搞好企业设备管理工作的根本措施。

（一）《设备管理条例》的特点

①《设备管理条例》是适应我国四化建设和企业管理现代化的要求，把现代设备管理的理论和方法与本国具体实践相结合的产物。它既借鉴了外国的先进理论和实践，又总结和提高了中华人民共和国成立以来我国设备管理的成功经验，体现了"以我为主，博采众长，融合提炼，自成一家"的方针，符合我国实际，并具有一定的中国特色。

②《设备管理条例》针对我国设备管理的共性问题，做了原则性的规定，而具体的管理办法则由各行业、省市主管部门根据本行业、地区的特点分别制定（如《设备管理条例》的实施细则等），并由企业按照实际情况自行决定是否遵守。这样，既坚持了原则上的宏观指导，又尊重了企业自主经营管理的权力，体现了我国经济体制改革的精神。

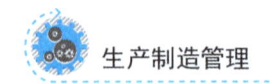

（二）设备管理的方针

《设备管理条例》规定，"企业的设备管理应当依靠技术进步、促进生产发展和预防为主"。这是我国设备管理的三条方针。

1. 设备管理要坚持"依靠技术进步"的方针

设备是技术的载体，只有不断用先进的科学技术成果注入设备，提高设备的技术水平，才能保证企业生产经营目标的实现，保持企业持久发展的能力。改革开放以来，我国设备管理工作由于坚持了这个方针，在设备管理与维修工作中突破了原样修复的老框框，树立起修理、改造与更新相结合的新观念，促进了企业装备素质的提高和生产力的发展。

设备管理依靠技术进步，首先，要提高设备本身的技术素质。一方面要用技术先进的设备替换技术落后的设备，实行技术更新；另一方面，再采用新技术对现有设备进行技术改造，提高技术水平，延长设备寿命。其次，在提高设备技术水平的同时，还要重视教育培训，不断提高设备管理人员和维修人员的技术水平与业务能力，采用先进的管理方法和维修技术，状态监测和诊断技术，不断提高设备管理和维修的现代化水平。

2. 设备管理要贯彻"促进生产发展"的方针

设备管理工作的根本目的在于保护和发展社会生产力，为发展生产、繁荣社会主义经济服务。因此，《设备管理条例》把"促进生产发展"规定为设备管理工作的基本方针。坚持这个方针，就要正确处理企业生产与设备管理之间的辩证关系。它们之间基本上是统一的，但有时也会发生矛盾。例如，安排设备的维修要占用生产时间，暂时减少产量与产值，这时，生产与设备维修之间出现了矛盾，但如果不及时进行必要的设备维修，甚至采用"驴不死不下磨"的做法，必将酿成设备事故，使生产陷入瘫痪，甚至造成不可弥补的损失，这是两者矛盾的激化。因此，企业负责人和生产经营部门必须提高认识，把设备管理工作放在重要地位。

在安排、检查生产计划的同时，要安排设备维护、检修计划，自觉维护设备完好，提高装备的技术素质。尤其注意，所谓为发展生产服务，不仅是为完成当前的生产经营计划服务，而更要重视企业所拥有的资产保值、增值，提高技术水平，保持"后劲"，为企业的长远发展目标服务。可见，那种放松设备管理，忽视设备维修，甚至"杀鸡取卵"式的拼设备的短期行为，显然是十分有害的。

3. 设备管理要执行"预防为主"的方针

"预防为主"的早期含义，是指在设备维护和检修并重中以预防为主。在当今推行设备综合管理的条件下，预防为主已被赋予了新的含义，发展成为贯穿设备一生的指导方针。

一方面，对于使用设备的企业及其主管部门，在设备管理工作中要树立"预先防止""防重于治"的指导思想，在购置设备阶段就要注重设备的可靠性与维修性。在使用中严格遵守设备操作规程，加强日常维护，防止设备非正常劣化；开展预防性的定期检查、试验和设备状态管理，掌握设备故障征兆与发展趋势，及时制定有效的维修对策，尽可能地把无计划的事后修理变为有计划的预防性修理，消灭隐患、减少意外停机，充分发挥设备效能。另一方面，对于设备设计制造企业及其主管部门，要主动做好设备的售后反馈，改进设备的设计性能和制造质量。在新设备研制中充分考虑可靠性与维修性，实行"维修预防"；对于某些产品，则可向"无维修设计"的更高目标努力。

（三）设备管理的基本原则

《设备管理条例》规定，我国设备管理要坚持"设计、制造与使用相结合，维护与计划检修相结合，修理、改造与更新相结合，专业管理与群众管理相结合，技术管理与经济管理相结合"的原则。

1. 设计、制造与使用相结合

设计、制造与使用相结合的原则，是为克服设计制造与使用脱节的弊端而提出来的。这也是应用系统论对设备进行全过程管理的基本要求。从技术上看，设计制造阶段决定了设备的性能、结构、可靠性与维修性的优劣；从经济上看，设计制造阶段决定了设备寿命周期费用的90%以上。只有从设计、制造阶段抓起，从设备一生着眼，实行设计、制造与使用相结合，才能达到设备管理的最终目标，在使用阶段充分发挥设备效能，创造良好的经济效益。

贯彻设计、制造与使用相结合的原则，需要设备设计制造企业与使用企业的共同努力。对于设计制造单位来说，应该充分调查研究，从使用要求出发为用户提供先进、高效、经济、可靠的设备，并帮助用户正确使用、维修，做好设备的售后服务工作。对于使用单位来说，应该充分掌握设备性能，合理使用、维修，及时反馈信息，帮助制造企业改进设计，提高质量。实现设计、制造与使用相结合，主要工作在基层单位，但它涉及不同的企业、行业，因而难度较大，需要政府主管部门与社会力量的支持与推动。至于企业的自制专用设备，只涉及企业内部的有关部门，结合的条件更加有利，理应做得更好。

2. 维护与计划检修相结合

这是贯彻"预防为主"、保持设备良好技术状态的主要手段。加强日常维护，定期进行检查、润滑、调整、防腐，可以有效地保持设备功能，保证设备安全运行，延长使用寿命，减少修理工作量。但是维护只能延缓磨损、减少故障，不能消除磨损、根除故障。因此，还需要合理安排计划检修（预防性修理），这样不仅可以及时恢复设备功能，而且还可以为日常维护保养创造良好条件，减少维护工作量。

3. 修理、改造与更新相结合

这是提高企业装备素质的有效途径，也是依靠技术进步方针的体现。在一定条件下，修理能够恢复设备在使用中局部丧失的功能，补偿设备的有形磨损，它具有时间短、费用省、比较经济合理的优点。但是如果长期原样恢复，将会阻碍设备的技术进步，而且使修理费用大量增加。设备技术改造是指采用新技术来提高现有设备的技术水平，设备更新则是用技术先进的新设备替换原有的陈旧设备。通过设备更新和技术改造，能够补偿设备的无形磨损，提高技术装备的素质，推进企业的技术进步。因此，企业设备管理工作不能只搞修理，而应坚持修理、改造与更新相结合。许多企业结合提高质量、发展品种、扩大产量、治理环境等目标，通过"修改结合""修中有改"等方式，有计划地对设备进行技术改造和更新，逐步改变了企业的设备状况，取得了良好的经济效益。

4. 专业管理与群众管理相结合

专业管理与群众管理相结合，这是我国设备管理的成功经验，应予以继承和发扬。首先，专业管理与群众管理相结合有利于调动企业全体职工当家作主，参与企业设备管理的积极性。只有广大职工都能自觉地爱护设备、关心设备，才能真正把设备管理搞好，充分发挥设备效能，创造更多的财富。

其次，设备管理是一项综合工程，涉及的技术复杂——涉及机械、电子、电气、化工、仪表等；环节长——从设计制造、安装调试、使用维修到改造更新；部门多——牵涉到计划、财务、供应、基建、生产、工艺、质量等部门；人员广——涉及广大操作工、维修工、技术人员、管理干部等。必须既有合理分工的专业管理，又有广大职工积极参与的群众管理，两者互相补充，才能收到良好的成效。

5. 技术管理与经济管理相结合

设备存在物质形态与价值形态两个方面。针对这两种形态而进行的技术管理和经济管理是设备管理不可分割的两个侧面，也是提高设备综合效益的重要途径。技术管理的目的在于保持设备技术状态完好，不断提高它的技术素质，从而获得最好的设备输出（产量、质量、成本、交货期等）；经济管理的目的在于追求寿命周期费用的经济性。技术管理与经济管理相结合，就能保证设备取得最佳的综合效益。

（四）设备管理的主要任务

《设备管理条例》规定："企业设备管理的主要任务，是对设备进行综合管理，保持设备完好，不断改善和提高企业技术装备素质，充分发挥设备效能，取得良好的投资效益。"综合管理是企业设备管理的指导思想和基本制度，也是完成上述主要任务的基本保证。下面分别叙述四项主要任务。

（1）保持设备完好

要通过正确使用、精心维护、适时检修使设备保持完好状态，随时可以适应企业经营的需要投入正常运行，完成生产任务。设备完好一般包括三个方面的内容：设备零部件、附件齐全，运转正常；设备性能良好，加工精度、动力输出符合标准；原材料、燃料、能源、润滑油消耗正常。行业、企业应当制定关于完好设备的具体标准，使操作人员与维修人员有章可循。

（2）改善和提高企业技术装备素质

技术装备素质是指在技术进步的条件下，技术装备适合企业生产和技术发展的内在品质。通常可以用以下几项标准来衡量：①工艺适用性。②质量稳定性。③运行可靠性。④技术先进性（包括生产效率、物料与能源消耗、环境保护等）。⑤机械化、自动化程度。

改善和提高技术装备素质的主要途径，一是采用技术先进的新设备替换技术落后的旧设备；二是应用新技术（特别是微电子技术）改造现有设备。后者通常具有投资少、时间短、见效快的优点，应该成为企业优先考虑的方式。

（3）充分发挥设备的效能

设备效能是指设备的生产效率和功能。设备效能的含义不仅包括单位时间内生产能力的大小，也包含适应多品种生产的能力。充分发挥设备效能的主要途径有：

①合理选用技术装备和工艺规范，在保证产品质量的前提下，缩短生产时间，提高生产效率。

②通过技术改造，提高设备的可靠性与维修性，减少故障停机和修理停歇时间，提高设

备的可利用率。

③加强生产计划、维修计划的综合平衡，合理组织生产与维修，提高设备利用率。

（4）取得良好的投资效益

设备投资效益是指设备一生的产出与其投入之比。取得良好的设备投资效益，是提高以经济效益为中心的方针在设备管理工作上的体现，也是设备管理的出发点和落脚点。

提高设备投资效益的根本途径在于推行设备的综合管理。首先要有正确的投资决策，采用优化的设备购置方案。其次在寿命周期的各个阶段，一方面，加强技术管理，保证设备在使用阶段充分发挥效能，创造最佳的产出；另一方面，加强经济管理，实现最经济的寿命周期费用。

（五）设备综合管理

设备综合管理既是一种现代设备管理思想，也是一种现代设备管理模式。这种管理思想自英国人丹尼斯·帕克斯在关于设备综合工程学的论文中提出后，引起了国际设备管理界的普遍关注，并得到了广泛传播。1982年，国家经济贸易委员会负责人在全国第一次设备管理维修座谈会上明确提出："我们认为，打破设备管理的传统观念，参照设备综合工程学的观点，作为改革我国设备管理制度的方向是可行的。"多年来，我国设备管理改革的实践正是沿着这个方向前进的。但是，我国倡导的设备综合管理并不是英国综合工程学的简单翻版，而是在参照以综合工程学为主的现代设备管理理论的基础上，融汇了我国设备管理长期积累的成功经验以及多年设备管理改革的实践成果所形成的设备管理体制（模式）。这个体制是学习国外先进经验与我国管理实际相结合的产物，具有鲜明的中国特色。这个体制的基本内容，就是《设备管理条例》中重点阐述的"三条方针，五个结合，四项任务"。

（六）设备管理现代化

不断改善经营管理，努力提高管理的现代化水平是企业求得生存、发展，提高经济效益的根本途径。设备管理现代化是企业管理现代化的主要组成部分。

所谓设备管理现代化就是把当今国内外先进的科学技术成就与管理理论、方法，综合地应用于设备管理，形成适应企业现代化的设备管理保障体系，以促进企业设备现代化并取得良好的设备资产效益。改革开放以来，政府十分重视这项工作，早在1982年就提出了设备管理现代化的任务。1986年第二次全国设备管理与维修座谈会的主题就是"以改革为动力，积极推进我国设备管理现代化。"1992年第三次全国设备管理工作会议制定的《"八五"后三年设备管理工作要点》，对设备管理现代化提出了明确要求。多年来，我国企业设备管理现代化取得了丰硕成果。

《设备管理条例》全篇贯穿着设备管理现代化的基本思路，倡导不断提高设备管理和维修技术的现代化水平。比如，坚持"三条方针，五个结合"，突出了设备管理思想观念的三大转变：由单纯抓设备维修到对设备的买、用、修、改、造实行综合管理的转变；由只重视技术管理到实行技术管理与经济管理相结合，追求设备投资效益的转变；由专业维修人员管理向全员管理方向的转变。

《设备管理条例》提倡对设备管理和维修技术的科学研究，鼓励设备管理和维修工作的社会化和专业化协作，要求企业积极采用先进的设备管理方法和维修技术，采用以状态监测为基础的设备维修方法，应用计算机辅助设备管理，推进管理手段和方法的现代化。

《设备管理条例》重视教育培训，要求创造条件，有计划地培养设备管理与维修方面的专业人员；对在职的设备管理干部进行多层次、多渠道和多种形式的专业技术和管理知识教育；对现代设备操作、维修工人进行多种形式、不同等级的技术培训。通过提高人员素质来推进设备管理现代化。当然，随着时代的发展，尤其是我国实行了市场经济体制以后，《设备管理条例》也有一个不断充实和完善的过程，以更好地指导企业的设备管理工作。

学习单元三　设备的使用与维护

电梯设备管理—安全乘梯

设备的正确使用和维护，是设备管理工作的重要环节。某位国家领导人曾经指出"要像战士爱护武器一样爱护机器设备，维护设备完好，保护企业生产力"。正确使用设备，可以防止发生非正常磨损和避免突发性故障，能使设备保持良好的工作性能和应有的精度，而精心维护设备则可以改善设备技术状态，延缓劣化进程，消灭隐患于萌芽状态，保证设备的安全运行，延长使用寿命，提高使用效率。因此，企业应该责无旁贷地做好这方面的工作，并在转换经营机制的过程中，探索和总结出设备的使用与维护方面的新经验、新的激励机制和自我约束机制，为保持设备完好、提高企业经济效益、保证产品质量和安全生产作出新贡献。

（一）正确使用设备的意义

1. 正确使用设备的意义

设备在负荷下运行并发挥其规定功能的过程，即为使用过程。设备在使用过程中，由于受到各种力和化学作用，以及使用方法、工作规范、工作持续时间等影响，其技术状况会发生变化而逐渐降低工作能力。要控制这一时期的技术状态变化，延缓设备工作能力的下降过程，必须根据设备所处的工作条件及结构性能特点，掌握劣化的规律；创造适合设备工作的环境条件，遵守正确合理的使用方法、允许的工作规范，控制设备的负荷和持续工作时间，精心维护设备。这些措施都要由操作者来执行，只有操作者正确使用设备，才能保持设备良好的工作性能，充分发挥设备效率，延长设备的使用寿命，也只有操作者正确使用设备，才能减少和避免突发性故障。正确使用设备是控制技术状态变化和延缓工作能力下降的首要事项。因此，强调正确使用设备具有重要意义。

2. 正确维护设备的意义

设备的维护保养是管、用、养、修等各项工作的基础，也是操作工人的主要责任之一，是保持设备经常处于完好状态的重要手段，是一项积极的预防工作。设备的保养也是设备运行的客观要求，马克思说："机器必须经常擦洗。这里说的是一种追加劳动，没有这种追加劳动，机器就会变得不能使用。"陈云同志也指出："企业一定要维护设备，特别是关键设备，必须做到万无一失。"设备在使用过程中，由于设备的物质运动和化学作用，必然会产生技术状况的不断变化和难以避免的不正常现象，以及人为因素造成的耗损，例如松动、干摩擦、腐蚀等，这些是设备的隐患，如果不及时处理，会造成设备过早磨损，甚至形成严重事故。做好设备的维护保养工作，及时处理随时发生的各种问题，改善设备的运行条件，就能防患于未然，避免不应有的损失。实践证明，设备的寿命在很大程度上取决于维护保养的程度。

因此，对设备的维护保养工作必须强制进行，并严格督促检查。车间设备员和机修站都应把工作重点放在维护保养上，强调"预防为主、养为基础"。

3. 在设备使用与维护保养方面的经验

东风汽车公司通过多年实践，结合本企业大量流水均衡生产的实际，逐步形成了有本厂特色的设备计划生产维修制。在这个维修体制中，突出了对设备的维护保养和检查，把设备管理的重心下移到生产现场。他们把设备现场视为"帝王"，让生产和管理上的各种矛盾都汇集到现场，使维修管理人员在现场"曝光"，通过加强现场管理来改变科室与现场之间的"浮萍"现象。他们要求做到：现场管理抓信息，日常保养抓坚持，润滑工作抓治理，优质服务抓班组。他们体会到，操作者对所操作的设备最了解、最熟悉、最能不断发现和揭露设备上存在的问题，给维修管理人员提供第一手资料，以便使设备管理工作及维修工作不脱离现场实际，切实做到为现场服务。在具体做法上，他们所开展的"三全定保"活动，就是加强设备维护保养的重要措施之一。

"三全定保"活动，即全面动员、全体人员参加、全部主要工艺设备的定期保养活动。由于自动线操作工人较少，而设备多，有些设备也特大，所以一两天内单靠操作工人保养设备是难以彻底保养好的。因而就要求专业厂（分厂）全体干部参加保养。由于全体干部参加，因而更要深入、全面动员。为此，厂里专门编写了定期保养小册子，编制了典型设备保养录像带，组织了表演队到各车间巡回表演，车间主任和科长们还进行了定保内容的学习和考试，各专业厂（分厂）设备厂长亲自做动员报告，同时还要亲自保养一台设备，并经车间工人、设备员检查，不合格者扣款30元。对于年老体弱不宜参加设备保养的领导干部，则负责送开水、饮料，炊事员负责送饭到现场。有的专业厂（分厂）还组织共青团突击队、妇女突击队负责地坑和难度较大的公用设备的保养。设备部门除保证保养器材供应外，又组织了层层验收，厂里验收后还进行总结表彰。事实说明，"三全定保"活动取得了显著成效，使设备故障率降低了46.2%，很多设备厂长、车间主任都主张每年进行几次。

（二）设备技术状态的完好标准

1. 设备的技术状态

设备技术状态是指设备所具有的工作能力，包括性能、精度、效率、运动参数、安全、环境保护、能源消耗等所处的状态及其变化情况。企业的设备是为满足某种生产对象的工艺要求或为完成工程项目的预定功能而配备的，其技术状态如何，直接影响到企业产品的质量、数量、成本和交货期等经济指标能否顺利完成。设备在使用过程中，受到生产性质、加工对象、工作条件及环境等因素的影响，使设备原设计制造时所确定的功能和技术状态不断发生变化——降低或劣化。为延缓劣化过程，预防和减少故障发生，除操作工人严格执行操作规程、正确合理使用设备外，必须定期进行设备状态检查，加强对设备使用维护的管理。

2. 设备的完好标准和确定原则

保持设备完好，是企业设备管理的主要任务之一。按操作和使用规程正确合理地使用设备，是保持设备完好的基本条件。因此，应制定设备的完好标准，为衡量设备技术状态是否良好规定一个合适尺度。

设备的完好标准是分类制定的，以金属切削设备为例，其完好标准包括：

①精度、性能能满足生产工艺要求；

②各传动系统运转正常，变速齐全；

③各操纵系统动作灵敏可靠；

④润滑系统装置齐全，管道完整，油路畅通，油标醒目；

⑤电气系统装置齐全，管线完整，性能灵敏，运行可靠；

⑥滑动部位运行正常，无严重拉、研、碰伤；

⑦机床内外清洁；

⑧基本无漏油、漏水、漏气现象；

⑨零部件完整；

⑩安全防护装置齐全。

以上标准中①~⑥项为主要项目，其中有一项不合格即为不完好设备。

对于非金属切削设备（如锻压设备、起重设备、工业炉窑、动力管道、工业泵等）也都有其相应的完好标准。

不论哪类设备的完好标准，在制定时都应遵循以下原则：

①设备性能良好，机械设备能稳定地满足生产工艺要求，动力设备的功能达到原设计或规定标准，运转无超温超压等现象。

②设备运转正常，零部件齐全，安全防护装置良好，磨损、腐蚀程度不超过规定的标准，控制系统、计量仪器、仪表和润滑系统工作正常。

③原材料、燃料、润滑油、动能等消耗正常，无漏油、漏水、漏气（汽）、漏电现象，外表清洁整齐。

完好设备的具体标准应由各行业主管部门统一制定。国家和各工业主管部门通过对主要设备完好率（流程行业的企业可为泄漏率）的考核来了解和考查企业设备的完好状况。

3. 完好设备的考核和完好率的计算

（1）完好设备的考核

①完好标准中的主要项目，有一项不合格，该设备即为不完好设备。

②完好标准中的次要项目，有两项不合格，该设备即为不完好设备。

③在检查人员离开现场前，能够整改合格的项目，仍算合格，但要作为问题记录。

（2）设备检查及完好率计算

①车间内部自检应逐台检查，确定完好设备台数。

②设备动力科抽查完好设备台数的百分之十到十五，确定完好设备合格率。

③完好率的计算。

a. 设备完好率：

$$设备完好率 = \frac{完好设备台数}{主要生产设备总台数} \times 100\%$$

b. 完好设备抽查合格率：

$$抽查合格率 = \frac{抽查设备合格台数}{抽查设备总台数} \times 100\%$$

4. 单项设备完好标准

（1）锻压设备完好标准

锻压设备类（①~⑥项为主要项目）：

①精度、能力能满足生产工艺要求。

②各传动系统运转正常，变速齐全。

③润滑系统运转正常，管路完整，润滑良好，油质符合要求。

④各操作系统动作灵敏可靠，各指示刻度准确。

⑤电气系统装置齐全，管路完整，性能灵敏，运行可靠。

⑥滑动部位运转正常，各滑动部位及零件无严重拉、研、碰伤。

⑦机床内外清洁、无黄袍，无油垢、无锈蚀。

⑧基本无漏油、漏水、漏气现象。

⑨零部件完整，随机附件基本齐全，保管妥善。

⑩安全、防护装置齐全可靠。

（2）起重设备完好标准

起重设备类（①~⑦项为主要项目）：

①起重和牵引能力能达到设计要求。

②各传动系统运转正常，钢丝绳、吊钩符合安全技术规程。

③制动装置安全可靠，主要零部件无严重磨损。

④操作系统灵敏可靠，调速正常。

⑤主、副梁的下挠上拱、旁弯等变形均不得超过有关技术规定。

⑥电气装置齐全有效，安全装置灵敏可靠。

⑦车轮无严重啃轨现象，与轨道有良好接触。

⑧润滑装置齐全，效果良好，基本无漏油。

⑨吊车内外整洁，标牌醒目，零部件齐全。

（3）铸造设备完好标准

铸造设备类（①~③项为主要项目）：

①性能良好，能力能满足工艺要求。

②设备运转正常，操作控制系统完整可靠。

③电气、安全、防护、防尘装置齐全有效。

④设备内外清洁整齐，零部件及各滑动面无严重磨损。

⑤基本无漏水、漏油、漏气、漏砂现象。

⑥润滑装置齐全，效果良好。

（4）工业锅炉设备完好标准

①出力基本达到原设计要求和领导部门批准的标准。

②炉壳、炉筒、炉胆、炉管等部位，无严重腐蚀。

③电气、安全装置齐全完好，管路畅通，水位计、压力表、安全阀灵敏可靠。

④主要附机、附件、计量仪器仪表齐全完整，运转良好，指示准确。

⑤各控制阀门装置齐全，动作灵敏可靠。

⑥传动和供水系统操作灵敏可靠。

⑦主、附机外观整洁，润滑良好。
⑧基本无漏水、漏油、漏气现象。

（5）动能设备完好标准

动能设备类（①~⑤项为主要项目）：

①出力基本达到原设计要求。

②各传动系统运转正常，各滑动面无严重锈蚀、磨损。

③电器和控制系统、安全阀、压力表、水位计等装置齐全，灵敏可靠。

④无超温、超压现象，基本无漏水、漏油、漏气现象。

⑤润滑装置齐全，管道完整，油路畅通，油标醒目，油质符合要求。

⑥附机和零部件齐全，内外整洁。

（6）电气设备完好标准

电气设备类（①~③项为主要项目）：

①各主要技术性能达到原出厂标准，或能满足生产工艺要求。

②操作和控制系统装置齐全，灵敏可靠。

③设备运行良好，绝缘强度及安全防护装置应符合电气安全规程。

④设备的通信、散热和冷却系统齐全完整，效能良好。

⑤设备内外整洁，润滑良好。

⑥无漏油、漏电、漏水现象。

（7）工业炉窑设备完好标准

工业炉窑类（①~④项为主要项目）：

①能力基本达到原设计要求，满足生产工艺要求。

②操作、燃烧和控制系统装置齐全，灵敏可靠。

③电气及安全装置齐全完整，效能良好。

④箱体、炉壳、砌砖体等部件无严重烧蚀和裂缝。

⑤传动系统运转正常，润滑良好。

⑥设备内外整洁，无漏油、漏水、漏气现象。

（三）设备的使用管理

1. 设备的合理使用

合理使用设备，应该做好以下几方面工作。

（1）充分发挥操作工人的积极性

设备是由工人操作和使用的，充分发挥他们的积极性是用好、管好设备的根本保证。因此，企业应经常对职工进行爱护设备的宣传教育，积极吸收群众参加设备管理，不断提高职工爱护设备的自觉性和责任心。

（2）合理配置设备

企业应根据自己的生产工艺特点和要求，合理地配备各种类型的设备，使它们都能充分发挥效能。为了适应产品品种、结构和数量的不断变化，还要及时进行调整，使设备能力适应生产发展的要求。

（3）配备合格的操作者

企业应根据设备的技术要求和复杂程度，配备相应的工种和胜任的操作者，并根据设备性能、精度、使用范围和工作条件安排相应的加工任务和工作负荷，确保生产的正常进行和操作人员的安全。机器设备是科学技术的物化，随着设备日益现代化，其结构和原理也日益复杂，要求具有一定文化技术水平和熟悉设备结构的工人来掌握使用。因此，必须根据设备的技术要求，采取多种形式，对职工进行文化专业理论教育，帮助他们熟悉设备的构造和性能。

（4）为设备提供良好的工作环境

工作环境不但与设备正常运转、延长使用期限有关，而且对操作者的情绪也有重大影响。为此，应安装必要的防腐蚀、防潮、防尘、防震装置，配备必要的测量、保险用仪器装置，还应有良好的照明和通风等。

（5）建立健全必要的规章制度

保证设备正确使用的主要措施是：①制定设备使用程序。②制定设备操作维护规程。③建立设备使用责任制。④建立设备维护制度，开展维护竞赛评比活动。顺便指出，为了正确合理地使用设备，还必须创造一定的条件，比如：①要根据机器设备的性能、结构和其他技术特征，恰当地安排加工任务和工作负荷。近年来，在有的企业中存在的拼设备现象，就包括不能恰当按工作负荷来使用设备。②要为机器设备配备相应技术水平的操作工人。③要为机器设备创造良好的工作环境。④要经常进行爱护机器设备的宣传和技术教育。

2. 设备使用前的准备工作

这项工作包括：技术资料的编制，对操作工的技术培训和配备必需的检查及维护用仪器工具，以及全面检查设备的安装、精度、性能及安全装置，向操作者点交设备附件等。

技术资料准备包括：设备操作维护规程、设备润滑卡片、设备日常检查和定期检查卡片等。

对操作者的培训包括：技术教育、安全教育和业务管理教育三方面内容。操作工人经教育、培训后要经过理论和实际的考试，合格后方能独立操作使用设备。

3. 设备使用守则

（1）定人、定机和凭证操作制度

为了保证设备的正常运转，提高工人的操作技术水平，防止设备的非正常损坏，必须实行定人、定机和凭证使用设备的制度。

1）定人、定机的规定

严格实行定人、定机和凭证使用设备，不允许无证人员单独使用设备。定机的机种型号应根据工人的技术水平和工作责任心，并经考试合格后确定。原则上既要管好、用好设备，又要不束缚生产力。

主要生产设备的操作工作由车间提出定人、定机名单，经考试合格，设备动力科同意后执行。精、大、稀设备和有关设备的操作者经考试合格后，设备动力科同意并经企业有关部门合同审查后，报技术副厂长批准后执行。定人、定机名单保持相对稳定，有变动时，按规定呈报审批，批准后方能变更。原则上，每个操作工人每班只能操作一台设备，多人操作的设备，必须由值班机长负责。

为了保证设备的合理使用，有的企业实行了"三定制度"，即设备定号、管理定户、保管定人。这三定中，设备定号、保管定人易于理解，管理定户就是以班组为单位，把全班组的设备编为一个"户"，班组长就是"户主"，要求"户主"对小组全部设备的保管、使用和维护保养负全面责任。

2）操作证的签发

学徒工（实习生）必须经过技术理论学习和一定时期的师傅在现场指导下的操作实习后，师傅认为该学徒工（实习生）已懂得正确使用设备和维护保养设备时，可进行理论及操作考试，合格后由设备动力科签发操作证，方能单独操作设备。

对于工龄长且长期操作设备，并会调整、维护保养的工人，如果其文化水平低，可免笔试而进行口试及实际操作考试，合格后签发操作证。

公用设备的使用者，应熟悉设备结构、性能，车间必须明确使用小组或指定专人保管，并将名单报送设备动力科备案。

（2）交接班制

连续生产的设备或不允许中途停机者，可在运行中交班，交班人须把设备运行中发现的问题，详细记录在"交接班记录簿"上，并主动向接班人介绍设备运行情况，双方当面检查，交接完毕在记录簿上签字。如不能当面交接班，交班人可做好日常维护工作，使设备处于安全状态，填好交班记录交有关负责人签字代接，接班人如发现设备异常现象，记录不清、情况不明和设备未按规定维护时可拒绝接班。如因交接不清导致设备在接班后发生问题，由接班人负责。

企业在用的每台设备，均须有"交接班记录簿"，不准撕毁、涂改。区域维修站应及时收集"交接班记录簿"，从中分析设备现状，采取措施改进维修工作。设备管理部门和车间负责人应注意抽查交接班制度的执行情况。

（3）"三好""四会"和"五项纪律"

1）"三好"要求

①管好设备。发扬工人阶级的责任感，自觉遵守定人、定机制度和凭证使用设备，管好工具、附件，不损坏、不丢失、放置整齐。

②用好设备。设备不带病运转，不超负荷使用，不大机小用，精机粗用。遵守操作规程和维护保养规程，细心爱护设备，防止事故发生。

③修好设备。按计划检修时间停机修理，参加设备的二级保养和大修完工后的验收试车工作。

2）"四会"要求

①会使用。熟悉设备结构、技术性能和操作方法，懂得加工工艺。会合理选择切削用量，正确地使用设备。

②会保养。会按润滑图表的规定加油、换油，保持油路畅通无阻。会按规定进行一级保养，保持设备内外清洁，做到无油垢、无脏物，漆见本色铁见光。

③会检查。会检查与加工工艺有关的精度检验项目，并能进行适当调整。会检查安全防护和保险装置。

④会排除故障。能通过不正常的声音、温度和运转情况，发现设备的异常状态，并能判定异常状态的部位和原因，及时采取措施排除故障。

3）使用设备的"五项纪律"

①凭证使用设备，遵守安全使用规程。

②保持设备清洁，并按规定加油。

③遵守设备的交接班制度。

④管好工具、附件，不得遗失。
⑤发现异常，立即停车。

4. 设备操作规程和使用规程

设备操作规程是操作人员正确掌握操作技能的技术性规范，是指导工人正确使用和操作设备的基本文件之一。它的主要内容是根据设备的结构和运行特点，以及安全运行等要求，对操作人员在其全部操作过程中必须遵守的事项。一般包括：

①操作设备前对现场清理和设备状态检查的内容和要求。
②操作设备必须使用的工作器具。
③设备运行的主要工艺参数。
④常见故障的原因及排除方法。
⑤开车的操作程序和注意事项。
⑥润滑的方式和要求。
⑦点检、维护的具体要求。
⑧停车的程序和注意事项。
⑨安全防护装置的使用和调整要求。
⑩交、接班的具体工作和记录内容。

设备操作规程应力求内容简明、实用，对于各类设备应共同遵守的项目可统一成标准的项目。

设备使用规程是根据设备特性和结构特点，对使用设备作出的规定。其内容一般包括：
①设备使用的工作范围和工艺要求。
②使用者应具备的基本素质和技能。
③使用者的岗位责任。
④使用者必须遵守的各种制度，如定人定机、凭证操作、交接班、维护保养、事故报告等制度。
⑤使用者必备的规程，如操作规程、维护规程等。
⑥使用者必须掌握的技术标准，如润滑卡、点检和定检卡等。
⑦操作或检查必备的工器具。
⑧使用者应遵守的纪律和安全注意事项。
⑨对使用者检查、考核的内容和标准。

（四）设备的维护管理

1. 设备的维护保养

通过擦拭、清扫、润滑、调整等一般方法对设备进行护理，以维持和保护设备的性能和技术状况，称为设备维护保养。设备维护保养的要求主要有以下四项。

（1）整洁

设备内外整洁，各滑动面、丝杠、齿条、齿轮箱、油孔等处无油污，各部位不漏油、不漏气，设备周围的切屑、杂物、脏物要清扫干净。

（2）整齐

工具、附件、工件（产品）要放置整齐，管道、线路要有条理。

（3）润滑良好

按时加油或换油，不断油，无干摩现象，油压正常，油标明亮，油路畅通，油质符合要求，油枪、油杯、油毡清洁。

（4）安全

遵守安全操作规程，不超负荷使用设备，设备的安全防护装置齐全可靠，及时消除不安全因素。

设备的维护保养内容一般包括日常维护、定期维护、定期检查和精度检查，设备润滑和冷却系统维护也是设备维护保养的一个重要内容。

设备的日常维护保养是设备维护的基础工作，必须做到制度化和规范化。对设备的定期维护保养工作要制定工作定额和物资消耗定额，并按定额进行考核，设备定期维护保养工作应纳入车间承包责任制的考核内容。设备定期检查是一种有计划的预防性检查，检查的手段除人的感官以外，还要有一定的检查工具和仪器，按定期检查卡执行，定期检查又被称为定期点检。对机械设备还应进行精度检查，以确定设备实际精度的优劣程度。

设备维护应按维护规程进行。设备维护规程是对设备日常维护方面的要求和规定，坚持执行设备维护规程，可以延长设备使用寿命，保证安全、舒适的工作环境。其主要内容应包括：

①设备要达到整齐、清洁、坚固、润滑、防腐、安全等的作业内容、作业方法、使用的工器具及材料、达到的标准及注意事项。

②日常检查维护及定期检查的部位、方法和标准。

③检查和评定操作工人维护设备程度的内容和方法等。

2. 设备的三级保养制

三级保养制度是我国从20世纪60年代中期开始，在总结苏联计划预修制并在我国实践的基础上，逐步完善和发展起来的一种保养修理制，它体现了我国设备维修管理的重心由修理向保养的转变，反映了我国设备维修管理的进步和以预防为主的维修管理方针更加地明确。三级保养制以操作者为主对设备进行以保为主、保修并重的强制性维修制度。三级保养制是依靠群众、充分发挥群众的积极性，实行群管群修，专群结合，搞好设备维护保养的有效办法。

（1）设备的日常维护保养

设备的日常维护保养，一般有日保养和周保养，又称日例保和周例保。

1）日例保

日例保由设备操作工人当班进行，认真做到班前四件事、班中五注意和班后四件事。

①班前四件事是指消化图样资料，检查交接班记录；擦拭设备，按规定润滑加油；检查手柄位置和手动运转部位是否正确、灵活，安全装置是否可靠；低速运转检查传动是否正常，润滑、冷却是否畅通。

②班中五注意是指注意运转声音，设备的温度、压力、液位、设备电气、液压、气压系统，仪表信号，安全保险是否正常。

③班后四件事是指关闭开关，所有手柄放到零位；清除铁屑、脏物，擦净设备导轨面和滑动面上的油污，并加油；清扫工作场地，整理附件、工具；填写交接班记录和运转台时记录，办理交接班手续。

2）周例保

周例保由设备操作工人在每周末进行，保养时间为：一般设备，2 h；精、大、稀设备，4 h。

①外观——擦净设备导轨、各传动部位及外露部分，清扫工作场地；达到内洁外净无死角、无锈蚀，周围环境整洁。

②操纵传动——检查各部位的技术状况，紧固松动部位，调整配合间隙；检查互锁、保险装置；达到传动声音正常、安全可靠。

③液压润滑——清洗油线、防尘毡、滤油器，给油箱添加油或换油；检查液压系统，达到油质清洁，油路畅通，无渗漏，无研伤。

④电气系统——擦拭电动机、蛇皮管表面，检查绝缘、接地，达到完整、清洁、可靠。

（2）一级保养

一级保养是以操作工人为主、维修工人协助，按计划对设备进行局部拆卸和检查，清洗规定的部位，疏通油路、管道，更换或清洗油线、毛毡、滤油器，调整设备各部位的配合间隙，紧固设备的各个部位。一级保养所用时间为 4~8 h。

一级保养完成后应做记录并注明尚未清除的缺陷，车间机械员组织验收。一级保养的范围应是企业全部在用设备，对重点设备应严格执行。一级保养的主要目的是减少设备磨损、消除隐患、延长设备使用寿命，为后续生产任务提供保障。

（3）二级保养

二级保养是以维修工人为主、操作工人参加来完成的。二级保养列入设备的检修计划，对设备进行部分解体检查和修理，更换或修复磨损件，清洗、换油、检查修理电气部分，使设备的技术状况全面达到规定设备完好标准的要求。二级保养所用时间为 7 天左右。

二级保养完成后，维修工人应详细填写检修记录，由车间机械员和操作者验收，验收单交设备动力科存档。二级保养的主要目的是使设备达到完好标准，提高和巩固设备完好率，延长大修周期。

实行"三级保养制"，必须使操作工人对设备做到"三好""四会""四项要求"，并遵守"五项纪律"。三级保养制突出了维护保养在设备管理与计划检修工作中的地位，把对操作工人"三好""四会"的要求更加具体化，提高了操作工人维护设备的知识和技能。三级保养制突破了苏联计划预修制的有关规定，改进了计划预修制中的一些缺点，更切合实际。在三级保养制的推行中还学习吸收了军队管理武器的一些做法，并强调了群管群修。三级保养制在我国企业取得了良好的效果，积累了丰富的经验，由于三级保养制的贯彻实施，有效地提高了企业设备的完好率，降低了设备事故率，延长了设备大修理周期、降低了设备大修理费用，取得了较好的技术经济效果。

3. 精、大、稀设备的使用维护要求

（1）四定工作

①定使用人员。按定人定机制度，精、大、稀设备操作工人应选择本工种中责任心强、技术水平高和实践经验丰富者，并尽可能保持较长时间的相对稳定。

②定检修人员。精、大、稀设备较多的企业，根据本企业条件，可组织精、大、稀设备专业维修或修理组，专门负责对精、大、稀设备的检查、精度调整、维护和修理。

③定操作规程。精、大、稀设备应分机型逐台编制操作规程加以显示并严格执行。

④定备品配件。根据各种精、大、稀设备在企业生产中的作用及备件来源情况，确定储备定额，并优先解决。

（2）精密设备使用维护要求

①必须严格按说明书规定安装设备。

②对环境有特殊要求的设备（恒温、恒湿、防震、防尘）企业应采取相应措施，确保设备精度性能。

③设备在日常维护保养中，不许拆卸零部件，发现异常应立即停车，不允许带病运转。

④严格执行设备说明书规定的切削规范，只允许按直接用途进行零件精加工，加工余量应尽可能小，加工铸件时，毛坯面应预先喷砂或涂漆。

⑤非工作时间应加护罩，长时间停歇，应定期进行擦拭、润滑、空运转。

⑥附件和专用工具应有专用柜架搁置，保持清洁，防止研伤，不得外借。

4. 动力设备的使用维护要求

动力设备是企业的关键设备，在运行中有高温、高压、易燃、有毒等危险因素，是保证安全生产的要害部位，为做到安全连续稳定供应生产上所需要的动能，对动力设备的使用维护应有特殊要求：

①运行操作人员必须事先培训并经过考试合格。

②必须有完整的技术资料、安全运行技术规程和运行记录。

③运行人员在值班期间应随时进行巡回检查，不得随意离开工作岗位。

④在运行过程中遇有不正常情况时，值班人员应根据操作规程紧急处理，并及时报告上级。

⑤保证各种指示仪表和安全装置灵敏准确，定期校验，备用设备完整可靠。

⑥动力设备不得带病运转，任何一处发生故障必须及时消除。

⑦定期进行预防性试验和季节性检查。

⑧经常对值班人员进行安全教育，严格执行安全保卫制度。

5. 设备的区域维护

设备的区域维护又称维修工包机制。维修工人承担一定生产区域内的设备维修工作，与生产操作工人共同做好日常维护、巡回检查、定期维护、计划修理及故障排除等工作，并负责完成管区内的设备完好率、故障停机率等考核指标。区域维修责任制是加强设备维修为生产服务、调动维修工人积极性和使生产工人主动关心设备保养和维修工作的一种好的形式。

设备专业维护主要组织形式是区域维护组。区域维护组全面负责生产区域的设备维护保养和应急修理工作，它的工作任务是：

①负责本区域内设备的维护修理工作，确保完成设备完好率、故障停机率等指标。

②认真执行设备定期点检和区域巡回检查制，指导和督促操作工人做好日常维护和定期维护工作。

③在车间机械员指导下参加设备状况普查、精度检查、调整、治漏，开展故障分析和状态监测等工作。

区域维护组这种设备维护组织形式的优点是：在完成应急修理时有高度机动性，从而可使设备修理停歇时间最短，而且值班钳工在无人召请时，可以完成各项预防作业和参与计划修理。

设备维护区域划分应考虑生产设备分布、设备状况、技术复杂程度、生产需要和修理钳工的技术水平等因素。可以根据上述因素将车间设备划分成若干区域，也可以按设备类型划分区域维护组。流水生产线的设备应按线划分维护区域。

区域维护组要编制定期检查和精度检查计划，并规定出每班对设备进行常规检查的时间。为了使这些工作不影响生产，设备的计划检查要安排在工厂的非工作日进行，而每班的常规检查要安排在生产工人的午休时间进行。

6. 提高设备维护水平的措施

为提高设备维护水平应使维护工作基本做到三化，即规范化、工艺化、制度化。

规范化就是使维护内容统一，哪些部位该清洗、哪些零件该调整、哪些装置该检查，要根据各企业情况按客观规律加以统一考虑和规定。

工艺化就是根据不同设备制订各项维护工艺规程，按规程进行维护。

制度化就是根据不同设备不同工作条件，规定不同维护周期和维护时间，并严格执行。

对定期维护工作，要制定工时定额和物质消耗定额，并要按定额进行考核。设备维护工作应结合企业生产经济承包责任制进行考核。同时，企业还应发动群众开展专群结合的设备维护工作，进行自检、互检，开展设备大检查。

（五）设备维护情况的检查评比

设备维护保养的检查评比是在主管厂长的领导下由企业设备动力部门按照整齐、清洁、润滑、安全四项要求和管好、用好、维护好设备的要求，制定具体评分标准，定期组织的检查评比活动。检查结果在厂里公布，并与奖罚挂钩，以推动文明生产和群众性维护保养活动的开展，这是不断提高设备完好率的重要措施。

车间内部主要检查设备操作者的合格使用及日常（周末）维护情况。检查评比以鼓励先进为主，可采取周检月评，即每周检查一次，每月进行评比，由车间负责，对成绩优良的班组和个人予以奖励。

厂内各单位的检查评比，以设备管理、计划检修、合理使用、正确润滑、认真维护等为主要内容，采取季评比、年总结，对成绩突出者，给予奖励。

（1）检查评比活动的方式

1）车间内部的检查评比

由分管设备主任、车间机械员、维修组长、生产组长组成车间检查组，每周对各生产小组、操作工人的设备维护保养工作进行检查评比。

2）全厂性的检查评比

由企业设备负责人和设备动力科长组织有关职能人员和车间机械员对各车间设备管理与维修工作进行检查评比，每月检查评分由设备动力科设备管理组负责，季度或半年的互检评比由各车间机械员等代表参加。

（2）检查工作的主要内容

1）车间内部的检查评比

主要内容是操作工人的日常维护保养。

2）厂内检查评比

①检查车间有关设备管理各项管理工作，包括设备台账、报表、各种维修记录、交接班记录和操作证。

②检查三级保养工作开展情况、各级保养计划的完成情况及保养质量。按"四项要求"抽查部分设备。

③检查设备完好率及完好设备抽查合格率。

④检查设备事故。

（3）评比方法

1）对车间的月度检查评比产生全厂劳动竞赛中的设备评比

2）半年及年末的互检评比产生先进称号

①设备维护先进个人。

②设备维护先进集体（机台或小组）。

③设备维修先进个人。

④设备维修先进小组。

⑤设备工作先进车间。

（4）设备维护先进机台（红旗机台）的评比条件

①产品产量、质量应达到规定指标。

②本设备应全面符合完好设备标准。

③操作工人认真执行日保及一保作业，严格遵守操作规程。

④严格执行设备管理有关制度要求，如对设备的日常检查，清扫擦拭、交接班记录等。

⑤全年无设备事故，设备故障少。

（5）检查评比的奖励

检查评比以鼓励先进为主，推动设备管理工作深入开展。

对单台设备操作工人，主要按"四项要求"和"三好""四会"守则进行评比。对生产班组、机台、个人，可采取周检月评，每周检查一次，每月进行评比，由车间负责对成绩优良的班组和个人给予适当奖励。

开展"红旗设备竞赛"是搞好班组设备维护的一种形式。凡是认真执行设备管理制度，按规定做好日常维护和定期维护，产品质量合格，各种原始记录齐全、可靠并按时填报，检查期内无任何事故，保持设备完好，符合竞赛条件者，可发给流动红旗。由车间采取月评比季总结，并把评红旗设备同奖励挂钩，以利于推动设备维护工作。

对车间的检查评比，由厂检查评比组负责，采取季评比、年总结。对车间在设备管理、使用、维护、计划检修等方面成绩突出的，给予适当奖励，并授予"设备维护先进个人""设备维护先进机台（小组）""设备管理和维修先进车间"等光荣称号。

（六）设备故障与事故管理

1. 设备故障及故障管理

（1）设备故障

设备或系统在使用过程中，因某种原因丧失了规定功能或降低了效能时的状态，称为设备故障。在企业生产活动中，设备是保证生产的重要因素，而设备故障却直接影响产量、质量和企业的经济效益。在目前机床设备的设计、制造质量尚未达到很高水平的情况下，加之管理不善，设备在运转过程中，往往故障频发，造成长时间的停机和修理工作量费用的膨胀，因此加强故障管理愈发成为急待解决的问题。

（2）设备故障管理

设备故障的产生，受多种因素的影响，如设计制造的质量、安装调试水平、使用的环境条件、维护保养、操作人员的素质，以及设备的老化、腐蚀和磨损等。为了减少甚至消灭故障，必须了解、研究故障发生的宏观规律，分析故障形成的微观机理，采取有效的措施和方法控制故障的发生，这就是设备的故障管理。故障管理，特别是对生产效率极高的大型连续自动化设备的故障管理，在管理工作中占有非常重要的地位。

2. 设备故障管理的重要性

高度现代化设备的特点是高速、大型、连续、自动化。面对生产率极高的设备，故障停机会带来很大的损失。在大批量生产的机械流程工厂，如汽车制造厂等，防止故障，减少故障停机，保持生产均衡是非常重要的。它不仅能减少维修工作的人力、物力费用和时间，更重要的是能保持较高的生产率，创造出每小时几万甚至几十万产值的经济效益。

对化工、石油、冶金等流程工业，设备的局部异常会导致整机停转或整个自动生产线停产，甚至由局部的机械、电气故障或泄漏导致重大事故的发生，以至污染环境，破坏生态平衡，造成不可挽回的损失。因此，随着设备现代化水平的提高，加强设备故障管理，防止故障的发生，保持高效的正常运转，有重要的意义。

3. 设备故障全过程管理

目前，大多数设备远未达到无维修设计的程度，因而时有故障发生，维修工作量大。

为了全面掌握设备状态，搞好设备维修，改善设备的可靠性，提高设备利用率，必须对设备的故障实行全过程管理。

设备故障全过程管理的内容包括：故障信息收集、储存、统计、整理，故障分析，故障处理，计划实施，处理效果评价及信息反馈（使用单位内部反馈和制造单位反馈）。

设备故障的全过程管理如图 4-1 所示。

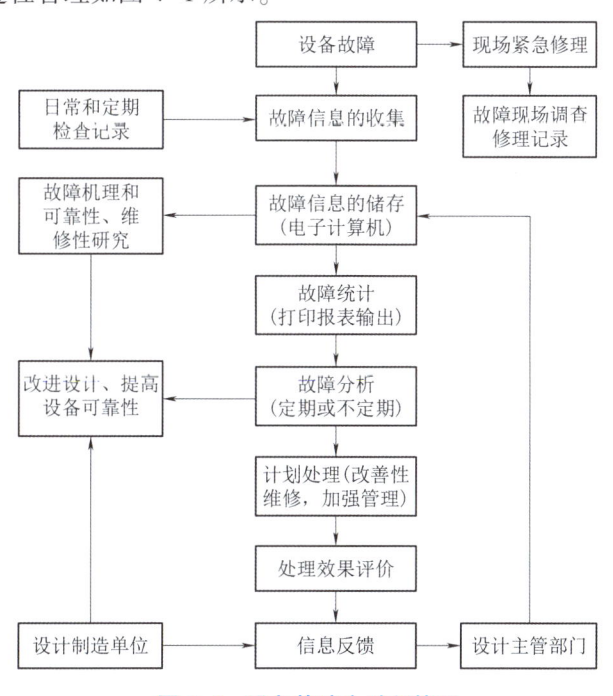

图 4-1 设备故障全过程管理

（1）故障信息的收集

1）收集方式

设备故障信息按规定的表格收集，作为管理部门收集故障信息的原始记录。当生产现场设备出现故障后，由操作工人填写故障信息收集单，交维修组排除故障。有些单位没有故障信息收集单，而用现场维修记录登记故障修理情况。

随着设备现代化程度的提高，对故障信息管理的要求也不断提高，表现在：

①故障停工单据统计的信息量扩大。

②信息准确无误。

③对各参量编号，以适应计算机管理的要求。

④信息要及时地输入和输出，为管理工作服务。

故障信息收集应有专人负责，做到全面、准确，为排除故障和可靠性研究提供可靠的依据。

2）收集故障信息的内容

具体内容包括：

①故障时间信息的收集。这类收集包括统计故障设备开始停机时间、开始修理时间、修理完成时间等。

②故障现象信息的收集。故障现象是故障的外部形态，它与故障的原因有关。因此，当异常现象出现后，应立即停车、观察和记录故障现象，保持或拍摄故障现象，为故障分析提供真实可靠的原始依据。

③故障部位信息的收集。确切掌握设备故障的部位，不仅可为分析和处理故障提供依据，还可直接了解设备各部分的设计、制造、安装质量和使用性能，为改善维修、设备改造、提高设备素质提供依据。

④故障原因信息的收集。产生故障的原因通常有以下几个方面：

a. 设备设计、制造、安装中存在缺陷。

b. 材料选用不当或有缺陷。

c. 使用过程中的磨损、变形、疲劳、振动、腐蚀、变质、堵塞等。

d. 维护、润滑不良，调整不当，操作失误，过载使用，长期失修或修理质量不高等。

e. 环境因素及其他原因。

⑤故障性质信息的收集。通常，有两类不同性质的故障：一种是硬件故障，即因设备本身设计、制造质量或磨损、老化等原因造成的故障；另一种是软件故障，即环境和人员素质等原因造成的故障。

⑥故障处理信息的收集。故障处理通常有紧急修理、计划检修、设备技术改造等方式。故障处理信息的收集，可为评价故障处理的效果和提高设备的可靠性提供依据。

3）故障信息数据的准确性

影响信息收集准确性的主要因素是人员因素和管理因素。操作人员、维修人员、计算机操作人员与故障管理人员的技术水平、业务能力、工作态度等均直接影响故障统计的准确性。在管理方面，故障记录单的完善程度，故障管理工作制度、流程及考核指标的制定，人员的配置，均影响信息管理工作的成效。因此，必须结合企业和人员培训，才能切实提高故障数据收集的准确性。

（2）故障信息的储存

开展设备故障动态管理以后，信息数据统计与分析的工作量与日俱增。全靠人工填写、运算、分析、整理，不仅工作效率很低，而且易出错误。采用计算机储存故障信息，开发设备故障管理系统软件，成为不可缺少的手段。软件系统可以包括设备故障停工修理单据输入模块，随机故障统计分析模块，根据企业生产特点建立的周、月、季度、年度故障统计分析模块，维修人员修理工时定额考核模块等，均是有效的辅助设备管理。

在开发故障管理软件时，还要考虑设备一生管理的大系统，把故障管理看成是设备管理的一个子系统，并与其他子系统保持密切联系。

（3）故障信息的统计

设备故障信息输入计算机后，管理人员可根据工作需要，打印输出各种表格、数据、信息，为分析、处理故障，搞好维修和可靠性、维修性研究提供依据。

（4）故障分析

故障分析是从故障现象入手后，分析各种故障产生的原因和机理，找出故障随时间变化的宏观规律，判断故障对设备的影响。研究偶发故障未知事件的预测、预防，从而控制和消灭故障。

设备的故障是多种多样的，为分析故障产生的原因，首先需要对故障进行分类。

1）故障的分类

①按故障发生状态，可分为突发性故障和渐发性故障。

②按故障发生的原因，可分为设备固有的薄弱性故障、操作维护不良性故障、磨损老化性故障。

③按故障结果，可分为功能性故障和参数性故障。

④按故障的危险程度，可分为安全性故障和危险性故障。

⑤按功能丧失程度，可分为完全性故障和部分性故障。

2）故障模式与故障机理分析

①故障模式指每一种故障的主要特征。生产中常见的故障模式有：振动、变形、腐蚀、疲劳、裂纹、破裂、渗漏、堵塞、发热、烧损、各种绝缘、油质、材质的劣化、噪声、脱落、短路等。

②故障机理指诱发零件、部件、设备发生故障的物理、化学、电学和机械学的过程。

故障的发生受时间、环境条件、设备内部和外部多种因素的影响，有时是一种原因起主导作用，有时是多种因素综合作用的结果。零件、部件、设备发生故障，大多是由于工作条件、环境条件等方面的能量积累超过了它们所能承受的界限。这些工作条件和环境条件称为故障应力。它是广义的，如工作载荷、电压、电流、温度、湿度、灰尘、放射性、操作失误、维修中安装调整的失误、载荷周期长短、时间劣化等，都是诱导故障产生的外因。作为故障体的零件、部件、设备，其强度、特性、功能以及内部应力和缺陷等，在外部应力作用下，对故障的抑制和诱发也起着重要的即内因的作用。

因此，故障应力、故障机理、故障模式是密切相关的，如图4-2所示。同一故障可诱发出两种以上的故障机理，如热应力可使材料力学性能降低，同时使零件表面被腐蚀。

不同故障应力可分别或同时导致不同的故障机理，某一机理又可衍生另一机理，经过一定时间便形成多种故障模式。例如，蠕变破坏可使零件破裂，而疲劳载荷加上热影响也可造

故障应力　　　　故障机理　　　　故障模式

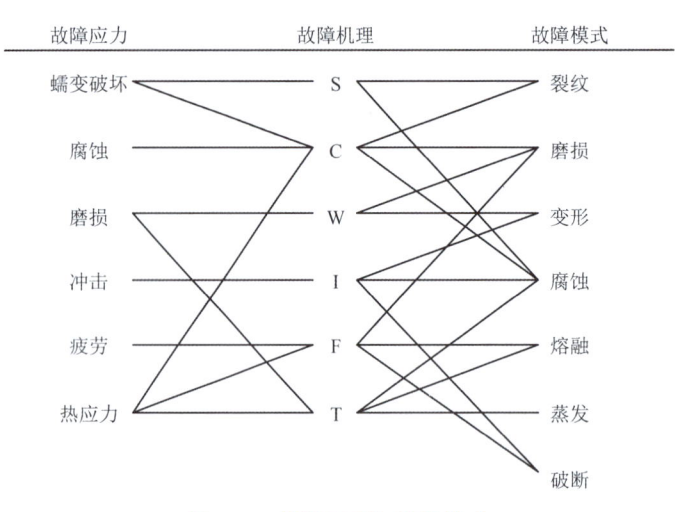

蠕变破坏　　　　　S　　　　　　裂纹

腐蚀　　　　　　　C　　　　　　磨损

磨损　　　　　　　W　　　　　　变形

冲击　　　　　　　I　　　　　　腐蚀

疲劳　　　　　　　F　　　　　　熔融

热应力　　　　　　T　　　　　　蒸发

　　　　　　　　　　　　　　　破断

图 4-2　故障机理与故障模式

成破裂、破断和磨损。磨损引起发热导致零件磨损、变形、腐蚀和熔融等。有时故障模式相同，造成故障的原因和机理却完全不同。因此，在分析研究设备的故障模式和故障机理时，必须综合考虑故障件本身设计制造过程中各种应力的作用，以及使用、维护保养等。

3）故障分析的具体方法

分析故障时，首先由设备管理部门统计员或故障管理员汇总计算机打印的记录故障的各种报表，再会同车间机械员一起分析故障频率、故障强度率，采取直方图、因果图等方法，全面分析故障机理、原因，找出故障规律，提出对策。诸如：

①故障频率和故障强度分析。

②故障部位分析。

③故障原因分析。造成故障的原因是多方面的，只有分析研究每一个具体故障的机理，找出导致故障产生的根本原因，才能判断外部环境对故障的影响，也只有这样，故障宏观规律的研究才有可靠的保证。由此可见，故障微观机理的研究是十分重要的，它是有效排除故障、提高设备素质的基础。查找故障原因时，先按大类划分，再层层细分，直到找出主要原因，采取有效措施加以解决，通常采用故障因果图的方法，如图 4-3 所示。

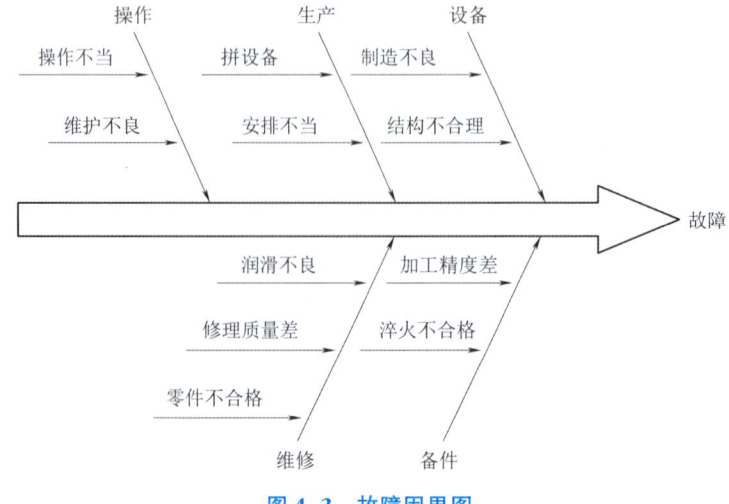

图 4-3　故障因果图

④设备可利用率分析。设备可利用率公式为：

$$A = \frac{MTBF}{MTBF+MTTR+MWT}$$

式中　MTBF——平均故障间隔时间；

MTTR——平均修理时间；

MWT——平均等待时间。

从设备可利用率公式中可以清楚地看到，MTTR 和 MWT 越大，则 A 越小；MTTR 和 MWT 趋于零时，则 A 趋于 1，即设备可利用率趋于 100%。在设备使用中，如果不出故障、不需要修理，则 MTTR 和 MWT 等于零。所以，对设备可利用率的主要影响因素是故障。企业应从统计 MTBF、MTTR 和 MWT 着手，研究故障随时间的变化规律。

⑤故障树分析法的应用。故障树分析法是可靠性预测的一种方法，它在可靠性设计中占有很重要的地位。近年来，一些企业将故障树分析法用于设计和生产现场的管理，取得了较好的效果。

故障树分析（Fault Tree Analysis，FTA）是从上一层次的故障入手，分析下一层次故障对上一层次故障的影响，如分析设备零部件对整个设备产生故障的影响。这种方法不仅可以分析硬件失效，而且可以分析软件、人为因素、环境因素等引起的失效；不仅能分析单一零部件故障引起的设备（系统）故障，而且可以分析由两个以上零部件故障引起的设备故障。采用这种方法对有效防止故障和事故，减少停产损失，提高企业经济效益，有积极的作用。

（5）故障处理

故障处理是在故障分析的基础上，根据故障原因和性质，提出对策，暂时地或较长时间地排除故障。

重复性故障采取项目修理、改装或改造的方法，提高局部（故障部位）的精度，改善整机的性能。对多发性故障的设备，视其故障的严重程度，采取大修、更新或报废的方法；对于设计、制造、安装质量不高，选购不当，先天不足的设备，采取技术改造或更换元器件的方法。因操作失误、维护不良等引起的故障，应由生产车间培训、教育操作工人来解决；因修理质量不高引起的故障，应通过加强维修人员的培训、重新设计或改进维修工夹具，加强维修工的考核等来解决。总之，在故障处理问题上，应从长远考虑，采取有力的技术和管理措施加以根除，使设备经常处于良好状态，更好地为生产服务。

（6）成果评价与信息反馈

对故障管理成果的评价，带有总结性质。由于管理人员认识的局限性、分析问题的主观性、分析故障时缺乏必要手段、素材以及资料不够准确、处理故障时缺乏足够时间等，均会影响故障性质，在短时间内不可能彻底修好，在总结、评定时，应进一步安排计划修理，根除隐患。对已经妥善处理的故障，应填写成果登记表，并将此信息输入计算机，作为故障全过程管理的信息之一加以保存，既可为开展故障诊断和可靠性、维修性研究提供素材，又可为设备选型和购置提供参考资料。

4. 设备事故及其类别

设备故障所造成的停产时间或修理费用达到规定限额者为设备事故。企业对发生的设备事故，必须查清原因，并按照事故性质严肃处理。具体划分标准如下：

设备事故分为一般事故、重大事故和特大事故三类。设备事故的分类标准由国务院工业交通各部门确定。

(1) 一般事故修理费用

一般设备在 500~10 000 元，精、大、稀设备及机械工业关键设备达 1 000~30 000 元者，或造成全厂供电中断 10~30 min 时为一般事故。

(2) 重大事故修理费用

一般设备在 10 000 元以上，精、大、稀设备及机械工业关键设备达 30 000 元以上者，或造成全厂供电中断 30 min 以上者为重大事故。

(3) 特大事故修理费用

一般设备在 50 万元，或造成全厂停产两天以上、车间停产一周以上者为特大事故。

任何一种事故都会给国家与人民的财产、企业的经济效益带来很大损失，严重的设备爆炸事故，有害气体、液体的泄漏事故，还会污染环境、破坏生态平衡和损害人体健康，因此要采取有效措施消除事故隐患，搞好安全生产，搞好设备管理，防止事故的发生。

5. 设备事故的性质

根据事故产生的原因，可将设备事故性质分成以下三种。

(1) 责任事故

由于人为原因造成的事故，称责任事故。如擅离工作岗位、违反操作规程、超负荷运转、维护润滑不良、维修不当、忽视安全措施、加工工艺不合理等造成的事故。

(2) 质量事故

因设备的设计、制造质量不良，修理质量不良和安装调试不当而引起的事故。

(3) 自然事故

因各种自然灾害造成的设备事故。

6. 设备事故的调查分析及处理

(1) 设备事故发生后的工作

立即切断电源，保持现场，逐级上报，及时进行调查、分析和处理。

一般事故发生后，由发生事故单位的负责人，立即组织机械员、工段长、操作人员在设备动力科有关人员参加下进行调查、分析。重大事故发生后，应由企业主管负责人组织有关科室（如技安科、设备动力科、保卫科等）和发生事故单位的负责人，共同调查分析，找出事故原因，制定措施，组织力量，进行抢修。尽快恢复生产，尽量降低由设备事故造成的停产损失。

(2) 事故调查分析

调查是分析事故原因和妥善处理事故的基础，这项工作必须注意以下几点：

①事故发生后，任何人不得改变现场状况。保持原状是查找分析事故原因的主要线索。

②迅速进行调查。包括仔细查看现场、事故部位、周围环境，向有关人员及现场目睹者询问事故发生前后的情况和过程，必要时可拍照。调查工作开展越早越仔细，对分析原因和处理越有利。

③分析事故切忌主观，要根据事故现场实际调查，理化实验数据，定量计算与定性分析，判断事故原因。

(3) 设备事故的处理

事故处理要遵循"三不放过"原则：①事故原因分析不清，不放过；②事故责任者与群众未受到教育，不放过；③没有防范措施，不放过。总之，企业生产中发生事故是一件坏事，必须认真查出原因，妥善处理，使责任者及群众受到教育，制定有效措施防止类似事故重演，绝不可掉以轻心。

在查清事故原因、分清责任后，对事故责任者视其情节轻重、责任大小和认错态度，分别给予批评教育、行政处分或经济处罚；触犯法律者要依法制裁；对事故隐瞒的单位和个人，应加重处罚，并追究领导责任。

（4）设备事故损失的计算

1）停产时间及损失费用的计算

停产时间：从发生事故停工开始，到设备修复后投入使用为止的时间。

停产损失费用：停产损失（元）= 停机小时数×每小时生产成本费用。

2）修理时间和修理费用的计算

修理时间：从开始修理发生事故的设备，到全部修好交付使用为止的时间。

修理费用：修理费（元）= 材料费（元）+工时费（元）。

3）事故损失费的计算

事故损失费（元）= 停产损失费（元）+修理费（元）。

（5）设备事故的报告及原始资料

1）设备事故报告

发生设备事故的单位应在三日内认真填写事故报告单，报送设备管理部门。一般事故报告单应由企业设备管理部门签署处理意见。重大和特大事故报告单应由企业主管领导批示；特大事故应报告上级主管部门及国务院下属各大部，听候处理指示。

设备事故处理和修复后，应按规定填写修理记录，计算事故损失费用，报送设备管理部门，设备管理部门每季度应统计上报设备事故及处理情况。

2）设备事故原始记录及存档

设备事故报告表应记录的内容：

①设备名称、型号、编号、规格等。

②发生事故的时间、详细经过、事故性质、责任者。

③设备损坏情况，重大、特大事故应有照片，以及损坏部位、原因分析。

④发生事故前后，设备主要精度和性能的测试记录、修理情况。

⑤事故处理结果及今后的防范措施。

⑥重大、特大事故应有事故损失的计算。

设备事故的所有原始记录和有关资料，均应存入设备档案。

学习单元四　设备资产管理

设备资产是企业固定资产的重要组成部分，是进行生产的技术物质基础。本书所述设备资产管理，是指企业设备管理部门对属于固定资产的机械、动力设备进行的资产管理。要做好设备资产管理工作，设备管理部门、使用单位和财会部门必须同心协力、互相配合。设备管理部门负责设备资产的验收、编号、维修、改造、移装、调拨、出租、清查盘点、报废、清理、更新等管理工作；使用单位负责设备资产的正确使用、妥善保管和精心维护，并对其保持完好和有效利用直接负责；财会部门负责组织制定固定资产管理责任制度和相应的凭证审查手续，并协助各部门、各单位做好固定资产的核算及评估工作。

设备资产管理的主要内容包括生产设备的分类与资产编号、重点设备的划分与管理、设备资产管理基础资料的管理、设备资产变动的管理、设备的库存管理、设备资产的评估。

（一）固定资产

企业的固定资产是企业资产的主要构成项目，是企业固定资金的实物形态。企业的固定资产在企业的总资产中占有较大的比重，在企业生产经营活动中起着举足轻重的作用，作为改变劳动对象的直接承担者——设备，又占固定资产较大的比重，设备是固定资产的重要组成部分。因此，在研究设备管理之前，首先要了解固定资产。

1. 固定资产的特点

作为企业主要劳动资料的固定资产，主要有以下三个特点。

①使用期限较长，一般超过一年。固定资产能多次参加生产过程而不改变其实物形态，其减少的价值随着固定资产的磨损逐渐地、部分地以折旧形式计入产品成本，并随着产品价值的实现而转化为货币资金，脱离其实物形态。随着企业再生产过程的不断进行，留存在实物形态上的价值不断减少，而转化为货币形式的价值部分不断增加，直到固定资产报废时，再重新购置，在实物形态上进行更新。这一过程往往持续很长时间。

②固定资产的使用寿命需合理估计。由于固定资产的价值较高，它的价值又是分次转移的，所以应估计固定资产的使用寿命，并据以确定分次转移的价值。

③企业供生产经营使用的固定资产，以经营使用为目的，而不是为了销售。例如一个机械制造企业，其生产零部件的机器是固定资产，生产完工的机器（是准备销售的机器）则是流动资产中的产成品。

2. 固定资产应具备的条件

供企业长期使用，多次参加生产过程，价值分次转移到产品中去，并且实物形态长期不变的实物，并不都属于固定资产，满足下列条件的可称为固定资产。

①使用期限超过一年的房屋及建筑物、机器、机械、运输工具以及其他与生产经营有关的设备、器具及工具等。

②与生产经营无关的主要设备，但单位价值大于 2 000 元以上，并且使用期限超过两年的物品。

从以上条件可以看出，对与生产经营有关的固定资产，只规定使用时间一个条件，而对与生产经营无关的主要设备，同时规定了使用时间和单位价值标准两个条件。凡不具备固定资产条件的劳动资料，均列为低值易耗品。有些劳动资料具备固定资产的两个条件，但由于更换频繁、性能不够稳定、变动性大、容易损坏或者使用期限不固定等原因，也可不列作固定资产。固定资产与低值易耗品的具体划分，应由行业主管部门组织同类企业制定固定资产目录来确定。列入低值易耗品管理的简易设备，如砂轮机、台钻、手动压床等，设备维修管理部门也应建账管理和维修。

3. 固定资产的分类

为了加强固定资产的管理，根据财会部门的规定，对固定资产按不同的标准做如下分类：

①按经济用途分类，有生产经营用固定资产和非生产经营用固定资产。生产经营用固定资产是指直接参加或服务于生产方面的在用固定资产；非生产经营用固定资产是指不直接参加或服务于生产过程，而在企业非生产领域内使用的固定资产。

②按所有权分类，有自有固定资产和租入固定资产。在自有固定资产中又有自用固定资产和租出固定资产两类。

③按使用情况分类，有使用中的、未使用的、不需要用的、封存的和租出的固定资产。

④按所属关系分类，有国家固定资产、企业固定资产、租入固定资产和工厂所属集体所有制单位的固定资产。

⑤按性能分类，有房屋、建筑物、动力设备、传导设备、工作机器及设备、工具、仪器、生产用具、运输设备、管理用具、其他固定资产。

4. 固定资产的计价

固定资产的核算，既要按实物数量进行计算和反映，又要按其货币计量单位进行计算和反映。以货币为计算单位来计算固定资产的价值，称为固定资产的计价。按照固定资产的计价原则，对固定资产进行正确的货币计价，是做好固定资产的综合核算，真实反映企业财产和正确计提固定资产折旧的重要依据。在固定资产核算中常计算以下几种价值。

（1）固定资产原始价值

原始价值是指企业在建造、购置、安装、改建、扩建、技术改造某项固定资产时所支出的全部货币总额，它一般包括买价、包装费、运杂费和安装费等。企业由于固定资产的来源不同，其原始价值的确定方法也不完全相同。从取得固定资产的方式来看，有调入、购入、接受捐赠、融资租入等多种方式。下面分几种情况进行说明。

1）购入固定资产的计价

购入是取得固定资产的一种方式。购入的固定资产同样也要遵循历史成本原则，按实际成本入账，即按照实际所支付的购价、运费、装卸费、安装费、保险费、包装费等，记入固定资产的原值。

2）借款购建固定资产的计价

这种情况下的固定资产计价有利息费用的问题。为购建固定资产的借款利息支出和有关费用，以及外币借款的折算差额，在固定资产尚未办理竣工决算之前发生的，应当计入固定资产价值，在这之后发生的，应当计入当期损益。

3）接受捐赠的固定资产的计价

这种情况下，所取得的固定资产应按照同类资产的市场价格和新旧程度估价入账，即采用重置价值标准，或者根据捐赠者提供的有关凭据确定固定资产的价值。接受捐赠固定资产时发生的各项费用，应当计入固定资产价值。

4）融资租入的固定资产的计价

融资租赁有一个特点，就是在一般情况下，租赁期满后，设备的产权要转移给承租方，租赁期较长。租赁费中包括了设备的价款、手续费、价款利息等。为此，融资租入的固定资产按租赁协议确定的设备价款、运输费、途中保险费、安装调试费等支出计账。

（2）固定资产重置完全价值

重置完全价值是企业在目前生产条件和价格水平条件下，重新购建固定资产时所需的全部支出。企业在接受固定资产馈赠或固定资产盘盈时无法确定原值，这时就可以采用重置完全价值计价。

（3）净值

净值又称折余价值，是固定资产原值减去其累计折旧的差额。它是反映继续使用中固定资产尚未折旧部分的价值。通过净值与原值的对比，可以大致地了解固定资产的平均新旧程度。

（4）增值

增值是指在原有固定资产的基础上进行改建、扩建或技术改造后增加的固定资产价值。增值额为由于改建、扩建或技术改造而支付的费用减去过程中发生的变价收入。固定资产大修理工程不增加固定资产的价值，但如果与大修理同时进行技术改造，则进行技术改造的投资部分，应当计入固定资产的增值。

（5）残值与净残值

残值是指固定资产报废时的残余价值，即报废资产拆除后留余的材料、零部件或残体的价值，净残值则为残值减去清理费用后的余额。

5. 固定资产折旧

在固定资产的再生产过程中，同时存在两种形式的运动：一是物质运动，它经历着磨损、修理改造和实物更新的连续过程；二是价值运动，它依次经过价值损耗、价值转移和价值补偿的运动过程。固定资产在使用中因磨损而造成的价值损耗，随着生产的进行逐渐转移到产品成本中去，形成价值的转移；转移的价值通过产品的销售，从销售收入中得到价值补偿。因此，固定资产的两种形式的运动是相互依存的。

固定资产折旧，是指固定资产在使用过程中，通过逐渐损耗而转移到产品成本或商品流通费中的那部分价值，其目的在于将固定资产的取得成本按合理而系统的方式，在它的估计有效使用期间内进行摊配。应当指出，固定资产的损耗分为有形和无形两种，有形损耗是固定资产在生产中使用和在自然力的影响下发生的在使用价值和价值上的损失；无形损耗则是指由于技术的不断进步，高效能的生产工具的出现和推广，从而使原有生产工具的效能相对降低而引起的损失，或者由于某种新的生产工具的出现，劳动生产率提高，社会平均必要劳动量的相对降低，从而使这种新的生产工具发生贬值。因此，在固定资产折旧中，不仅要考虑它的有形损耗，而且要适当考虑它的无形损耗。

（1）计算提取折旧的意义

合理地计算提取折旧，对企业和国家具有以下作用和意义：

①折旧是为了补偿固定资产的价值损耗，折旧资金为固定资产的适时更新和加速企业的技术改造、促进技术进步提供资金保证。

②折旧费是产品成本的组成部分，正确计算提取折旧才能真实反映产品成本和企业利润，有利于正确评价企业经营成果。

③折旧是社会补偿基金的组成部分，正确计算折旧可为社会总产品中合理划分补偿基金和国民收入提供依据，有利于安排国民收入中积累和消费的比例关系，搞好国民经济计划和综合平衡。

（2）确定设备折旧年限的一般原则

各类固定资产的折旧年限要与其预定的平均使用年限相一致。确定平均使用年限时，应考虑有形损耗和无形损耗两方面因素。

确定设备折旧年限的一般原则如下：

①统计计算历年来报废的各类设备的平均使用年限，分析其发展趋势，并以此作为确定设备折旧年限的参考依据之一。

②设备制造业采用新技术进行产品换型的周期，也是确定折旧年限的重要参考依据之一，它决定老产品的淘汰和加速设备技术更新。目前，工业发达国家产品换型周期短，大修设备不如更新设备经济，因此设备折旧年限短，一般为 8~12 年，过去我国长期按 25~30 年计算折旧，不能适应设备更新和企业技术改造的需要，故近年来逐步向 15~20 年过渡，随着工业技术的发展，将会进一步缩短设备的折旧年限。

③对于精密、大型、重型稀有设备，由于其价值高而一般利用率较低，且维护保养较好，故折旧年限应大于一般通用设备。

④对于铸造、锻造及热加工设备，由于其工作条件差，故其折旧年限应比冷加工设备短些。

⑤对于产品更新换代较快的专用机床，其折旧年限要短，应与产品换型相适应。

⑥设备生产负荷的高低、工作环境条件的好坏，也影响设备使用年限。实行单项折旧时，应考虑这一因素，设备折旧年限实际上就是设备投资计划回收期，过长则投资回收慢，会影响设备正常更新和改造的进程，不利于企业技术进步；过短则会使产品成本提高，利润降低，不利于市场销售。因此，财政部有权根据生产发展和适应技术进步的需要，修订固定资产的分类折旧年限和批准少数特定企业的某些设备缩短折旧年限。

(3) 折旧的计算方法

根据折旧的依据不同，折旧费可以分为按效用计算或按时间计算两种。按效用计算折旧就是根据设备实际工作量或生产量计算折旧，这样计算出来的折旧比较接近设备的实际有形损耗。按时间计算折旧就是根据设备实际工作的日历时间计算折旧，这样计算折旧较简便。对某些价值大而开动时间不稳定的大型设备，可按工作天数或工作小时数来计算折旧，每工作单位时间（小时、天）提取相同的折旧费；对某些能以工作量（如生产产品的数量）直接反映其磨损的设备，可按工作量提取折旧，如汽车可按行驶里程来计算折旧。从计算提取折旧的具体方法上看，我国现行主要采用平均年限法和工作量法。

工业发达国家的企业为了较快地收回投资、减少风险，以利于及时采用先进的技术装备，普遍采用加速折旧法。下面对上述几种计算折旧的方法加以介绍。

1) 平均年限法

平均年限法又称直线法，即在设备折旧年限内，按年或按月平均计算折旧。固定资产的折旧额和折旧率的计算公式如下：

$$A_\text{年} = \frac{K_0(1-\beta)}{T} \tag{4-1}$$

式中　$A_\text{年}$——各类固定资产的年折旧额；

　　　K_0——各类固定资产原值；

　　　β——各类固定资产净残值占原值的比率（取 3%~5%）；

　　　T——各类固定资产的折旧年限。

$$\alpha_\text{年} = \frac{A_\text{年}}{K_0} \times 100\% \tag{4-2}$$

式中　$\alpha_{年}$——各类固定资产的年折旧率。

$$A_{月} = \frac{A_{年}}{12} \quad (4-3)$$

式中　$A_{月}$——各类固定资产的月折旧额。

$$\alpha_{月} = \frac{\alpha_{年}}{12} \quad (4-4)$$

式中　$\alpha_{月}$——各类固定资产的月折旧率。

2）工作量法

对某些价值很高而又不经常使用的大型设备，采取工作时间（或工作台班）计算折旧；汽车等运输设备采取按行驶里程计算，这种计算方法称为工作量法。

① 按工作时间计算折旧。

$$A_{时} = \frac{K_0(1-\beta)}{T_{时}} \quad 或 \quad A_{班} = \frac{K_0(1-\beta)}{T_{班}} \quad (4-5)$$

式中　$A_{时}$，$A_{班}$——单位小时及工作台班折旧额；

　　　$T_{时}$，$T_{班}$——在折旧年限内该项固定资产总工作小时及总工作台班定额；

　　　K_0，β——同式（4-1）。

② 按行驶里程计算折旧。

$$A_{km} = \frac{K_0(1-\beta)}{L_{km}} \quad (4-6)$$

式中　A_{km}——某车型每行驶 1 km 的折旧额；

　　　L_{km}——某车辆总行驶里程定额；

　　　K_0，β——同式（4-1）。

3）加速折旧法

加速折旧法是一种加快回收设备投资的方法，即在折旧年限内，对折旧总额的分配不是按年平均，而是先多后少逐年递减。常用的有以下几种：

① 年限总额法将折旧总额乘以年限递减系数来计算折旧，见式（4-7）：

$$A_i = \frac{T+1-t_i}{\sum_{i=1}^{T} t_i} K_0(1-\beta) \quad (4-7)$$

$$= \frac{T+1-t_i}{1/[2T(T+1)]} K_0(1-\beta)$$

式中　A_i——在折旧年限内第 i 年的折旧额；

　　　t_i——折旧年限内的第 i 年度；

　　　T，K_0，β——同式（4-1）；

　　　$\dfrac{T+1-t_i}{1/[2T(T+1)]}$——年限递减系数。

② 余额递减法。余额是指计提折旧时尚待折旧的设备净值，以其作为该项设备折旧的基数，折旧率固定不变，因此设备折旧额是逐年递减的，计算式如下：

$$A_i = \alpha Z_i \quad (4-8)$$

式中　A_i——同式（4-7）；
　　　Z_i——第 i 年提取折旧时的设备净值；
　　　α——固定折旧率。

（4）计提折旧的方式

我国企业计提折旧有以下三种方式。

1）单项折旧

即按每项固定资产的预定折旧年限或工作量定额分别计提折旧，适用于按工作量法计提折旧的设备和当固定资产调拨、调动和报废时分项计算已提折旧的情况。

2）分类折旧

即按分类折旧年限的不同，将固定资产进行归类，计提折旧。这是我国目前要求实施的折旧方式。

3）综合折旧

即按企业全部固定资产综合折算的折旧率计提总折旧额。这种方式计算简便，其缺点是不能根据固定资产的性质、结构和使用年限采用不同的折旧方式和折旧率。过去我国大部分企业采用此方法计提折旧。

（二）设备的分类

准确地统计企业设备数量并进行科学的分类，是掌握固定资产构成、分析工厂生产能力、明确职责分工、编制设备维修计划、进行维修记录和技术数据统计分析、开展维修经济活动分析的一项基础工作。设备分类的方法很多，可以根据不同需要从不同角度来划分。下面介绍几种主要分类方法。

1. 按编号要求分类

工业企业使用的设备品种繁多，为便于固定资产管理、生产计划管理和设备维修管理，设备管理部门对所有生产设备必须按规定的分类进行资产编号，它是设备基础管理工作的一项重要内容。

（1）图号、型号、出厂号与资产编号的区别

对同一台设备来说，有图号、型号、出厂号和资产编号之分，它们有不同的含义和用途。图号是指对设备进行设计时，其制造用图样的编号，用以区别其他设备的设计图样。对专用设备及其他非标准设备，其图号还起到代替型号的作用。设备管理部门可以利用设备图样编制设备的备件图册。例如，S-1001 图号表示沈阳第一机床厂设计制造的第一种专用车床的设计图样的编号，也是其专用型号。

型号是设备产品的代号，一般用以区别不同设备的结构特性和型式规格。企业在设备选型订货及技术管理工作中，型号是大家公认的、最常用的一种称谓。例如，型号 MG1432，即最大磨削直径 320 mm 的高精度万能外圆磨床。

出厂号是设备产品检验合格后，在产品标牌上标明的该设备的出厂顺序号，有的也称作制造厂编号，用以区别于其他出厂产品。当购方需要与制造厂联系处理所购设备的有关问题时，必须说明订货合同号、设备型号与出厂号。

资产编号用来区别设备资产中某一设备与其他设备，故每台设备均应有自己的编号。

新设备安装调试合格验收后，由设备部门给予编号，并填入移交验收单中。使用单位的

财会部门和设备管理维修部门据此建立账卡，纳入正常管理。

（2）设备分类

对设备进行分类编号的目的，一是可以直接从编号了解设备的属性类别；二是便于对设备数量进行分类统计，掌握设备构成情况。为了达到这一目的，国家有关部门针对不同的行业对不同设备进行了统一的分类和编号。机械工业企业可参阅 1965 年原第一机械工业部颁发的《设备统一分类及编号目录》及后来的修改补充规定。《设备统一分类及编号目录》将机械设备和动力设备分为若干大类别，每一大类别又分为若干分类别，每一分类别又分为若干组别，并分别用数字代号表示。

（3）设备编号

属于固定资产的设备，其编号由两段数字组成，两段之间为一横线，表示方法如图 4-4 所示。例如，顺序号为 20 的立式车床，从《设备统一分类及编号目录》中查出，大类别号为 0，分类别号为 1，组类别号为 5，其编号为 015-020；按同样方法，顺序号为 15 的点焊机，其编号为 753-015。对列入低值易耗品的简易设备，亦按上述方法编号，但在编号前加"J"字，如砂轮机编号 J033-005，小台钻编号 J020-010 等。对于成套设备中的附属设备，如由于管理的需要予以编号时，可在设备的分类编号前标以"F"。

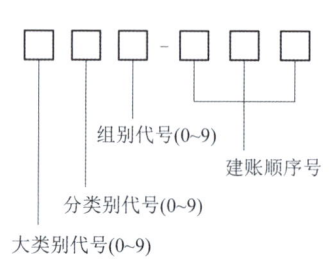

图 4-4　设备编号方法

2. 按设备维修管理要求分类

为了分析企业拥有的设备的技术性能和在生产中的地位，明确企业设备管理工作的重点，使设备管理工作能抓住重点、统筹兼顾，以提高工作效率，可按不同的标准从全部设备中划分出主要设备、大型精密设备、重点设备等作为设备维修和管理工作的重点。

（1）主要设备

根据国家统计局现行规定，凡复杂系数在 5 个以上的设备称为主要设备，该设备将作为设备管理工作的重点。例如，设备管理的某些主要指标如完好率、故障率、设备建档率等，均只考核主要设备。应该说明的是，企业在划分主要设备时，还要考虑本企业的生产性质，不能完全以 5 个复杂系数为标准。

（2）大型、精密设备

机器制造企业将对产品的生产和质量有决定性影响的大型、精密设备列为关键设备。

大型设备包括卧式、立式车床，加工件在 $\phi1\,000$ mm 以上的卧式车床、刨削宽度在 1 000 mm 以上的单臂刨床、龙门刨床等以及单台设备在 10 吨以上的大型稀有机床。

精密设备指具有极精密机床元件（如主轴、丝杠），能加工高精度、小表面粗糙度值产品的机床，如坐标镗床、光学曲线磨床、螺纹磨床、丝杠磨床、齿轮磨床，加工误差 $\leq$ 0.002 mm/1 000 mm、圆度 $\leq$ 0.001 mm 的车床，加工误差 $\leq$ 0.001 mm/1 000 m、圆度 $\leq$ 0.000 5 mm 及表面粗糙度 Ra 值在 0.02~0.04 mm 以下的外圆磨床等。

（3）重点设备

确定大型、精密设备时，不能只考虑设备的规格、精度、价格、质量等固有条件而忽视了设备在生产中的作用。各企业应根据本单位的生产性质、质量要求、生产条件等，评选出对产品产量、质量、成本、交货期、安全和环境污染等影响大的设备，划分出重点设备，作为维修和管理工作的重点。列为精密、大型的设备，一般都可列入重点设备。

重点设备选定的依据，主要是生产设备发生故障后和修理停机时对生产、质量、成本、安全、交货期等诸方面影响的程度与造成生产损失的大小。具体依据如表 4-1 所示。

表 4-1 重点设备的选定依据

影响关系	选定依据	影响关系	选定依据
生产方面	①关键工序的单一关键设备； ②负荷高的生产专用设备； ③出故障后影响生产面大的设备； ④故障频繁经常影响生产的设备； ⑤负荷高并对均衡生产影响大的设备	成本方面	①台时价值高的设备； ②消耗动力能源大的设备； ③修理停机对产量产值影响大的设备
		安全方面	①出现故障或损坏后严重影响人身安全的设备； ②对环境保护及作业有严重影响的设备
质量方面	①精加工关键设备； ②质量关键工序无代用的设备； ③设备因素影响工序能力指数 CP 值不稳定及很低的设备	维修性方面	①设备修理复杂程度高的设备； ②备件供应困难的设备； ③易出故障，出故障不好修的设备

（三）资产的变动管理

资产的变动管理是指由于设备安装验收和移交生产、闲置封存、移装调拨、借用租赁、报废处理等情况引起设备资产的变动，需要处理和掌握而进行的管理。

1. 设备的安装验收和移交生产

设备安装验收与移交生产是设备构成期与使用期的过渡阶段，是设备全过程管理的一个关键环节，其工作程序见图 4-5。设备安装调试后，经鉴定各项指标达到技术要求后，要办理设备移交手续，填写设备移交验收单，见表 4-2。

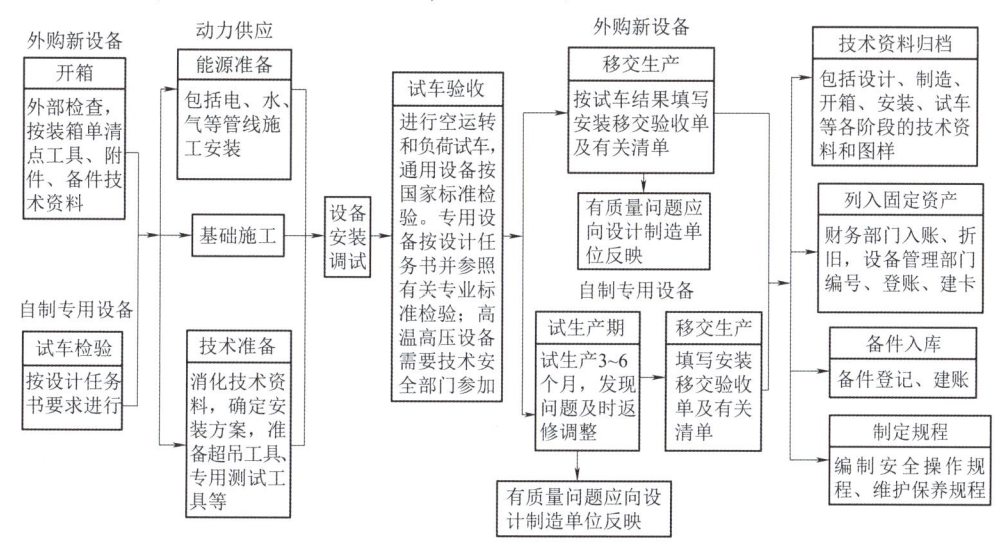

图 4-5 设备安装验收和移交程序图

表 4-2　设备安装移交验收单　　　　　年　月　日　编号：

代码			资产编号		出厂年月			
名称					重量			
型号					购置合同号			
规格					使用单位			
制造厂及国别					资金来源		耐用年限	年
出厂编号					经济寿命		折旧率	%
序号	设备价值			序号	技术资料名称		张/份	备注
1	出厂价值		元	1	说明书			
2	运输费		元	2	出厂合格证			
3	安装费		元	3	制造设计任务书			
4				4				
5				5				
6	总金额		元	6				
附属设备								
序号	名称	型号、规格	数量/单位	序号	名称	型号、规格	数量/单位	
签写验收记录								
交接单位	计划部门		移交部门	设备主管部门		使用部门	技术安全部门	
经办人								
主管								
备注								

注：1. 本表一式三份，移交部门、设备主管部门、使用部门各一份，并存入设备档案。
　　2. 本移交验收单应附下列文件：设备精度检验记录单、设备运转试验记录单、设备切削性能试验单、设备附件工具明细表、随机备件入库单。

2. 闲置设备的封存与处理

闲置设备是指过去已安装验收、投产使用而目前生产和工艺上暂时不需用的设备。它在一定时期内不仅不能为企业创造价值，而且占用生产场地，占用固定资金，消耗维护费用，成为保管单位的负担。因此，企业要设法把闲置设备及早利用起来，确实不需用的要及时处理给需要用的单位。工厂设备连续停用三个月以上可进行封存。封存分原地封存和退库封存，一般以原地封存为主。对于封存的设备要挂牌，牌上注明封存日期。设备的封存与启用，均需由使用部门向企业设备主管部门提出申请，填写封存申请单，见表 4-3，经批准后生效。

表 4-3　设备封存申请单

设备编号			设备名称		型号规格		
用途	专用　通用		上次修理类别及日期		封存地点		
封存开始日期			年　月　日		预计启封日期		年　月　日
申请封存理由							
技术状态							
随机附件							
	财会部门签收		主管厂长或总工程师批示		设备动力部门意见		生产计划部门意见
封存审批							
启封审批							
启用日期及理由：							
使用、申请单位		主管		经办人			年　月　日
注：此表一式五份，使用和申请单位、生产计划部门、技术发展部门、设备动力部门、财会部门各一份。							

封存一年以上的设备，应做闲置设备处理。工厂闲置设备分为可供外调与留用两种，由企业设备管理部门定期向上级主管机关报闲置设备明细表（见表4-4）。设备封存后，必须做好设备防尘、防锈、防潮工作。封存时应切断电源，放净冷却水，并做好清洁保养工作；其零部件与附件均不得移作他用，以保证设备的完整；严禁露天存放。

表 4-4　闲置设备明细表

填报单位　　　　　　　　　　　　　　　　　　　　　　　　　　　　　　　年　月　日

序号	资产编号	设备名称	型号	规格	制造国及厂名	出厂年月	使用车间	原值/元	净值/元	技术状况	处理意见	备注
分管厂长		财会部门			设备动力部门			技术发展部门			填报人	
注：此表一式四份，报上级主管部门一份，技术发展部门、设备动力部门和财会部门各一份。												

3. 设备的移装和调拨

设备调拨是指企业相互间的设备调入与调出。双方应按设备分级管理的规定办理申请调拨审批手续，只有在收到主管部门发出的设备调拨通知单后，方可办理交接。设备资产的调拨有无偿调拨（目前随着市场经济体制的逐步完善，无偿调拨正在减少并趋向消亡）与有偿调拨之分。上级主管部门确定为无偿调拨时，调出单位应填明调拨设备的资产原值和已提折旧，双方办理转账和卡片转移手续；确定为有偿调拨时，通过双方协商，经过资产评估合理作价，收款后办理设备出厂手续，调出方注销资产卡片。调拨设备的同时，所有附件、专用备件、图册及档案资料等，应一并移交调入单位，调入单位应按价付款。凡设备调往外地时,设备的拆卸、油封、包装托运等,一般由调出企业负责,其费用由调入企业支付。

设备的移装是指设备在工厂内部的调动或安装位置的移动。凡已安装并列入固定资产的设备,车间不得擅自移动和调动,必须有工艺部门、原使用单位、调入单位及设备管理部门会签的设备移装调动审定单(见表4-5)和平面布置图,并经分管厂长批准后方可实施。设备动力部门每季初编制设备变动情况报告表(见表4-6),分送财会部门和上级主管部门,作为资产卡片和账目调整的依据。

表 4-5 设备移装调动审定单

年　月　日　　　　　　　　　　　　　　　编号

设备编号		设备名称		原安装地点	车间	班组
设备型号		规格		移装后地点	车间	班组
移装调动原因						
移装后平面布置及有关尺寸简图						
分管厂长审批	设备动力部门意见	生产计划部门意见	技术部门意见	移入单位经办人主管		原在单位经办人主管

注:此表一式四份,原在单位、移入单位、技术部门及设备动力部门各一份。

表 4-6 设备变动情况报告表

填报单位:　　　　　　　　　　　　　　　　　　　　　　　季后三日内报

序号	设备编号	设备名称	型号、规格	变动类别				凭证号	变动月日	原在单位	调入单位	备注
				移装	调拨	新增	报废					

设备动力部门负责人　　　　　　制表　　　　　年　月　日

4. 设备报废

设备由于严重的有形或无形损耗,不能继续使用而退役,称为设备报废。设备报废关系到国家和企业固定资产的利用,必须尽量做好"挖潜、革新、改造"工作。在设备确实不能利用且具有下列条件之一时，企业方可申请报废。

①已超过规定使用年限的老旧设备，主要结构和零部件已严重磨损，设备效能达不到工艺最低要求，无法修复或无修复改造价值。

②因意外灾害或重大事故受到严重损坏的设备，无法修复使用。

③严重影响环境，继续使用将会污染环境，引发人身安全与危害健康，进行修复改造不经济。

④因产品换型、工艺变更而淘汰的专用设备，不宜修改利用。

⑤技术改造和更新替换出的旧设备不能利用或调出。

⑥按国家能源政策规定应予淘汰的高耗能设备。

设备的报废需按一定的审批程序，具体如图4-6所示。报废后的设备，可根据具体情况做如下处理：

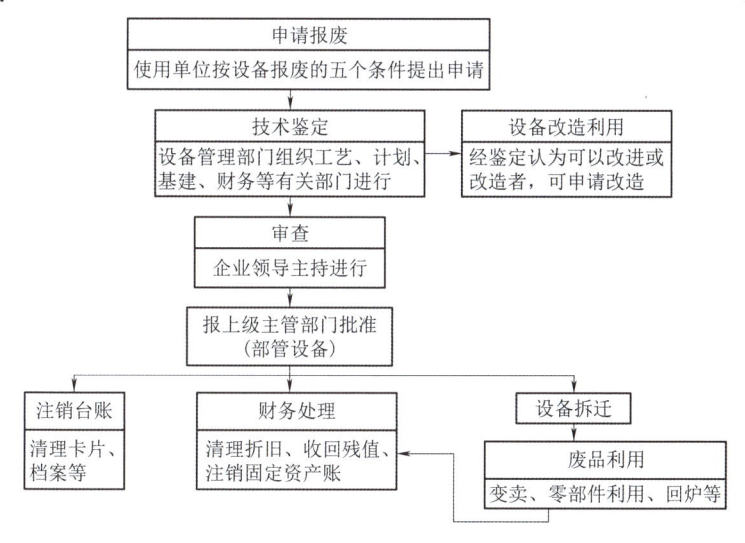

图4-6 设备报废程序图

①作价转让给能利用的单位。

②将可利用的零件拆除留用，不能利用的作为原材料或废料处理。

③按政策规定淘汰的设备不得转让，按第②条处理。

④处理回收的残值应列入企业更新改造资金，不得挪作他用。

（四）设备资产管理的基础资料

设备资产管理的基础资料包括设备资产卡片、设备编号台账、设备清点登记表、设备档案等。企业的设备管理部门和财会部门均应根据自身管理工作的需要，建立和完善必要的基础资料，并做好资产的变动管理。

1. 设备资产卡片

设备资产卡片是设备资产的凭证，在设备验收移交生产时，设备管理部门和财会部门均应建立单台设备的固定资产卡片，登记设备的资产编号、固有技术经济参数及变动记录，并按使用保管单位的顺序建卡片册。随着设备的调动、调拨、新增和报废，卡片位置可以在卡片册内调整补充或抽出注销。设备卡片如表4-7和表4-8所示。

表 4-7 设备卡片（正面）　　　　　　　　　表 4-8 设备卡片（背面）

年　月　日（正面）　　　　　　　　　　　　　　　　　　　　（背面）

轮廓尺寸：长　宽　高			质量/t	
国别：	制造厂：		出厂编号：	
主要规格			出厂年月	
			投产年月	
附属装置	名称	型号、规格	数量	
				分类折旧年限
				修理复杂系数
				机　电　热
资产原值	资金来源	资产所有权	报废时净值	
资产编号	设备名称	型号	精、大、稀、关键分类	

	用途	名称	型式	功率/kW	转速/(r·min^{-1})	备注
电动机						
变动记录						
年月	调入单位		调出单位		已提折旧	备注

2. 设备台账

设备台账是掌握企业设备资产状况，反映企业各种类型设备的拥有量、设备分布及其变动情况的主要依据。它一般有两种编排形式：一种是设备分类编号台账，它以《设备统一分类及编号目录》为依据，按类组代号分页，按资产编号顺序排列，便于新增设备的资产编号和分类分型号统计；另一种是按车间、班组顺序排列编制使用单位的设备台账，这种形式便于生产维修计划管理及年终设备资产清点。以上两种台账汇总，构成企业设备总台账。两种台账可以采用同一表格式样，如表 4-9 所示。对精、大、重、稀设备及机械工业关键设备，应另行分别编制台账。企业于每年年末由财会部门、设备管理部门和使用保管单位组成设备清点小组，对设备资产进行一次现场清点，要求做到账物相符；对实物与台账不符的，应查明原因，提出盈亏报告，进行财务处理。清点后填写设备清点登记表，如表 4-10 所示。

表 4-9 设备台账

单位：　　　　　　　　　　　　　　　　　　　　　　　　　　　　　　　设备类型

序号	资产编号	设备名称	型号规格	精、大、稀、关键	复杂系数			配套电动机		总质量/t 制造厂（国）轮廓尺寸	制造年月出厂编号	验收年月进厂年月投产年月	安装地点	分类折旧年限	设备原值/元	进口设备合同号	随机附件数	备注
					机	电	热	台	kW									

表 4-10 设备清点登记表

单位： 　　　　　　　　　　　　　　　　　　　　　　　　　　　　　　　年　月　日

序号	资产编号	设备名称	型号规格	配套电动机		制造厂(国) 出厂编号	安装地点	用途		使用情况				资产原值/元 改造增值	已提折旧/元	备注
				台	kW			生产	非生产	在用	未使用	封存	不需用	租出			

3. 设备档案

设备档案是指设备从规划、设计、制造、安装、调试、使用、维修、改造、更新直至报废的全过程中形成的图样、方案说明、凭证和记录等文件资料。它汇集并积累了设备一生的技术状况，为分析、研究设备在使用期间的使用状况，探索磨损规律和检修规律，提高设备管理水平，反馈制造质量和管理质量信息，均提供了重要依据。

属于设备档案的资料有：设备计划阶段的调研、经济技术分析、审批文件和资料；设备选型的依据；设备出厂合格证和检验单；设备装箱单；设备入库验收单、领用单和开箱验收单等；设备安装质量检验单、试车记录、安装移交验收单及有关记录；设备调动、借用、租赁等申请单和有关记录；设备历次精度检验记录、性能记录和预防性试验记录等；设备历次保养记录、维修卡、大修理内容表和完工验收单；设备故障记录；设备事故报告单及事故修理完工单；设备维修费用记录；设备封存和启用单；设备普查登记表及检查记录表；设备改进、改装、改造申请单及设计任务通知书。至于设备说明书、设计图样、图册、底图、维护操作规程、典型检修工艺文件等，通常都作为设备的技术资料，由设备资料室保管和复制供应，均不纳入设备档案袋管理。设备档案资料按每台单机整理，存放在设备档案内，档案编号应与设备编号一致。

设备档案袋由设备动力管理维修部门的设备管理员负责管理，保存在设备档案柜内，按编号顺序排列，定期进行登记和资料入袋工作。要求做到：

①明确设备档案管理的具体负责人，不得处于无人管理状态。

②明确纳入设备档案的各项资料的归档路线，包括资料来源、归档时间、交接手续、资料登记等。

③明确登记的内容和负责登记的人员。

④明确设备档案的借阅管理办法，防止丢失和损坏。

⑤明确重点管理设备档案，做到资料齐全，登记及时、正确。

4. 设备的库存管理

设备库存管理包括新设备到货入库管理、闲置设备退库管理、设备出库管理以及设备仓库管理等。

（1）新设备到货入库管理

新设备到货入库管理主要掌握以下环节。

1）开箱检查

新设备到货三天内，设备仓库必须组织有关人员开箱检查。首先取出装箱单，核对随机带来的各种文件、说明书与图样、工具、附件及备件等数量是否相符；然后查看设备状况，检查有无磕碰损伤、缺少零部件、明显变形、尘砂积水、受潮锈蚀等情况。

2）登记入库

根据检查结果如实填写设备开箱检查入库单（见表4-11）。

表4-11 设备开箱检查入库单

检查日期：　　年　　月　　日　　　　　　　　　　　　　　　　检查编号：

发送单位及地点			运单号或车皮		
发货日期		年　月　日	到货日期		年　月　日
到货箱编号					
每箱体积（长×宽×高）					
每箱标重	毛				
	净				
制造厂家			合同号		
设备名称			型号、规格		
台数			出厂编号		
附件清点	名称	件数	名称	件数	名称	件数
单据文件	装箱单		检验单		合格证件	
	说明书		安装图		备件图	
缺件检查			待处理问题			
技术状况检查			待处理问题			
备注			其他参与人员名单		保管员签字	检查员签字

3）补充防锈

根据设备防锈状况，对需要经过清洗重新涂防锈油的部位进行相应的处理。

4）问题查询

对开箱检查中发现的问题，应及时向上级反映，并向发货单位和运输部门提出查询，联系索赔。

5）资料保管与到货通知

开箱检查后，仓库检查员应及时将装箱单随机文件和技术资料整理好，交仓库管理员登记保管，以供有关部门查阅，并于设备出库时随设备移交给领用单位的设备部门。对已入库的设备，仓库管理员应及时向有关设备计划调配部门报送设备开箱检查入库单，以便尽早分配出库。

6）设备安装

设备到厂时，如使用单位现场已具备安装条件，可将设备直接送到使用单位安装，但入库检查及出库手续必须照办。

（2）闲置设备退库管理

闲置设备必须符合下列条件，经设备管理部门办理退库手续后方可退库：

①属于企业不需要的设备，而不是待报废的设备。

②经过检修达到完好要求的设备，需用单位领出后即可使用。

③经过清洗防锈达到清洁、整齐。

④附件及档案资料随机入库。

⑤持有计划调配部门发的入库保管通知单，对于退库保管的闲置设备，计划调配部门及设备库均应专设账目，妥善管理，并积极组织调剂处理。

（3）设备出库管理

设备计划调配部门收到设备仓库报送的设备开箱检查入库单后，应立即了解使用单位的设备安装条件。只有在条件具备时，方可签发设备分配单。使用单位在领出设备时，应根据设备开箱检查入库单做第二次开箱检查，清点移交，如有缺损，由仓库承担责任，并采取补救措施。

如设备使用单位安装条件不具备，则应严格控制设备出库，避免出库后存放地点不合适而造成设备损坏或部件、零件、附件丢失。新设备到货后，一般应在半年内出库安装并交付生产使用，越快越好，使设备及早发挥效能，创造经济效益。

（4）设备仓库管理

①设备仓库存放设备时要做到按类分区，摆放整齐，横向成线，竖看成行，道路畅通，无积存垃圾、杂务，经常保持库容清洁、整齐。

②仓库要做好十防工作：防火种，防雨水，防潮湿，防锈蚀，防变形，防变质，防盗窃，防破坏，防人身事故，防设备损伤。

③仓库管理人员要严格执行管理制度，支持三不收发，即设备质量有问题尚未查清且未经主管领导作出决定的，暂不收发；票据与实物型号规格数量不符未经查明的，暂不收发；设备出、入库手续不齐全或不符合要求的，暂不收发。要做到账卡与实物一致，定期报表准确无误。

④保管人员按设备的防锈期向仓库主任提出防锈计划，组织人力进行清洗和涂油。

⑤设备仓库按月上报设备出库月报，作为注销库存设备台账的依据。

课后测评

一、填空题

1. 设备工程可分为_____工程和_____工程。
2. 设备的维护保养是管、用、养、修等各项工作的_____。
3. 车间设备员和机修站都应把工作重点放在维护保养上,强调_____。
4. 设备使用前对操作者的培训包括_____、_____和_____三方面内容。

二、选择题

1. (　　) 工程包括设备的规划、设计、制造。
   A. 设备规划　　　　　　　　B. 设备维修
   C. 设备管理　　　　　　　　D. 设备清洁
2. (　　) 工程包括设备的购置、安装、使用、维修、改造等。
   A. 设备规划　　　　　　　　B. 设备维修
   C. 设备管理　　　　　　　　D. 设备清洁
3. 设备管理的特点有 (　　)。(多选)
   A. 技术性　　　　　　　　　B. 综合性
   C. 随机性　　　　　　　　　D. 全员性
4. 设备完好一般包括 (　　) 三个方面的内容。(多选)
   A. 精心维护　　　　　　　　B. 运转正常
   C. 附件齐全　　　　　　　　D. 设备零部件

三、判断题

自动扶梯是垂直运行,用于向上或向下倾斜输送乘客的固定电力驱动设备。　　(　　)

学习评价

评价类型	权重/%	具体指标	分值	得分 自评	得分 组评	得分 师评
职业能力	65	能够制定企业设备管理制度	15			
		懂得设备使用与维护的管理方法	25			
		掌握资产设备管理的方法	25			
职业素养	20	具有规范的现场管理意识	5			
		具有按照标准规范操作意识	5			
		具有专业的设备管理能力	10			
劳动素养	15	按时完成，认真填写记录	5			
		具有工作岗位 8S 整理意识	5			
		小组分工合理	5			
综合评价	总分					
	教师点评					

学习情境五

现代质量管理

学习目标

知识目标	技能目标	素质目标
①理解质量及质量管理的含义； ②掌握全面质量管理的内涵、特点、指导思想； ③了解 ISO 9000 系列标准的构成、特点以及质量管理体系的理论基础； ④掌握本章所介绍的两种质量管理方法的使用步骤、使用环境及注意事项等； ⑤了解质量检验的概念、分类、意义； ⑥理解 6σ 管理的含义及组织	①能结合企业具体情况提出进行全面质量管理的一些措施； ②熟练使用分层法、检查表法、排列图法、开展质量管理活动； ③能够编制质量检验流程	①培养学生遵守劳动纪律、保障生产安全的意识； ②树立职业道德、敬业精神、合作意识； ③培养创新意识，增强社会责任感； ④培养专业的职业素养

情境导入

A 公司的质量管理

A 公司具有较好的信息化基础，并且重视质量文化的建设，但是质量管理水平仍然停留在传统的检验控制阶段。近年来，A 公司分析质量管理现状和信息化需求，以质量为优化目标，结合现代质量管理思想和信息技术以及质量体系认证制度的推广，质量管理水平有了长足的进步。

其产品功能设计遵循 ISO 9000 标准，结合质量管理研究和国内先进质量管理技术的研究，依托公司强大的技术研发实力，打造一体化的企业质量管理综合集成平台。

以质量为核心，优化企业管理流程——通过信息系统整合企业质量管理资源，优化企业质量管理流程，是现代系统理论、控制理论与质量思想在信息化时代的突出表现。

将预防和过程控制思想与企业实践相结合——严格按照 ISO 9001：2000 质量管理体系标准的原则和管理思想，使先进管理思想与企业实际密切结合，将质量管理体系的运行与实际的企业运营相结合，真正实现以顾客为关注焦点，持续增强满足顾客需要的能力。

实现产品全质量生命周期管理——打破传统、单一的生产质量控制模式，向两边延伸。

实现顾客需求管理、质量过程策划、产品的设计开发、采购、生产和服务提供以及顾客满意度测量等全质量过程的管理和控制。

实现质量过程的"知、控、管"——企业质量管理层能够通过该系统及时、全面、准确地掌控设计、生产、管理过程的实际质量状态；通过规范的流程设置、预警和监控，实现过程的受控；通过大量数据的统计分析，为管理决策提供有效支持，真正做到让数据说话。

分析：

A 公司通过采取有力的质量管理措施，其质量管理水平明显提高，产品质量上升。一个企业要想在激烈的竞争中取胜，必须树立"质量第一"的观念，以质量为核心，实行顾客需求管理，积极贯彻 ISO 9000 标准，采用切实可行的管理方法进行质量管理与控制。

学习单元一　质量管理概述

（一）质量及质量管理的概念

1. 质量的含义

在生产发展的不同历史时期，人们对质量的理解随着科学技术的发展和社会经济的变化而有所变化。自从美国贝尔电话研究所的统计学家沃特·阿曼德·休哈特博士于 1924 年首次提出将统计学应用于质量控制以来，质量管理的思想和方法得到了丰富和发展。一种新的质量管理思想和质量管理方式的提出，通常伴随的是对质量概念的重新理解和定义，美国质量管理专家朱兰（Joseph H. Juran）博士把产品质量定义为："质量就是使用性。"克劳斯比（Philip Crosby）则把产品质量定义为："产品符合规定要求的程度。"现代管理科学对于质量的定义涵盖了产品的"适应性"和符合"规定性"两方面的内容。

随着 ISO 9000 标准在企业的广泛应用，ISO 9000 关于质量的定义逐渐为越来越多的人所接受。ISO 9000 系列国际标准（2000 版）中关于质量的定义是："质量（Quality）是一组固有特性满足要求的程度。""要求"是指"明示的、通常隐含的或必须满足的需求或期望"。上述定义可以从以下几个方面去理解：

质量不仅是指产品质量，也可以是某项活动或过程的工作质量，还可以是质量管理体系运行的质量。质量是由一组固有特性组成的，这些固有特性是指满足顾客和其他相关方的要求的特性，并由其满足要求的程度加以表征。

特性是指区分的特征。特性可以是固有的或赋予的，可以是定性的或定量的。质量特性是固有的特性，并通过产品、过程或体系设计和开发及其后的实现过程形成的属性。

满足要求就是应满足明示的（如合同、规范、标准、技术、文件、图纸中明确规定的）、通常隐含的（如组织的惯例、一般习惯）或必须满足的（如法律、法规、行业规则）需求和期望。顾客和其他相关方对产品、过程或体系的质量要求是动态的、发展的和相对的。

在这个定义中，所指的"固有的"（其反义是"赋予的"）特性是指在某事或某物中本来就有的，尤其是那种永久的特性，包括产品的适用性、可信性、经济性、美观性和安全性等。

2. 质量管理的概念

质量管理（Quality Management）是指导和控制组织的与质量有关的相互协调的活动。指导和控制组织的与质量有关的活动，通常包括质量方针和质量目标的建立、质量策划、质量控制、质量保证和质量改进。质量管理是以质量管理体系为载体，通过建立质量方针和质量目标，并为实施规定的质量目标进行质量策划，实施质量控制和质量保证，开展质量改进等活动。质量管理涉及组织的各个方面，质量管理是否有效关系到组织的兴衰。

质量策划即设定质量目标并规定必要的运行过程和相关资源以实现其目标的活动。质量策划涉及企业内部的众多方面，例如建立质量管理体系策划、产品实现过程策划、质量改进策划、适应环境变化的策划等。

质量控制即"致力于满足质量要求"的活动。它是通过一系列作业技术和活动对质量形成的整个过程实施控制，其目的是使产品、过程或体系的固有属性达到规定的要求。它是预防不合格发生的重要手段和措施，贯穿于产品形成和体系运行的全过程。

质量保证是对达到质量要求提供信任的活动。质量保证的核心是向人们提供足够的信任，使顾客和其他相关方确信企业的产品、体系和过程达到和满足质量要求。它一般有两方面的含义：一是企业在产品质量方面对用户所做的一种担保，具有"保证书"的含义，这一含义还可引申为上道工序对下道工序提供的质量担保；二是企业为了提供信任所开展的一系列质量保证活动，这种活动对企业内来说是有效的质量控制活动，对外来说是提供依据，证明企业质量管理工作实施的有效性，以达到使人确信其质量的目的。因此，质量保证包括取信于企业领导的内部质量保证和取信于用户的外部质量保证。

质量控制与质量保证有一定的关联性。质量控制是为了达到规定的质量要求所开展的一系列活动，而质量保证是提供客观证据证实已经达到规定质量要求的各项活动，并取得顾客和相关方面的信任。因此有效地实施质量控制是质量保证的基础。

质量改进是致力于增强满足质量要求能力的活动。质量改进的目的是提高企业满足质量要求的能力。它是通过产品实现和质量体系运行的各个过程的改进来实施的，涉及组织的各个方面，包括生产经营全过程中的各个阶段、环节、职能、层次，所以企业管理者应着眼于积极主动地寻求改进机会，发动全体成员并鼓励他们参与改进活动。

质量管理、质量策划、质量控制、质量保证和质量改进之间的关系如图 5-1 所示。

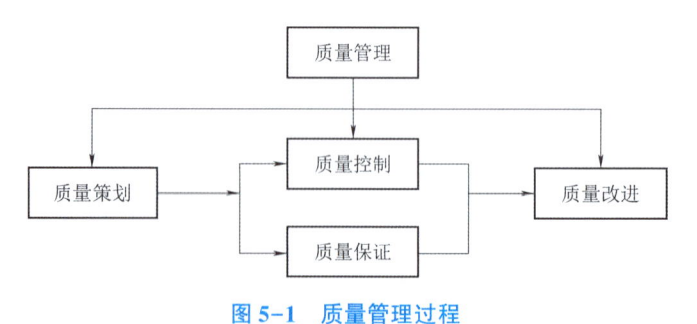

图 5-1 质量管理过程

（二）全面质量管理概述

全面质量管理（Total Quality Management，TQM）是企业管理的中心环节，是企业管理的纲，它和企业的经营目标是一致的。进行全面质量管理可以提高产品质量，改善产品设计，加速生产流程，鼓舞员工的士气和增强质量意识，改进产品售后服务，提高市场的接受程度，降低经营质量成本，减少经营亏损，降低现场维修成本，减少责任事故。全面质量管理是组织全体职工和相关部门参加，综合运用现代科学管理技术成果，控制影响质量形成全过程的各因素，以经济的研制、生产和提供顾客满意的产品和服务为目的的系统管理活动。全面质量管理被提出后，相继被各发达国家乃至发展中国家重视和运用，并在日本取得巨大的成功。多年来，随着世界经济的发展，全面质量管理在理论和实践上都得到了很大的发展，成为现代企业以质量为核心的提高竞争力和获得更大利益的经营管理体系。

1. 全面质量管理的特点

（1）全面的质量管理

全面质量管理的对象——质量的含义是全面的，不仅要管产品质量，还要管产品质量赖以形成的工作质量和工程质量。实行全面的质量管理，就是为了达到预期的产品目标和不断提高产品质量水平，经济而有效地搞好产品质量的保证条件，使工程质量和工作质量处于最佳状态，最终达到预防和减少不合格品、提高产品质量的目的，并要做到成本降低、价格便宜、供货及时、服务周到，以全面质量的提高来满足用户各方面的使用要求。

（2）全过程的质量管理

全过程的质量管理，即全面质量管理的范围是全面的。产品的质量，有一个逐步产生和形成的过程，它是经过企业生产经营的全过程一步一步形成的。所以，好的产品质量，是设计和生产出来的，不是仅靠检验得到的。根据这一规律，全面质量管理要求从产品质量形成的全过程，从产品设计、制造、销售和使用的各环节致力于质量的提高，做到防检结合，以防为主。质量管理向全过程管理发展，有效地控制了各项质量影响因素，它不仅充分体现了以预防为主的思想，保证质量标准的实现，而且着眼于工作质量和产品质量的提高，争取实现新的质量突破。根据用户要求，从每一个环节做起，致力于产品质量的提高，从而形成一种更加积极的管理。

（3）全员性的质量管理

全员性的质量管理，即要求参加质量管理的人员是全面的。全面质量管理是依靠全体职工参加的质量管理，质量管理的全员性、群众性是科学质量管理的客观要求。产品质量的好坏，是许多工作和生产环节活动的综合反映，因此它涉及企业所有部门和所有人员。这就是说，一方面产品质量与每个人的工作有关，提高产品质量需要依靠所有人员的共同努力；另一方面，在这个基础上产生的质量管理和其他各项管理，如技术管理、生产管理、资源管理、财务管理等各方面之间，存在有机的辩证关系，它们以质量管理为中心，相互联系，又相互促进。因此，实行全面质量管理要求企业在集中、统一的领导下，把各部门的工作有机地组织起来，人人都必须为提高产品质量，为加强质量管理尽自己的职责。只有人人关心产品质量，都对质量高度负责，企业的质量管理才能搞好，生产优质产品才有坚实的基础和可靠的保证。

（4）多方法的质量管理

全面质量管理的方法是全面的、多种多样的，它是由多种管理技术与科学方法组成的综合性的方法体系。全面、综合地运用多种方法进行质量管理，是科学质量管理的客观要求。现代化大生产、科学技术的发展以及生产规模的扩大和生产效率的提高，对产品质量提出了越来越高的要求。影响产品质量的因素也越来越复杂，既有物质因素，又有人的因素；既有生产技术的因素，又有管理因素；既有企业内部的因素，又有企业外部的因素。要把如此众多的影响因素系统地控制起来，统筹管理，单靠一两种质量管理方法是不可能实现的，必须根据不同情况，灵活运用各种现代化管理方法和措施加以综合治理。

上述"三全一多样"，都是围绕着"有效地利用人力、物力、财力、信息等资源，以最经济的手段生产出顾客满意的产品"这一企业目标的，这是推行全面质量管理的出发点和落脚点，也是全面质量管理的基本要求。坚持质量第一，把顾客的需要放在第一位，树立为顾客服务、对顾客负责的思想，是推行全面质量管理贯彻始终的指导思想。

2. 全面质量管理的基本指导思想

任何产品都必须达到所要求的质量水平，否则就没有或未完全实现其使用价值，从而给消费者及社会带来损失。全面质量管理的基本指导思想主要有：

①质量第一，以质量求生存；
②以顾客为中心，坚持用户至上；
③以预防为主、不断改进产品质量；
④用数据说话，以事实为基础；
⑤重视人的积极因素，突出人的作用。

全面质量管理不仅需要最高管理者的正确领导，更重要的是需要充分调动企业员工的积极性。为了激发全体员工参与的积极性，管理者应该对职工进行质量意识、职业道德、以顾客为中心的意识和敬业精神的教育，还要通过制度化的方式激发他们的积极性和责任感。

案例分析

医药公司的"生命"与质量

在某医药集团每月一次的总调度会上，尽管每次的主题和侧重都不同，但董事长一定会谈到的内容就是质量。对于这个在他眼中"生存与发展的重大课题"，董事长坚定地认为，"品牌"就是品质的牌子，归根结底说的是质量；而"做好药"从根本上说的还是质量。质量就是企业的生命线，是企业品牌的支撑点。在当前严峻的监管环境下，如果一个产品的质量出现问题，就可能导致整个企业失败，造成不可挽回的后果。从这个意义上说，"药品生产企业是质量第一责任人"的理念和科学的质量管理就显得尤为重要。

分析：
该案例说明了质量对企业的重要性，尤其在医药业非常重要。

（三）ISO 9000 系列标准概述

产品和服务的质量要求通常是以技术标准为保证的。但由于现代产品技术含量高，不合格产品将带来严重后果，所以顾客的着眼点不再局限于产品的最终检验是否符合技术标准，而是要求产品在生产过程中的每一环节都有质量保证。为此，世界上许多国家都相应地制定了各种质量保证标准和制度。国际经济、技术合作的深入发展，要求各国所依据的标准协调一致，以便成为评定产品和服务各厂商质量保证活动的统一尺度。1987年，国际标准化组织（ISO）在总结各国质量保证制度的基础上，颁布了 ISO 9000 质量管理和质量保证系列标准，并迅速被世界各国所采用。

1. ISO 9000 系列标准介绍

国际标准化活动最早开始于电子领域，于 1906 年成立了世界上最早的国际标准化机构——国际电工委员会（IEC）。其他技术领域的工作原先由成立于 1926 年的国家标准化协会的国际联盟（International Federation of the National Standardizing Associations，ISA）承担，重点在于机械工程方面。ISA 的工作在 1942 年终止。1946 年，来自 25 个国家的代表在伦敦召开会议，决定成立一个新的国际组织，其目的是促进国际合作和行业标准的统一。于是，ISO 这一新组织于 1947 年 2 月 23 日正式成立，总部设在瑞士的日内瓦。ISO 于 1951 年发布了第一个标准——工业长度测量用标准参考温度。

ISO 9000 系列标准是由 ISO 和 TC176 组织各国标准化机构协商一致后制定，经国际标准化组织（ISO）批准发布，提供在世界范围内实施的有关质量管理活动规则的标准文件，被称为国际通用质量管理标准。首次发布为 1986—1987 年，1994 年修订、补充为第二版，2000 年发布第三版。

ISO 9000 系列标准遵循管理科学的基本原则，以系统论、自我完善与持续改进的思想，明确了影响企业产品/服务质量的有关因素的管理与控制要求，并且作为质量管理与质量保证的通用标准，适用于所有行业/经济领域的组织。

2. ISO 9000 系列标准的组成

①ISO 8402：1986《质量——术语》；
②ISO 9000：1987《质量管理和质量保证标准——选择和使用指南》；
③ISO 9001：1987《质量体系——设计、开发、生产、安装和服务质量保证模式》；
④ISO 9002：1987《质量体系——生产和安装质量保证模式》；
⑤ISO 9003：1987《质量体系——最终检验和试验的质量保证模式》；
⑥ISO 9004：1987《质量管理和质量要素体系——指南》。

其中，ISO 9000 为该系列标准的选择和使用提供原则和指导；ISO 9001、ISO 9002、ISO 9003 是三个质量保证模式；ISO 9004 是指导企业建立质量体系，强化内部质量管理的指南。

3. 2000 版 ISO 9000 核心标准简介

ISO 9000 系列标准的数量经历了由少到多，又由多到少的变化过程，2000 版 ISO 9000 系列标准的基本思想是将众多的 1994 版标准的主要内容归入四项核心标准之中，

其他的以其他标准、技术报告和小册子的形式发布（见表 5-1）。

表 5-1　2000 版 ISO 9000 系列标准文件结构

核心标准	其他标准	技术报告	小册子	转至其他技术委员会	技术规范（TS）
ISO 9000 ISO 9001 ISO 9004 ISO 19011	ISO 10012	ISO/TR 10006 ISO/TR 10007 ISO/TR 10013 ISO/TR 10014 ISO/TR 10015 ISO/TR 10017	1.《质量管理原则》 2.《选择和使用指南》 3.《小企业的作用》	ISO 9000-3 ISO 9000-4	ISO/TS 16949

2000 版 ISO 9000 系列标准将由以下标准和支持性文件组成：

第一部分：核心标准。

ISO 9000：2000《质量管理体系——基础和术语》

ISO 9001：2000《质量管理体系——要求》

ISO 9004：2000《质量管理体系——业绩改进指南》

ISO 19011：2003《质量和（或）环境管理体系审核指南》

第二部分：其他标准（目前只有一项）。

ISO 10012《测量管理体系》。

第三部分：技术报告。

目前现已发布的标准，如 ISO/TR 10013《质量管理体系文件指南》，其中，标准编号中"TR"表示该文件是技术报告。

第四部分：小册子。

ISO/TC 176 将根据需要，编写一些宣传小册子，作为执行 2000 版 ISO 9000 系列标准的指导性文件，如《质量管理原则》《选择和使用指南》《小型组织实施指南》。

4. 2000 版 ISO 9000 系列标准的主要特点

（1）能适用于各种组织的管理和运作

2000 版 ISO 9000 系列标准使用了过程导向的模式，替代了以产品（质量环）形式过程为导向的 20 个要素，以一个大的过程描述所有的产品，将过程方法用于质量管理，将顾客和其他相关方的需要作为组织的输入，再对顾客和其他相关方的满意程度进行监控，以评价顾客或其他相关方的要求是否得到满足。这种过程方法模式可以适用于各种组织的管理和运作。

（2）能够满足各个行业对标准的需求

为了防止将 ISO 9000 系列标准发展成为质量管理的百科全书，2000 版 ISO 9000 系列标准简化了其本身的文件结构，取消了应用指南标准，强化了标准的通用性和原则性。

（3）易于使用、语言明确、易于翻译和理解

ISO 9001：2000 和 ISO 9004：2000 两个标准结构相似，都从管理职责，资源管理，产品实现，测量、分析和改进四大过程来展开，方便了组织的选择和使用。在 ISO 9001：2000 标准的术语部分，将分散的术语和定义用概念图的形式，分 10 个主题组，将有关概念之间的关系，用分析与构造的方法，按逻辑关系将其前后连贯，以帮助使用者比较形象地理解各术语及定义之间的关系，并全面掌握它们的内涵。

（4）减少了强制性的"形成文件的程序"的要求

ISO 9001：2000 标准只明确要求针对六个方面的活动制定程序文件，在确保控制的原则下，组织可以根据自身的需要决定制定多少文件。虽然 ISO 9001：2000 标准减少了文件化的强制性要求，但是强调了质量管理体系有效运行的证实和效果，从而体现了 ISO 9001：2000 标准注重组织的控制能力、证实的能力和质量管理体系的实际运行效果，而不只是用文件化来约束组织的质量管理活动。

（5）将质量管理与组织的管理过程联系起来

2000 版 ISO 9000 系列标准强调过程方法的应用，即系统识别和管理组织内所使用的过程，特别是这些过程之间的相互作用，将质量管理体系的方法作为管理过程的一种方法。

（6）强调对质量业绩的持续改进

2000 版 ISO 9000 系列标准将持续改进作为质量管理体系的基础之一。持续改进的最终目的是提高组织的有效性和效率。它包括改善产品的特征和特性、提高过程有效性和效率。持续改进的基本活动包括：测量分析现状、建立目标、寻找解决办法、评价解决办法、实施解决办法、测量实施结果，必要时纳入文件等。

（7）强调持续的顾客满意是推进质量管理体系的动力

顾客满意是指顾客对某一事项已满足其需求和期望的程度。这个定义的关键词是顾客的需求和期望。由于顾客的需求和期望在不断地变化，是永无止境的，因此顾客满意是相对的、动态的，这就促使组织持续改进其产品和过程，以达到持续的顾客满意。

（8）与 ISO 14000 系列标准具有更好的兼容性

环境管理体系和质量管理体系两类标准的兼容性主要体现在定义和术语统一、基本思想和方法一致、建立管理体系的原则一致、管理体系运行模式一致以及审核标准一致等方面。

（9）强调了 ISO 9001 标准作为要求标准和 ISO 9004 标准作为指南标准的协调一致性，有利于组织的持续改进

ISO 9001：2000 标准旨在为评定组织满足顾客要求、法律法规要求和组织自身要求能力提供依据。它规定了使顾客满意所需的质量管理体系的最低要求。提高组织效率的最好方法是在使用 ISO 9001 标准的同时，使用 ISO 9004 标准中给出的原则和方法，使组织通过不断地改进，提高整体效率，增强竞争力。

（10）考虑了所有相关方利益的需求

每个组织都会有几种不同的相关方，除顾客外，组织的其他相关方包括组织的员工、所有者或投资者、供方或合作伙伴、社会等。针对所有相关方的需求实施并保持持续改进其业绩的质量管理体系，可使组织获得成功。

总之，2000 版 ISO 9000 系列标准吸收了全球范围内质量管理和质量体系认证实践的新进展和新成果，更好地满足了使用者的需要和期望，达到了修订的目的。与 1994 版 ISO 9000 系列标准相比，更科学、更合理、更适用和更通用。

知识链接

企业应用 ISO 9001：2000 标准的意义

①国际经济贸易的需要。ISO 9000 质量保证体系已成为企业进入国际市场的通行证，ISO 9000 自诞生以后很快受到欧洲乃至全球的普遍认同，ISO 9000 质量体系认证已成为国际贸易中实质性的贸易壁垒，企业不取得认证将难以进入国际市场。

②国内市场经济发展的需要，或为满足法律、法规规定要求的需要。

③推行 ISO 9000 标准有助于企业提高经济效益。ISO 9000 标准讲求的是为一个企业的作业过程建立完善的运作系统，并加以有效地管制，使各部门及每个员工职责分明，各项工作制度化，旨在将前后工作分成不同的环节去追究问题的根源，使通过这些过程所产生的产品或服务的品质得到保证。

④加强和提高企业管理水平，增强企业内功和企业信誉，推行 ISO 9000 有助于改善企

业现存的问题。在推行 ISO 9000 质量体系认证的过程中，质量体系的建立将会对企业普遍存在的问题加以制约，提高企业产品的安全性、可靠性、经济性和责任性。

5. ISO 9000 系列标准与全面质量管理的比较

（1）ISO 9000 系列标准与 TQM 的相同点

首先，两者的管理理论和统计理论基础一致。两者均认为产品质量形成于产品全过程，都要求质量体系贯穿于质量形成的全过程；在实现方法上，两者都使用了 PDCA 质量循环运行模式。其次，两者都要求对质量实施系统化的管理，都强调"一把手"对质量的管理。最后，两者的最终目的一致，都是提高产品质量，满足顾客的需要，都强调任何一个过程都是可以不断改进、不断完善的。

（2）ISO 9000 系列标准与 TQM 的不同点

首先，期间目标不一致。TQM 质量计划管理活动的目标是改变现状。其作业只限于一次，目标实现后，管理活动也就结束了，下一次计划管理活动，虽然是在上一次计划管理活动结果的基础上进行的，但绝不是重复与上次相同的作业。而 ISO 9000 系列标准的目标是维持标准现状。其目标值为定值。其管理活动是重复相同的方法和作业，使实际工作结果与标准值的偏差量尽量减少。其次，工作中心不同。TQM 是以人为中心，ISO 9000 是以标准为中心。最后，两者的执行标准及检查方式不同。实施 TQM 的标准是企业结合其自身特点制定的自我约束的管理体制，其检查方主要是企业内部人员，检查方法是考核和评价（方针目标讲评，QC 小组成果发布等）。ISO 9000 系列标准是国际公认的质量管理体系标准，它是供世界各国共同遵守的准则。贯彻该标准强调的是由公正的第三方对质量体系进行认证，并接受认证机构的监督和检查。

（3）ISO 9000 系列标准与 TQM 的结合方式

贯彻 ISO 9000 系列标准和推行 TQM 之间不存在截然不同的界限，我们把两者结合起来，才是现代企业质量管理深化发展的方向。企业开展 TQM，必须从基础工作抓起，认真结合企业的实际情况和需要，贯彻实施 ISO 9000 系列标准。企业在贯彻 ISO 9000 系列标准、取得质量认证证书后，一定不要忽视甚至丢弃 TQM。在企业的实际工作中，我们主张把开展全面质量管理和实施系列标准有机地结合起来。在具体实施中，可按四类不同的企业，实行四种不同的结合方式。

①已开展全面质量管理多年并行之有效，取得成功经验的企业。这类企业过去的成功经验是实施系列标准的良好基础和条件，在此基础上，对照系列标准，结合企业的具体情况，发挥企业的优势，寻找自己的不足，进一步规范、完善企业的质量体系并保证其有效运转，促进企业质量管理工作和企业素质的提高。为了提高企业的信誉和竞争能力，企业可以考虑根据市场需要，向经国家认可和授权的权威机构申请对企业的质量体系认证。

②过去搞过全面质量管理，但只限于搞宣传教育或应用一些数理统计方法的企业。对于这样的企业来说，实施系列标准是一个"补课"的好机会。在系列标准指导下根据企业的产品、服务、工艺等具体情况，按照科学的程序去建立适用的质量体系，使之贯穿于产品质量产生、形成和实现的全过程。明确划分职能，逐级分配，把各项工作落到实处，进一步加强质量教育工作，深刻领会全面质量管理和系列标准的系统性、科学原则，使全体职工都能理解全面质量管理的含义，并提高他们的素质和工作技能，应用数理统计方法要和改进质量相结合，真正发挥这些方法的作用，取得实效。加强质量成绩的考评工作，在质量活动取得

成绩时，要给予肯定和鼓励，激励员工取得更多的成绩，总之，这样的企业通过实施标准，通过"补课"踏踏实实地工作，同样也可以提高管理水平，增强企业素质和竞争力。

③新建立的企业或是全面质量管理与实施系列标准工作尚未起步的企业。对于这类企业来说，更要强调开展全面质量管理和实施系列标准相结合。同样，根据企业的具体情况，在系列标准的指导下，按照企业的产品质量产生、形成和实现过程的规律，把影响这些环节的技术、管理等因素控制起来，建立质量体系并明确体系中的具体的质量职能和活动，然后，逐级进行质量职能的分配，并把各个环节的各项工作的"接口"均纳入质量体系的控制范围之内，使得企业的所有质量管理活动协调地发挥作用，获得一个整体的最佳效应。当然，在工作中也必须注意，切忌搞形式、重数量，否则就不能提高企业的管理水平，实现企业的经营目标。

④已通过认证机构认证的企业。对于这样的企业，其质量体系已比较完善，因此，它们的重点是继续深化全面质量管理，在原有的基础上，把企业质量管理水平提高到一个新的水平。

6. 质量管理的八项原则

在总结1994版标准实践的基础上，ISO 9000：2000标准中0.2条款明确了质量管理的八项原则。这八项原则科学地总结了世界各国多年来理论研究的成果和实践的经验，体现了质量管理的基本规律，是2000版ISO 9000系列标准的基础。

（1）以顾客为中心

组织依存于顾客。因此，组织应理解顾客当前的和未来的需求，满足顾客要求并争取超越顾客期望。顾客是每一个组织存在的基础，顾客的要求是第一位的，组织应调查和研究顾客的需求和期望，并把它转化为质量要求，采取有效措施使其实现。这个指导思想不仅领导要明确，还要在全体职工中贯彻。

（2）领导作用

领导必须将本组织的宗旨、方向和内部环境统一起来，并创造使员工能够充分参与实现组织目标的环境。领导的作用，即最高管理者具有决策和领导一个组织的关键作用。为了营造一个良好的环境，最高管理者应建立质量方针和质量目标，确保关注顾客要求，确保建立和实施一个有效的质量管理体系，确保应有的资源得到充分利用，并随时将组织运行的结果与目标进行比较，根据情况确定实现质量方针、目标的措施，确定持续改进的措施。在领导作风上还要做到透明、务实和以身作则。

（3）全员参与

各级人员是组织之本，只有充分参与，才能使他们的才干为组织带来最大的收益。组织的质量管理不仅需要最高管理者的正确领导，还有赖于全员的参与。所以要对职工进行质量意识、职业道德、以顾客为中心的意识和敬业精神的教育，还要激发他们的积极性和责任感。

（4）过程方法

将相关的资源和活动作为过程进行管理，可以更高效地得到期望的结果。过程方法的原则不仅适用于某些简单的过程，也适用于由许多过程组成的过程网络。在应用于质量管理体系时，2000版ISO 9000系列标准建立了一个过程模式。此模式把管理职责，资源管理，产品实现，测量、分析和改进作为体系的四大主要过程，描述其相互关系，并以顾客要求为输入，以提供给顾客的产品为输出，通过信息反馈来测定顾客的满意度，评价质量管理体系的业绩。

（5）管理的系统方法

针对设定的目标，识别、理解并管理一个由相互关联的过程所组成的体系，有助于提高组织的有效性和效率。这种建立和实施质量管理体系的方法，既可用于新建体系，也可用于现有体系的改进。此方法的实施可使企业在三个方面受益：一是提供对过程能力及产品可靠性的信任；二是为持续改进打好基础；三是使顾客满意，最终使组织获得成功。

（6）持续改进

持续改进是组织的一个永恒的目标。在质量管理体系中，改进指产品质量、过程及体系有效性和效率的提高，持续改进包括：了解现状，建立目标，寻找、评价和实施解决办法，测量、验证和分析结果，把更改纳入文件等活动。

（7）基于事实的决策方法

对数据和信息的逻辑分析或直觉判断是有效决策的基础。以事实为依据做决策，可防止决策失误。在对信息和资料做科学分析时，统计技术是最重要的工具之一。统计技术可用来测量、分析和说明产品和过程的变异性，统计技术可以为持续改进的决策提供依据。

（8）互利的供方关系

通过互利的关系，可以增强组织及供方创造价值的能力。供方提供的产品将对组织向顾客提供满意的产品产生重要影响，因此处理好与供方的关系，影响到组织能否持续、稳定地提供顾客满意的产品。对供方不能只讲控制不讲合作互利，特别是对关键供方，更要建立互利关系，这对组织和供方都有利。

案例分析

阿迪达斯公司的失败

阿迪达斯公司成立于1949年，其运动设备（产品）目前在全球同类产品中的市场占有率为12%，落后于1972年成立的耐克公司30%的市场占有率达18个百分点。然而，在耐克公司崛起之前，全球运动产品几乎是阿迪达斯公司一家的天下。1954年世界杯足球赛，阿迪达斯公司因其生产的球鞋鞋底的塑料鞋钉能帮助运动员提高运动速度、增加稳定性而一战成名，当时世界上有85%以上的运动员穿的是阿迪达斯公司的产品，三叶草标志成了成功的象征。面对骄人的战绩，阿迪达斯公司的决策者们没有重视耐克公司正在迅速成长这样一个事实，决策者们认为自己拥有85%的市场占有率，即便对手抢走一部分市场，仍有大半个市场是属于阿迪达斯公司的，没有采取有效的对策去遏制竞争对手，造成今天眼巴巴地看着对手以18个百分点领先自己，在运动服装市场独领风骚的残酷现实。

分析：

阿迪达斯公司没有重视耐克公司已经迅速成长的市场事实，仍以为自己是市场老大，因此贻误战机，没有做出正确的对策去遏制对方，使得对方超越自己的市场占有率。

学习单元二　质量管理的常用方法

（一）质量特性及质量数据处理

1. 质量特性及其表现形式

质量特性是指产品、过程或体系与要求有关的固有属性。质量概念的关键是"满足要求"。这些"要求"必须转化为有指标的特性，作为评价、检验和考核的依据。由于顾客的需求是多种多样的，所以反映质量的特性也应该是多种多样的。

质量特性可分为两大类：真正质量特性和代用质量特性。所谓"真正质量特性"，是指直接反映用户需求的质量特性。一般地，真正质量特性表现为产品的整体质量特性，但不能完全体现在产品制造规范上。而且，在大多数情况下，很难直接定量表示。因此，就需要根据真正质量特性（用户需求）相应确定一些数据和参数来间接反映它，这些数据和参数就称为"代用质量特性"。对于产品质量特性，无论是真正还是代用，都应当尽量定量化，并尽量体现产品使用时的客观要求。把反映产品质量主要特性的技术经济参数明确规定下来，作为衡量产品质量的尺度，形成产品的技术标准。

另外，根据对顾客满意的影响程度不同，还可将质量特性分为关键质量特性、重要质量特性和次要质量特性三类。关键质量特性是指若超过规定的特性值要求，会直接影响产品安全性或产品整机功能丧失的质量特性。重要质量特性是指若超过规定的特性值要求，将造成产品部分功能丧失的质量特性。次要质量特性是指若超过规定的特性值要求，暂不影响产品功能，但可能会引起产品功能的逐渐丧失的质量特性。

2. 不同类别产品质量特性的具体表现形式

（1）硬件产品的质量特性

硬件产品的质量特性表现在以下几个方面：

①性能。性能通常指产品在功能上满足顾客要求的能力，包括使用性能和外观性能。

②寿命。寿命是指产品能够正常使用的年限，包括使用寿命和储存寿命两种。使用寿命指产品在规定的使用条件下完成规定功能的工作总时间。一般地，不同的产品对使用寿命有不同的要求。储存寿命指在规定储存条件下，产品从开始储存到失效的时间。

③可信性。可信性是用于表述可用性及其影响因素（可靠性、维修性和保障性）的集合术语。

④安全性。安全性指产品在制造、流通和使用过程中保证人身安全与环境免遭危害的程度。目前，世界各国对产品安全性都给予了最大的关注。

⑤经济性。经济性指产品寿命周期的总费用，包括生产、销售过程的费用和使用过程的费用。经济性是保证组织在竞争中得以生存的关键特性之一，是用户日益关心的一个质量指标。

（2）软件产品的质量特性

①功能性。软件所实现的功能，即满足用户要求的程度，包括用户陈述的或隐含的需求程度，是软件产品的首选质量特性。

②可靠性。可靠性是软件产品的最重要的质量特性，反映软件在稳定状态下，维持正常

工作的能力。

③易用性。易用性反映软件与用户之间的友善性，即用户在使用软件时的方便程度。

④效率。效率是在规定的条件下，软件实现某种功能而耗费物理资源的有效程度。

⑤可维护性。可维护性是软件在环境改变或发生错误时，进行修改的难易程度。易于维护的软件也是一个易理解、易测试和易修改的产品，所以它是软件的又一个重要特性。

⑥可移植性。可移植性是软件能够方便地移植到不同运行环境的程度。

（3）流程材料的质量特性

①物理性能：密度、黏度、粒度、电传导性能等；

②化学性能：耐腐蚀性、抗氧化性、稳定性等；

③力学性能：强度、硬度、韧性等；

④外观：几何形状、色泽等。

3. 质量统计基础

（1）总体和样本

总体是指研究对象的全体，如一批零件、一个工序或某段时间内生产的全部产品都可以称为总体。构成总体的基本单位称为个体，如每一个零件、每一件产品都是个体。质量检验常用抽样方法进行，即从总体中抽出一部分个体，先测试每个个体的质量特性数据，再进行统计分析，进而对总体的质量特性进行估计和判断。

样本又叫子样，是从总体中抽出的一部分个体的集合。样本中每个个体叫样品。样本中所包含的样品数目称为样本大小，又称样本量，常用 n 表示。对样本的质量特性进行测定所得的数据称为样本值。当样本量越大时，分析结果越接近总体的值，样本对总体的代表性也就越好。

（2）质量数据

质量数据是指对产品进行某种质量特性的检查、试验、化验等所得到的量化结果。它通常是由个体产品质量特性值所组成的样本（总体）的质量数据集。这些数据向人们提供了产品的质量信息。在生产过程中，一切与产品质量有关的数据都可以帮助我们了解产品的质量特性，认识产品质量的内在规律，以便发现问题，分析原因，并采取相应的措施解决问题，为保证产品质量提供依据。因此正确收集数据，并加以科学地整理和分析，是质量管理中不可缺少的重要环节。

4. 质量数据的特征值

质量数据特征值是由样本数据计算的、描述样本质量数据波动规律的指标。统计分析就是根据这些样本数据特征值来分析、判断总体的质量状况。常用的有描述数据分布集中趋势的算术平均数、中位数和描述数据分布离散趋势的极差、标准偏差、离散系数等。

算术平均数又称均值，它是各质量数据的总和除以数据总频数（即个数）所得的商。它是一个消除了个体之间差异，显示出所有个体共性和数据一般水平的统计指标，是数据的分布中心，对数据的代表性较好。其计算公式分为如下两种情况。

①总体算术平均数 μ。其计算公式如下：

$$\mu = \frac{1}{N}(X_1 + X_2 + \cdots + X_n)$$

式中　N——总体中的个体数；

X_n——总体中第 n 个个体的质量特性值。

②样本算术平均数 x。其计算公式如下：

$$x = \frac{x_1 + x_2 + \cdots + x_n}{n}$$

式中　n——样本容量；

x_n——样本中第 n 个样品的质量特性值。

思考：

请举例说明算术平均数与中位数的区别。

算术平均数又称均值，它是各质量数据的总和除以数据总频数（即个数）所得的商。它是一个消除了个体之间差异，显示出所有个体共性和数据一般水平的统计指标，是数据的分布中心，对数据的代表性较好。而中位数是将全部数据按大小顺序排列后，处于中央位置的那个数值。其大小是由数据的位置确定的，不受极端数据值的影响，因而对数据的代表性较差。如下面一组数据 3、6、7、8、10、11、13、14、15、20。其算术平均数为（3+6+7+8+10+11+13+14+15+20）/10=10.7；而其中位数则为（10+11）/2=10.5。

极差是数据中的最大者与最小者之差。它是描述数据离散状况的统计值，常用 R 表示。其计算公式为：

$$R = R_{\max} - R_{\min}$$

当用极差来评价数据的离散状况时，极差值越小，说明数据离散范围越小，即数据值比较集中，平均数的代表性较好；反之，极差值越大，说明数据的离散范围越大，数据值较分散，平均数的代表性较差。鉴于它对极端数据反应敏感，因此，在误差监测与控制中有重要应用。

标准偏差简称标准差或均方差，是个体数据与均值离差平方和的算术平均数的算术平方根，是大于 0 的正数。总体的标准差用 σ 表示；样本的标准差用 S 表示。标准差值小说明数据分布集中程度高，离散程度小，均值对总体（样本）的代表性好。标准差的平方是方差，它有鲜明的数理统计特征，能确切说明数据分布的离散程度和波动规律，是最常用的反映数据变异程度的特征值。

（二）统计分析表

1. 统计分析表概述

统计分析表是利用一定格式的表格，对质量数据进行登记、整理，进而对质量问题产生的原因做初步分析的一种质量管理工具。统计分析表方法也叫质量调查表方法，它最早是由美国的费根堡姆先生提出的，是在全面质量管理中利用统计图表来收集、统计数据，进行数据整理并对影响产品质量的原因做粗略的分析。调查表中所利用的统计表格是一种为了便于收集和整理数据而自行设计的空白表。在调查产品质量时，只需在相应的栏目内填入数据和记号。

统计分析表方法是最为基本的质量原因分析方法，也是最为常用的方法。在实际工作中，经常把统计分析表方法和分层法结合起来使用，这样可以把可能影响质量的原因调查得更为清楚。需要注意的是，统计分析表方法必须针对具体的产品，设计出专用的调查表进行调查和分析。

2. 统计分析表的设计

（1）统计分析表的设计原则

统计分析表的设计遵循目的性、简洁实用性和美观大方性等基本原则。目的性是指统计调查表是为特定的目的而设计的，其栏目内容要紧紧围绕中心目的而选择。简洁实用性是指统计调查表的栏目设计、标题内容等应以最能集中、准确、有效地反映调查对象特点和调查目的为基准，使统计调查表具有高度的实用性和简洁性。美观大方性是指统计调查表的整体长宽尺寸比例以及各单元格的长宽尺寸比例均符合人的审美要求，给人以美观大方的感觉。

（2）统计分析表的设计步骤

统计分析表的设计通常遵循以下基本步骤：

第一步，选定统计调查对象；

第二步，明确统计调查目的；

第三步，选择统计调查项目；

第四步，草拟统计调查初表；

第五步，将调查表进行试用和完善；

第六步，对初表进行修改完善并形成最终使用表。

3. 常用的统计分析表的种类及应用

统计分析表可应用于质量管理的各方面和各环节，如产品质量登记、不合格项目的分类统计、不合格项目存在位置统计、不良因素调查统计等，以下分别加以说明。

（1）产品质量状况登记表

在质量管理中，为了准确收集质量信息，有必要对产品的质量数据进行及时记录。为此，常采用产品性能状况登记表或产品质量缺陷登记表等进行质量状况原始记录。

产品性能状况登记表中的特性项目一般依据有关标准设立，包括物理特性和外观特性。填制时通常按照时间顺序和实际检测情况及时据实填报。这些数据是产品质量的原始数据，是进行质量分析的基础和依据，产品性能状况登记表如表5-2所示。

表5-2 ××产品性能状况登记表

时间	特性1	特性2	特性3	特性4	特性5	记录人

产品质量缺陷登记表中的缺陷项目对照标准依实际设立。不同产品在缺陷项目的划分上有较大区别。填制时通常以班组、机台或产品为单位，按照时间顺序及时据实填报。它也是产品质量分析和控制的原始数据和依据。产品质量缺陷登记表、设备故障登记表、质量体系不合格项目登记表分别如表5-3、表5-4、表5-5所示。

表5-3　×月×日××产品质量缺陷登记表

缺陷名称	所在产品编号	存在位置	程度	填报人

表5-4　设备故障登记表

时间	故障现象	类别	影响时间	故障原因	填报人	备注

表5-5　质量体系不合格项目登记表

序号	不合格内容	不合格原因	类别	存在单位	记录人	证明人

（2）不合格项目统计表

在质量管理中，为准确掌握不合格项目的分布情况，为质量控制和改进提供可靠依据，常需要对不合格项目进行分类统计整理，以发现其中的规律和特点。

值得注意的是，统计数据会因时间、区域不同而有较明显差异。因此，在进行统计分析前，先要确定待统计分析数据的时间、区间，然后再收集对应时间、区间范围内的数据，最后对所收集到的数据进行统计整理和分析。不合格项目统计表如表5-6所示。

表5-6　××产品××月份不合格项目统计表

项目名称	数量	比重
项目1		
项目2		
项目3		
项目4		
合计		

填报人：　　　　　　　　　　　审核人：

（3）产品缺陷原因统计表

为了分析产品缺陷产生的原因，通常可按设备、操作者、原料、方法等标志对产品缺陷原因进行分类调查，并填写设备故障原因统计表和产品缺陷原因调查统计表，如表5-7、表5-8所示。

表5-7　×月份设备故障原因统计表

序号	故障原因	故障次数	总影响时间	备注
1				
2				
3				
4				
5				
6				
7				

填报人：　　　　　　　　　　　审核人：

表5-8　×月份×产品缺陷原因调查统计表

序号	缺陷原因	产品数量	比重	备注

填报人：　　　　　　　　　　　审核人：

> **案例分析**

鉴于近期产品质量问题频繁发生，某企业对原料仓库物品管理进行了一次大检查，结果发现在原料管理上存在包装破损、受潮变质、油污染、不同批号混放、过期产品没隔离、产品无标志等影响产品质量的现象。为进一步掌握情况，检查人员对以上问题分别进行了进一步的调查统计，情况如表5-9所示。

表5-9 仓库原料质量问题调查统计表

序号	现象	包数	质量/kg
1	包装破损	18	450
2	受潮变质	10	250
3	油污染	4	100
4	不同批号混放	100	2 500
5	过期产品没隔离	26	650
6	无标志或标志不清	80	2 000
7	合计	238	5 950

分析：

由表5-9可知，该企业在原料管理上存在较严重的问题，特别是不同批号原料混放和产品无标志或标志不清的问题非常突出。在明确问题后，该企业立即着手制定相关管理制度，加强原料管理，禁止以上不良现象的发生，从原料上减少甚至避免了产品质量问题的发生。

（三）分层法

1. 分层法的含义

数据分层法就是将性质相同的、在同一条件下收集的数据归纳在一起，以便进行比较分析。因为在实际生产中，有很多影响质量变动的因素，如果不把这些因素区别开来，难以得出变化的规律。数据分层可根据实际情况按多种方式进行。例如，按不同时间、不同班次进行分层，按使用设备的种类进行分层，按原材料的进料时间、原材料成分进行分层，按检查手段、使用条件进行分层，按不同缺陷项目进行分层，等等。数据分层法经常与统计分析表结合使用。

2. 分层法的应用

分层法的应用步骤如下：

①明确分析目的。
②收集相关质量数据。
③选用合适的分层标志。
④将已收集的数据按分层标志分别进行统计整理。
⑤根据整理结果确定问题来源。
⑥进一步分析问题原因并制定有效措施。

✅ 案例分析

某薄膜生产车间 4 月 8 日共生产产品 60 t，其中不合格品 7.8 t，不合格品率为 13%。为尽快查出产生不合格品的原因，该车间质量管理员小李首先找到资料统计员小王，拿到 4 月 8 日的全部产品数据，然后他分别按质量缺陷项目和生产班次等标志对质量数据进行了分层统计，结果如表 5-10、表 5-11 所示。

表 5-10 不同类型产品缺陷分类统计表

缺陷项目	数量/t	占总量比例/%
接头超标	1.4	17.95
松紧不一	3.7	47.43
端部不齐	2.3	29.49
油污	0.4	5.13
合计	7.8	100

表 5-11 不同班次产品缺陷分类统计表

班次	缺陷数量/t	所占比率/%
早班	0	0
中班	3.2	41.03
晚班	4.6	58.97
合计	7.8	100

通过以上分层分析可以看出，导致不合格品较多的主要原因是松紧不一、端部不齐和接头超标等，并且较集中地出现在中班和晚班，这让小李有了方向。在明确了以上问题后，小李又继续针对以上问题查找中班和晚班的生产情况以及产品出现松紧不一、端部不齐和接头超标等缺陷的具体原因，并很快制定出了具体整改措施。

（四）排列图法

1. 排列图法概述

排列图又叫帕累托图或主次原因分析图，它是一种定量找出影响产品质量的主要问题或因素的方法。

排列图是根据"关键的少数和次要的多数"的原理而绘制的。也就是将影响产品质量的众多影响因素按其对质量影响程度的大小，用直方图形顺序排列。

排列图的使用是以分层法为基础的。它是将分层法已确定的项目从大到小进行排列，再加上频率累积值的图形。它可以帮助我们找出关键的问题，抓住重要的少数及有用的多数。它适用于记数值统计。因为它的排序是从大到小的，故称为排列图。

2. 排列图的构成与作用

排列图由两个纵坐标、一个横坐标、多个直方形和一条曲线（折线）构成（见图 5-2）。

其中，左边的纵轴表示频数，即质量问题或因素的多少，它可以用次数、重量、金额、件数、时间等描述；右边的纵轴表示累积频率，即质量问题或因素的累积比重，它通常用百分比表示；横轴表示影响产品质量的各项因素或问题，并按其影响大小从左到右依次排列；直方形的高度表示质量问题或因素的影响程度；曲线（折线）是将各累积频率点连接而成的线，即累积频率线，也称帕累托曲线。排列图可以实现以下作用：

①作为降低不良率的依据。
②用于发现现场的重要问题点。
③决定改善的目标。
④确认改善效果。
⑤用于更直观地反映报表或记录的数据状况。
⑥可做不同条件的评价。

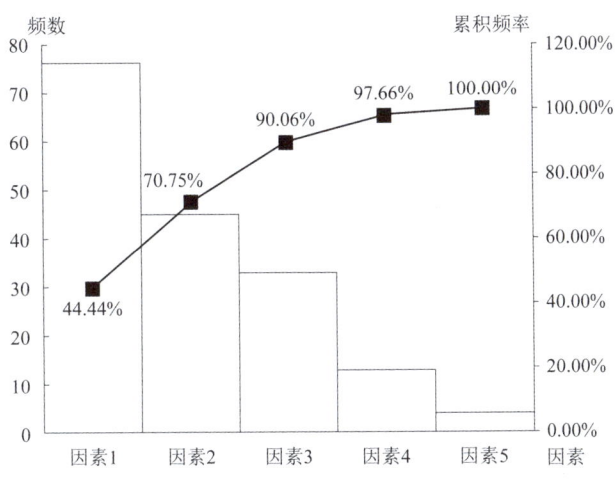

图 5-2 排列图

3. 排列图法的应用

（1）排列图的观察分析

利用 ABC 分析确定重点项目，一般来讲，取图中前面的 1~3 项作为改善的重点就行了。若再精确些，可采用 ABC 分析法确定重点项目。

ABC 分析法是把问题项目按重要的程度分为三级。具体做法是把构成排列曲线的累积百分比分为三个等级：累积百分比在 0~80% 的为 A 类，是累积 80% 以上的因素，它是影响质量的主要因素，是要解决的重要问题；累积百分比在 80%~90% 的为 B 类，是次要因素；累积百分比在 90%~100% 的为 C 类，在这一区间的因素是一般因素。

除了对排列图作 ABC 分析外，还可以通过排列图的变化对生产、管理情况做以下分析：在不同时间绘制的排列图，项目的顺序有了改变，但总的不合格品数没有改变时，可认为生产过程是不稳定的；排列图的各分类项目都同样减少时，则认为管理效果是好的；如果改善后的排列图，其最高项和次高项一同减少，但顺序没变，说明这两个项目是相关的。

（2）主要应用范围

排列图可以形象、直观地反映主次因素，分析与不良结果有关的现象，用来发现主要问题。具体表现有：

①在品质方面的,如不合格、故障、顾客抱怨、退货、维修等;
②在成本方面的,如损失总数、费用等;
③在交货期方面的,如存货短缺、付款违约、交货期拖延等;
④在安全方面的,如发生事故、出现差错等。

分析与过程因素有关的原因,用来发现主要问题,具体如:
①操作者的班次、组别、年龄、经验、熟练情况等。
②机器:设备、工具、模具、仪器等。
③原材料:制造商、工厂、批次、种类等。
④作业方法:作业环境、工序先后、作业安排等。

案例分析

现以某纺织企业毛纺织品实际生产状况为例,应用排列图法进行生产过程质量状况的分析。某批毛纺织品生产中,经坯检得出疵点总数为 145 个,其具体质量信息如表 5-12 所示。

表 5-12 某批毛纺织品质量信息

疵点项目	疵点数目	比率/%	累积百分比/%
毛纱	66	45.51	45.51
小辫	53	36.55	82.06
粗纱	11	7.59	89.65
乱头	5	3.45	93.10
接头	3	2.07	95.17
色纱	3	2.07	97.24
其他	4	2.76	100
合计	145	100	

在坐标纸上取两个纵轴、一个横轴,左边纵轴表示差错原因发生的频数,标明数值的标度;右边纵轴表示累积百分比,标度取 0~100;横轴表示各种差错原因,按频数大小从左至右依次绘出直方图。直方图下面是原因名称,直方图的高低表示某个原因影响的大小。在每个直方图横线中点的上方标出累积百分比的点,连接各点即成由左向右的曲线。这条表示各影响因素大小的累积百分数的曲线称为帕累托曲线(见图 5-3)。

其中,毛纱和小辫是 A 类因素,是要解决的重要问题。

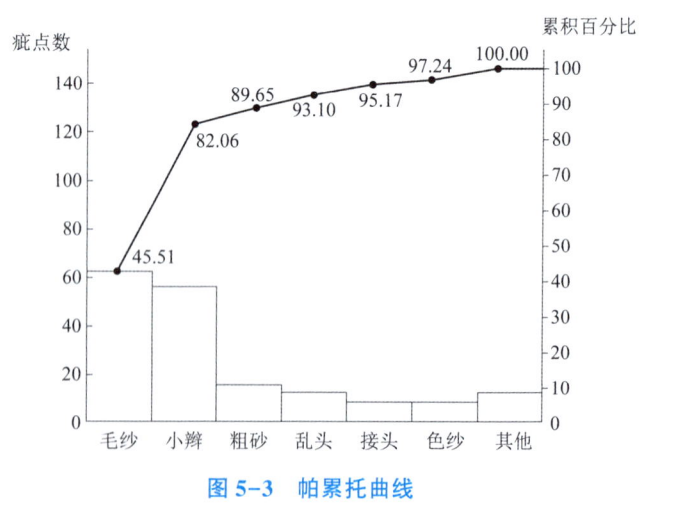

图 5-3 帕累托曲线

学习单元三　质量检验

（一）质量检验概述

质量检验是人们最熟悉的质量保证方法。在质量管理中，一方面要对生产过程进行质量控制，保证生产的稳定性；另一方面还要对生产出来的产品进行严格的质量检验。对产品的质量检验是保证产品质量的主要环节之一。产品质量检验的目的，一是检验已经生产出来的产品是否合格；二是当制造产品过程不稳定时，可通过检验及时发现问题，以便采取措施，确保产品的质量。

质量管理体系

1. 质量检验的含义、任务和性质

（1）质量检验的含义

质量检验就是对产品或服务的一种或多种特性进行测量、检查、试验、计量，并将这些特性与规定的要求进行比较以确定其符合性的活动。美国质量专家朱兰对"质量检验"一词作了更简明的定义：所谓质量检验，就是决定产品是否在下道工序使用时适合要求，或是在出厂检验场合，决定能否向消费者提供的业务活动。

质量检验包括四个基本要素：

①度量，采用试验、测量、化验、分析与感官检查等方法测定产品的质量特性。

②比较，将测定结果同质量标准进行比较。

③判断，根据比较结果，对检验产品项目或产品做出合格性的判定。

④处理，对单件受检产品，决定合格放行还是不合格返工、返修或报废，对受检批量产品，决定接受还是拒收，对拒收的不合格批产品，还要进一步作出是否重新进行全检或筛选甚至报废的结论。

（2）质量检验的任务

一般来说，质量检验有五项基本任务：

①鉴别产品（或零部件、外购物料等）的质量水平，确定其符合程度或能否接收。

②判断工序质量状态，为工序能力控制提供依据。

③了解产品质量等级或缺陷的严重程度。

④改善检测手段，提高检测作业发现质量缺陷的能力和有效性。

⑤反馈质量信息，报告质量状况与趋势，提供质量改进建议。

（3）质量检验的性质

质量检验具有公正性、科学性和权威性，这也是对检验工作的基本要求，对发挥检验工作的作用十分重要。

检验工作的公正性是对质量检验最主要的要求，没有公正性，检验就失去了意义，也就谈不上把关的职能。所谓检验工作的公正性，是指检验机构和人员在开展产品质量检验时，既要严格履行自己的职责，独立行使产品质量检验的职权，又要坚持原则，不徇私情，秉公办事，认真负责，实事求是。

检验工作的科学性说的是要通过科学的检测手段，提供准确的检测数据，按照科学合理的判断标准，客观地评价产品质量。

检验工作的权威性是正确进行检验的基础。所谓检验的权威性实质上是对检验人员和检验结果的信任感和尊重程度。树立检验工作的权威是十分必要的，是保证产品质量和生产工作正常进行的重要条件。

2. 质量检验的步骤

（1）检验的准备

熟悉规定要求，选择检验方法，制定检验规范。

（2）测量或试验

按已确定的检验方法和方案，对产品质量特性进行定量或定性的观察、测量、试验，得到需要的量值和结果。测量和试验前后，检验人员要确认检验仪器设备和被检物品试样状态正常，保证测量和试验数据的正确、有效。

（3）记录

对测量的条件、测量得到的量值和观察得到的技术状态用规范化的格式和要求予以记载或描述，作为客观的质量证据保存下来。质量检验记录是证实产品质量的证据，因此数据要客观、真实，字迹要清晰、整齐，不能随意涂改，需要更改的要按规定程序和要求办理。质量检验记录不仅要记录检验数据，还要记录检验日期、班次，由检验人员签名，便于质量追溯，明确质量责任。

（4）比较和判定

由专职人员将检验的结果与规定要求进行对照比较，确定每一项质量特性是否符合规定要求，从而判定被检验的产品是否合格。

（5）确认和处置

检验有关人员对检验的记录和判定的结果进行签字确认。对产品（单件或批）是否可以"接收""放行"做出处置。对合格品准予放行，并及时转入下一作业过程（工序）或准予入库、交付（销售、使用）。对不合格品，按其程度分别做出返修、返工、让步接收或报废处置。对批量产品，根据产品批质量情况和检验判定结果分别做出接收、拒收、复检处置。

（二）质量检验的方式及基本类型

1. 质量检验的方式

在实践中，常按不同的特征对质量检验的方式进行分类。

（1）按检验的数量特征划分

1）全数检验

根据质量标准对送交检验的全部产品逐件进行试验测定，从而判断每一件产品是否合格的检验方法，又称全面检验、普遍检验。

全数检验的局限性：检验工作量大，周期长，成本高，占用的检验人员和设备较多，难以适应现代化大生产的要求；不能适用于破坏性的或检验费用高昂的检验项目；对批量大，但出现不合格品不会引起严重后果的产品，全数检验在经济上得不偿失。

在质量检验中，如无必要一般不采用全数检验的方式，全数检验常用于下述场合：精度要求较高的产品和零部件；对后续工序影响较大的质量项目；质量不太稳定的工序；需要对不合格交验进行 100% 重检及筛选的场合。

2）抽样检验

从一批产品中随机抽取少量产品（样本）进行检验，以判断该批产品是否合格的统计方法和理论。抽样检验又称抽样检查，它与全数检验的不同之处，在于全数检验需对整批产品逐个进行检验，而抽样检验则根据样本中的产品的检验结果来推断整批产品的质量。如果推断结果认为该批产品符合预先规定的合格标准，就予以接收；否则就拒收。

采用抽样检验可以显著地节省工作量。在破坏性试验（如检验灯泡的使用寿命）以及散装产品（如矿产品、粮食）和连续产品（如棉布、电线）等检验中，也都只能采用抽样检验。抽样检验是统计质量管理的一个重要组成部分。抽样检验方案（简称抽样方案）是一套规则，依据它去决定如何抽样（一次抽或分几次抽，抽多少），并根据抽出产品检验的结果决定接收或拒绝该批产品。

（2）按检验的质量测定值的特征划分

1）计数检验

对样本中个体的质量测定值仅确定为合格或不合格，从而推断整批或过程的不合格率，并做出接受或拒收判定的抽验方案。

2）计量检验

对样本中个体的质量测定值直接进行定量计测，从而推断检验批的不合格率的抽验方案。

对一般的成批成品，抽验常采用计数抽验方法；对于那些需做破坏性检验以及费用极大的项目，一般采用计量抽样方法。

（3）按检验方法的特征划分

1）理化检验

理化检验是应用物理或化学方法，依靠量具、仪器及设备装置等对受检物进行检验。理化检验通常会测得检验项目的具体数值，精度高、人为误差小。

理化检验是各种检验方式的主体，特别受到人们的关注。随着现代科学技术的进步，理化检验的计数和装备不断得到改进和发展，如过去的破坏性试验有些已经用无损检测手段来代替；钢材化学成分的快速分析由于光谐分析计数的发展而得以实现等。

2）感官检验

感官检验就是依靠人的感觉器官对质量特性或特征做出评价和判断，如对产品的形状、颜色、气味、伤痕、污损、锈蚀和老化程度等，往往要靠人的感觉器官来进行检查和评价。

感官检验的结果往往依赖于检验人员的经验，并有较大的波动性。虽然如此，但由于理化检验技术发展的局限性以及质量检验问题的多样性，感官检验在某些场合仍然是质量检验方式的一种选择或补充。

质量检验方式的分类还有其他方法，在此不一一列举。实际上，一种检验活动往往具有多种特征，因此，可以同时属于多种检验方式。

2. 质量检验的基本类型

实际的检验活动可以分成三种类型，即进货检验、工序检验和完工检验。

（1）进货检验

进货检验是对外购物品的质量验证，即对采购原材料、辅料、外购件、外协件及配套件等入库前的接收检验。为了确保外购物品的质量，进厂时的收货检验由专职质检人员按照规定的检查内容、检查方法及检查数量进行严格的质检。进货必须有合格证或其他合法证明，否则不予验收。供方的检验证明和检验记录应符合需方的要求。

进货检验有首件（批）样品检验和成批进货检验两种。

1) 首件（批）样品检验

首件（批）样品检验是需方对供方提供的样品的鉴定性检验认可。供方提供的样品必须有代表性，以便作为以后进货的比较基准。

2) 成批进货检验

成批进货检验是指按购销合同的规定对供方持续性供货的正常检验。应根据供方提供的质量证明文件实施检查。

这里介绍一个企业的进货检验流程图，如图5-4所示。

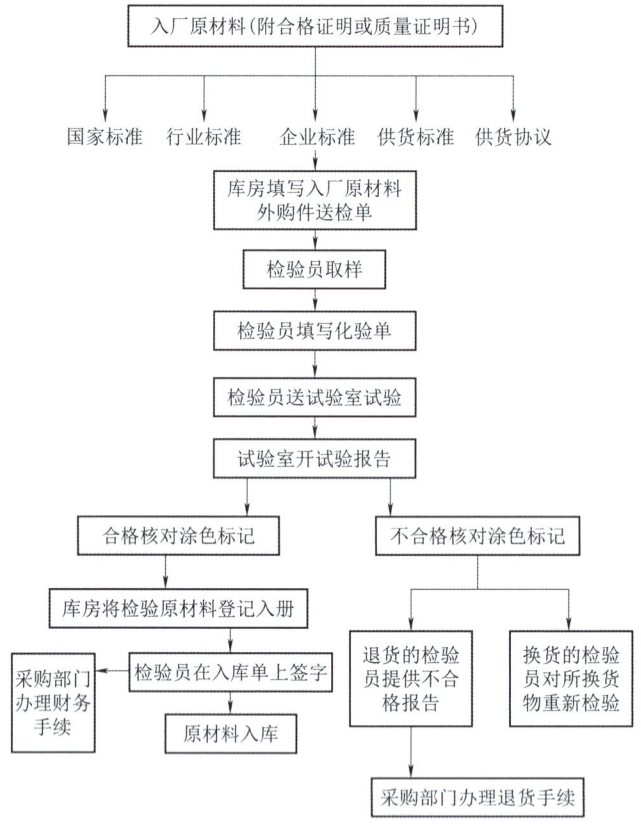

图5-4 进货检验流程图

（2）工序检验

工序检验又称为过程检验或阶段检验。工序检验的目的是在加工过程中防止出现大批不合格品，避免不合格品流入下道工序。因此，工序检验不仅要检验在制品是否达到规定的质量要求，还要检定影响质量的主要工序因素（即5M1E），以决定生产过程是否处于正常的受控状态。

工序检验的作用：第一，可以实施对不合格品的控制。对检查出来的不合格品，做出标志、记录、隔离、评价和处理，并通知有关部门；第二，通过工序检验实现产品标志。在有产品标志和可追溯性要求的情况下，通过工序检验可实现生产过程中对每个或每批产品都有

唯一性的标志。

（3）完工检验

完工检验又称最终检验，是全面考核半成品或成品质量是否满足设计规范标准的重要手段。由于完工检验是供方验证产品是否符合顾客要求的最后一次机会，所以是供方质量保证活动的重要内容。

完工检验必须严格按照程序和规程进行，严格禁止不合格零件投入装配。对有让步回用标志的零件经确认后才准许装配。只有在程序中规定的各项活动已经圆满完成，以及有关数据和文件齐备并得到认可后，产品才能准许发出。

学习单元四　现代企业质量管理的方法——6σ

（一）6σ 管理概述

在经济全球化的背景下，一项全新的管理模式在美国摩托罗拉和通用电气两大巨头中试行并取得立竿见影的效果后，逐渐引起了欧美各国企业的高度关注，这项管理便是现代企业质量管理的方法，即六西格玛管理（6 Sigma 管理，简称 6σ 管理）。

新7大质量控制工具

"σ"是统计学中的概念，指的是正态分布中的标准差，六西格玛即为六倍标准差，在质量上表示每百万产品中的不合格品或每百万次出现缺陷的机会中只有不到 3.4 次，但 6σ 管理不仅仅指产品质量，而是一整套系统的企业管理理论和实践方法。6σ 管理的核心理念实际上不仅是一个质量上的标准，它更代表一种全新的管理理念，即要企业不断地追求近乎完美的产品与服务质量。

6σ 管理的定义为：

①获得和保持企业在经营上的成功并将其经营业绩最大化的综合管理体系和发展战略；

②使企业获得快速增长和竞争力的经营方式；

③寻求同时增加顾客满意和企业经济增长的经营战略途径。

④$6\sigma$ 管理不是单纯的技术方法的引用，而是全新的管理模式。

（二）6σ 管理的特点

①具有比以往更广泛的业绩改进视角，强调从顾客的关键要求以及企业经营战略焦点出发，寻求业绩突破的机会，为顾客和企业创造更大的价值。

②强调对业绩和过程的度量，通过度量，提出挑战性的目标和水平对比的平台。

③提供了业绩改进方法。针对不同的目的与应用领域，这种专业化的改进过程包括：六西格玛产品/服务过程改进 DMAIC 流程（六西格玛改进方法 DMAIC）、六西格玛设计 DFSS 流程（详见下文）等。

④在实施上由"倡导者 Champion""资深黑带 MBB""黑带 BB""绿带 GB"等经过培训、职责明确的人员作为组织保障。

⑤通过确定和实施六西格玛项目，完成过程改进项目。每一个项目的完成时间在 3～6 个月。

⑥明确规定成功的标准及度量方法，以及对项目完成人员的奖励。
⑦组织文化的变革是其重要的组成部分。

（三）6σ管理方法

6σ管理不仅是理念，同时也是一套业绩突破的方法。它将理念变为行动，将目标变为现实。这套方法就是6σ改进方法DMAIC和6σ设计方法DFSS。

（1）6σ改进方法DMAIC

6σ改进方法DMAIC是指界定（Define）、测量（Measure）、分析（Analyze）、改进（Improve）、控制（Control）五个阶段构成的过程改进方法，一般用于对现有流程的改进，包括制造过程、服务过程以及工作过程等。各阶段的主要工作如表5-13所示。

表5-13　DMAIC过程各阶段的主要工作

阶段	主要工作
D界定	界定阶段D：确定顾客的关键需求并识别需要改进的产品或过程，将改进项目界定在合理的范围内
M测量	测量阶段M：通过对现有过程的测量，确定过程的基线以及期望达到的目标，识别影响过程输出Y的关键X，并对测量系统的有效性做出评价
A分析	分析阶段A：通过数据分析确定影响过程输出Y的关键X，即确定过程的关键影响因素
更改过程？／I改进	改进阶段I：寻找优化过程输出Y并且消除或减小关键X影响的方案，使过程的缺陷或变异（或称为波动）降低
C控制	控制阶段C：使改进后的过程程序优化并通过有效的监测方法保持过程改进的成果

（2）6σ设计方法DFSS

DFSS是Design for Six Sigma的缩写，是指在产品、服务或过程需要开发与设计时，或者产品、服务或过程已经存在，但不能达到顾客所要求的水平或6σ设计需要重新设计时，以分析工具为基础，以事实数据为驱动，使缺陷率达到6σ质量水平的方法。

6σ设计关注高水平的创新或优化设计，6σ设计过程是用6σ驱动、以顾客为导向的设计过程，这一方法开始时就需要预测设计质量，需要上下配合，需求自顶向下，功能自底向上，并结合跨功能设计方法，在早期设计阶段就注重质量，监控过程变异，保证顾客需求得到满足。

(3) 6σ 设计的模型 DMADV

6σ 设计的模型 DMADV 即界定阶段（Define）、测量阶段（Measure）、分析阶段（Analyze）、设计阶段（Design）和验证阶段（Verify）。界定阶段（D）的内容包括目标描述、过程范围界定、过程输出及需求修改；测量阶段（M）的内容包括描述过程、验证测量系统和测量过程绩效；分析阶段（A）的内容包括流程价值分析、流程时间分析和设计分析；设计阶段（D）的内容包括确认/调整范围、绘制高水平流程图、创造设计理念和建立详细的设计方案；验证阶段（V）的内容包括每个操作步骤的设计评估、改进设计、试验新的流程、产品和服务、全面推广和控制。6σ 设计不仅应用于流程的再设计，更多的是应用在新产品和新服务的设计中，因此涉及很多专业技术知识，需要技术专家和设计师才能完成。

(4) 6σ 组织

6σ 管理作为一项事业，一种文化，一项系统的改进活动，必须依靠有效的组织体系和一批优秀的人才来推动和保证。启动 6σ 管理时，应挑选合适的人才，经系统培训合格后，安排到 6σ 管理的相应岗位，并规定和赋予明确的职责与权限，形成 6σ 管理的组织体系，这是实施 6σ 管理的基本条件和必备资源。

典型的 6σ 组织结构如图 5-5 所示。有些公司在绿带（Green Belt, GB）下还设有黄带，少数公司在黄带下还设有白带。

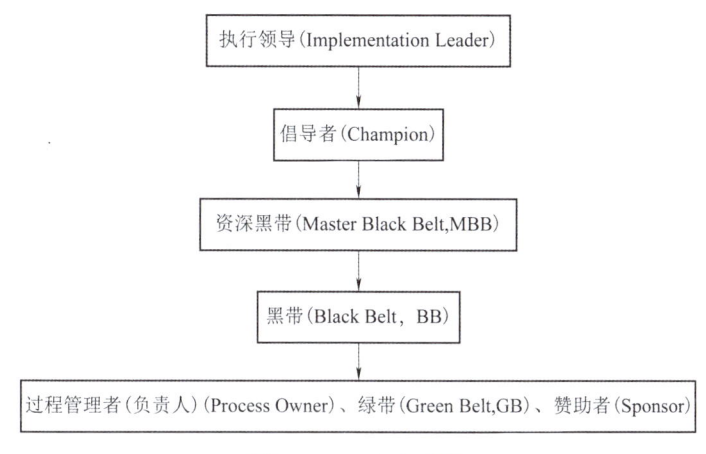

```
执行领导(Implementation Leader)
          ↓
     倡导者(Champion)
          ↓
资深黑带(Master Black Belt, MBB)
          ↓
     黑带(Black Belt, BB)
          ↓
过程管理者(负责人)(Process Owner)、绿带(Green Belt, GB)、赞助者(Sponsor)
```

图 5-5　6σ 组织结构

(5) 6σ 组织的关键角色

1) 执行领导

这个职位还有其他名称，如 6σ 副总裁、首席 6σ 官。执行领导必须是企业质量改进活动中经验丰富的专家或是拥有丰富企业管理经验、很强的领导能力和管理能力、受人尊敬的内部行政人员，通常是企业副总裁级别的领导。这是一个临时性的职位，几年后执行领导一般会调至其他行政或管理职位。执行领导负责协调整个 6σ 活动，直接向首席执行官、总裁或者其他最高层领导汇报工作。执行领导的主要职责是使高层管理人员具有 6σ 管理的意识，使 6σ 项目在他们的工作计划上有较高的优先级，制定和推动 6σ 管理开展计划。

2) 倡导者

倡导者是 6σ 管理的关键角色，一般是高级经理或行政人员，他们必须熟悉基本和高级的统计规律，具有较强的平衡协调能力，由他们发起和支持（负责）黑带项目。这个职位表示着高层管理人员最后会对 6σ 活动负责。换句话说，6σ 管理成果的责任没有落到企业的底层，而是落在高层和中层以上管理人员身上，因此倡导者在 6σ 管理中起着承上启下的重要作用。

倡导者通常是企业推行 6σ 管理领导小组的一员，其职责是：
①保证项目与企业整体目标一致，指明项目方向。
②使其他领导知道项目的进展。
③制定项目选择标准，核准改进方案，特许项目展开。
④为黑带团队提供或争取必需的资源，建立奖励制度，推进 6σ 活动展开。
⑤检查阶段任务执行的状况，排除障碍。
⑥协调与其他 6σ 项目的矛盾。
⑦评价已完成的 6σ 项目。

3）资深黑带

在大多数情况下，资深黑带是 6σ 管理的专家，通常具有理工科背景或者有管理学方面的较高学位，是 6σ 分析工具的高手。他要具有 5 年以上实施 6σ 管理的经验，并且是一个有成功记录的黑带，同时至少要得到两名副总裁的推荐；他还应该具备较高的培训技能、技术技能和组织能力。在企业刚开始推行 6σ 管理时，资深黑带一般来自专门的咨询或培训机构，也可以从具备相当资格的专家中聘用。经过一段时间以后，企业的资深黑带会从专业的黑带中产生。

资深黑带的主要职责是为参加项目的黑带提供指导和咨询，协助黑带及其团队顺利完成工作，帮助企业推广 6σ 管理，具体是：
①接受 6σ 管理的专业训练。
②指导若干位黑带，发挥 6σ 管理的专业经验。
③扮演变革推进者的角色，引进新观念与新方法。
④执行及管理 6σ 培训。
⑤与倡导者共同协调各种活动，确保完成项目。
⑥指导黑带向上级提出报告。

4）黑带

黑带是 6σ 管理中最关键的一个职位。黑带通常是全职的，他们专职从事 6σ 改进项目。黑带的任期一般是 18 个月或 2 年，要求完成 4~8 个项目。

在 6σ 项目中，黑带负责发现突破性改进和变革的机会，组织、管理一支特定的 6σ 项目团队开展工作，最终使项目获得成功。黑带的职责通常是：
①在倡导者及资深黑带的指导下，界定 6σ 项目。
②带领团队运用 6σ 方法。
③选择、指导并使用最有效的工具和技术。
④拥有适宜的人际关系及组织技巧，让团队始终保持高昂的士气与稳定的情绪。
⑤开发、管理项目计划，必要时建立评价制度，监督资料收集和分析。
⑥担任与财务部门间的桥梁，核算项目节约的成本和收益。
⑦让所有与过程相关的人员知道项目的经济效益。
⑧项目完成后提出项目报告。
⑨指导和培训绿带。

最好的黑带候选人往往是那些对公司的产品、服务和流程非常熟悉的中层管理人员、技术人员或未来的高层领导人，但有时候一些缺乏团队经验和对公司历史不太了解的新来者常常会给公司带来新鲜的观点，并有利于克服公司传统的束缚。

5）绿带

绿带接受 6σ 技术的培训，培训的项目与黑带类似，但所达层次略低。绿带还有本职工作要做，一般作为团队的成员，他们的作用是把 6σ 管理的新概念和工具带到企业日常活动中去。

绿带要有技术背景和支持背景，其现有的职位应与需解决的难题相关，而且要熟悉基本统计工具。绿带是 6σ 活动中人数最多也是最基本的力量，一些 6σ 管理的先驱企业，很大比例的员工都接受过绿带培训。通常其职责是：

①提供与流程有关的专业知识。
②与非团队成员的同事进行沟通。
③收集资料。
④接受并完成所有被指派的 6σ 项目。
⑤执行改进计划。

6）过程管理者（负责人）

成功的 6σ 管理还需要过程管理者（部门负责人）的支持和配合。过程管理者不能独立完成项目。他们的职责是：

①建立对 6σ 管理的共识，确保流程改进能够落实。
②流程知识的沟通。
③推荐团队成员。
④保持成果。

（四） 6σ 组织的培训

任何 6σ 管理都包括过程性能、改进方法、统计工具、推广、框架以及其他广泛的知识，这些知识需要在整个组织中形成梯次，并成为全体员工的知识。6σ 组织培训中有三种标准化的课程，从最基础的到广泛的，每一类课程都有不同的详细程度和实际应用水平。

（1）基础培训

基础培训提供对 6σ 管理的基本介绍，一般是针对广大一线员工一天的课程（有些公司针对所有员工）。

（2）绿带培训

绿带培训任务一般由资深黑带和黑带担当。作为黑带的助手和团队成员，绿带的培训不需要像黑带那样密集和全面，通常给予两周的训练。课程结束时，一般会向成功完成课程的参加者签发一张证书。取得绿带资格之后，多数公司要求绿带每年完成一个改进项目，不符合要求的绿带将被收回证书。

（3）黑带培训

黑带培训被分为 4 个连续的教育期间，大体上对应着界定、测量、分析、改进和控制等五个阶段。每个教育期间为 1 个月（包括 1 个星期的教室教育和 3 个星期的实践），培训期间，通常要求黑带受训者完成 4 个改进项目，提供黑带培训的大多数实施 6σ 管理的公司和一些咨询机构会向成功完成课程的黑带受训者颁发证书。取得资格之后，黑带一般被要求每年完成 4 个改进项目。

（五）实施 6σ 管理的意义

①6σ 管理是一种综合管理体系和发展战略，它能够严格、集中、高效地改善企业流程管理的实施原则和技术，以 6σ 水平为追求目标，带动质量成本的大幅度降低，最终实现财务效益的显著提升和企业竞争力的重大突破。

②6σ 管理融入了现代科学的诸多成果，它可以使团队学会如何确定任务和目标、如何收集数据、如何计算和推导、如何形成有效的解决方案，最终解决一个个现实问题，保持企业旺盛的发展势头。同时，6σ 管理可以为企业培养大批诸如黑带、绿带等类型的项目管理人才，塑造持续作战的企业团队，有助于企业建立一套科学有效的管理流程体系，使得管理不再难以确定。

③6σ 管理迎合了知识经济的发展趋势，要求团队的每一个成员不断学习、交流，告诉员工如何有效学习，最终掌握和驾驭系统全面的思维方式，这种技能的获得将是企业持久发展的动力所在。

案例分析

上海贝尔阿尔卡特实施六西格玛管理

订单的少批量、多批次是制造企业的一项新挑战，上海贝尔阿尔卡特公司在实施六西格玛管理以前，生产线每到换型的时候，机器一停就是两三个小时，可是现在 49 分钟就能完成。在该公司质量部门工作的奚雯一想到自己带领项目组成员取得的这一胜利成果，就兴奋不已。

公司已进行了一些质量改善活动，如 TPM（全面生产管理）、TQM（全面质量管理）、QC（质量控制）、PLM（产品生命周期管理）、ISO 9000 等，究竟还有多少空间是留给"精益六西格玛"的？

（1）随处可见的浪费

"精益六西格玛"首先向李剑负责的印制电路板装备部门开刀。李剑在该公司工作了 18 年，曾是工程部门的技术总监，现负责印制电路板装备部门的运营。项目确定之后，李剑很快便发动各部门的经理们组成一个项目推进委员会，召开了有几百人参加的誓师大会，说服员工们积极地参与进来。

咨询顾问们到公司的第一件事就是到车间去"探底"。他们发现工厂里有很多存货，但无法分清哪些是流程中不可或缺的东西，哪些又是不必要的浪费。到处可见用不着的工具和设备，似乎没有一件东西放在流程所属的特定区域内。在工厂的中间区域，一位咨询顾问被工人指引到一台叫"波峰焊"的机器面前，它是整个流程里最为昂贵且特别难搞的麻烦设备，该设备可以非常精确地运转上一阵子，然后轰然一声，没什么明显的原因，就制造了很多缺陷产品，让生产进度落后好几天。他简直不敢相信，这就是一个活生生的制造流程的瓶颈问题：机器旁边随意地停放着产品周转车，让人分不清哪些是成品，哪些是正在生产的，哪些是将要生产的；机器上凌乱地摆放着各种工具和夹具；机器内部也充斥着油垢，机器旁边堆满了像小山一样高的进料……

在导入六西格玛之前，通常要用5S热身。因为5S法不仅可以扫除干扰及不必要的浪费，还会让所有的人有一种同舟共济的参与感。不过事情并不顺利，公司员工尤其是生产线上的工人们对于公司正在推行的这项改革并不热衷，他们个个冷眼旁观，甚至有些抗拒。这几年，公司里各种各样的改善活动从未中断过，但差不多都是雷声大雨点小，员工早已习以为常。根据以往的经验，所谓的改善活动无非就是要他们做得更多、更细心、不能出错，某种意义上是对他们更加严厉的惩罚。"大多数质量问题在于过程中，而不是在于人。"咨询顾问们一再地解释，"精益六西格玛"正是要解决过程的问题，而非针对员工个人，大家的态度才缓和了些。正如李剑所想，真正了解流程的专家，不论是过去还是将来，都是这些一线员工，仅就解决问题的速度而言，也没有人能比得上这些真正做事的人。他们往往有许多很棒的点子，并且个个雀跃万分，摩拳擦掌，迫不及待随时等待展开行动。

（2）实施"精益六西格玛"

有了现场管理5S法和可视化工厂的成果，参与到项目中来的质量部、工程部的小组成员们毫不费力地在一旁看着流程运转，原材料和质量方面的问题也很快看得一清二楚，当大家再开始进行头脑风暴时，想法就一个接着一个地冒出来。换型时间长带来的浪费似乎是大家最不能容忍的，列为第一个要解决的问题。依据六西格玛经典流程"DMAIC"，在确定了"换型问题"之后，大家组成了一支有20个人的队伍，质量部的王澜当选为小组长。

王澜将项目成员分成两队，一队按程序正常工作，另一队则在旁边记录下工人完成的每个动作需要花的时间，经过反复20多次的数据采集，他们发现电路板生产线平均每次换型时间为118分钟，最高可达290分钟，也就是说每条生产线每天几乎有一半的时间是处于非工作状态，这让所有的人都震惊不已。仔细分析后发现，每一次"换型"期间，由于工作人员并没有预先统筹安排好生产所需的物料等原因，机器便不得不停下来。

从精益生产的角度来讲，这样的浪费现象完全可以被消除。项目组成员为自己定了一个目标：55分钟完成换型，财务部门也估算了一下，这样下来至少可以为公司节省300万人民币。后来他们通过增设自动切换功能以及统筹安排物料的预存等方法尽量减少停机的时间。为了缩短因信息传递慢而造成的等待时间，还特地在生产一线配置了对讲机系统，给前后工序、工艺、设备工程师、生产线之间工作人员的交流提供了方便，通过努力，换型时间最终保持在了49分钟的水平。

一开始，大家都以为是设备太陈旧，更换设备零件即可，但据工人们反映，这台设备记不清被修理过多少次了，根本没有用。后来项目组人员经过六西格玛"DMAIC"的一系列测量分析发现，在所有焊接缺陷的残次品中，开路缺陷占了70.7%的比重，而造成开路缺陷的主要原因有可能跟焊接时间的长短、焊接温度的高低以及接触深度有关。正如人们所期望的，通过重新科学地设置焊接时间、焊接温度、接触深度这几项重要的参数，"波峰焊"焊接缺陷从0.45%（差错率）下降到0.18%。根据公司财务部门的数据，"精益六西格玛"改善项目在财务上能体现出来的节省资金至少达640万元，且更为深远的意义在于，公司里人们的行为方式似乎正在发生着变化，人们慢慢地在讲同一种语言——六西格玛的语言。目前上海贝尔阿尔卡特采购部门、财务部门、人事部门也都陆续加入到了"精益六西格玛"改善活动中。

分析：

上海贝尔阿尔卡特经过了一系列的质量改善活动，还有多少空间留给"精益六西格玛"

的管理？

问题：

①质量检验、质量控制、质量保证的区别是什么？

②简述中国企业实施"6σ 管理"的条件。

实训题：

【实训项目】收集已通过 ISO 9000 标准认证企业的质量管理体系文件，并调查如何编写质量管理体系文件。

【实训目的】熟悉 ISO 9000 标准认证企业质量管理体系文件，学习质量管理体系文件的编写方法，明确企业质量管理体系文件编制的目的。

【实训内容】

①通过图书馆或上网查阅或企业现场调查，收集 3 家已通过 ISO 9000 标准认证企业的质量管理体系文件。

②认知、归纳企业质量管理体系文件的基本格式、内容和编写意义。

【实训组织】

①以 9 人为一队，每队以 3 人为一组，每组调查一家企业。设队长 1 人，负责整体联络、协调；各组选出组长 1 人，负责项目实施工作。

②各小队材料汇总，得出小组结论。

【实训考核】

①以小组为单位提交整理后的企业质量管理体系文件。

②以队为单位提交归纳的企业质量管理体系文件的基本格式。

学习评价

评价类型	权重/%	具体指标	分值	得分 自评	组评	师评
职业能力	65	掌握质量管理基础	15			
		了解质量管理常用方法与质量检验方式	25			
		了解现代质量管理——6σ	25			
职业素养	20	坚持出勤，遵守纪律	5			
		协作互助，解决难点	5			
		按照标准规范操作	5			
		持续改进优化	5			
劳动素养	15	按时完成，认真填写记录	5			
		工作岗位 8S 处理	5			
		小组分工合理	5			
综合评价	总分					
	教师点评					

学习情境六

环保与安全生产

学习目标

知识目标	技能目标	素质目标
①了解全球环境问题和我国环境保护政策； ②了解安全生产工作的主要内容； ③熟悉安全生产事故的预防措施； ④了解安全生产管理体制； ⑤熟悉安全管理的组织机构； ⑥熟悉安全生产教育与培训管理办法； ⑦熟悉劳动安全卫生管理的内容	①能够结合历史教训，提出环境保护方案； ②能够掌握安全生产事故的预防措施； ③能够帮助企业制定管理体系文件； ④能合理安排企业培训教育计划； ⑤能够熟悉劳动安全卫生管理的方法	①培养学生遵守劳动纪律、保障生产安全的意识； ②树立职业道德、敬业精神、合作意识； ③培养创新意识，增强社会责任感； ④培养专业的职业素养

情境导入

案例1（西德森林枯死病事件）

西德共有森林740万公顷（1公顷=10^4 m²），到1983年为止有34%染上枯死病，每年枯死的蓄积量占同年森林生长量的21%以上，先后有80多万公顷森林被毁。这种枯死病来自酸雨之害。在巴伐利亚国家公园，由于酸雨的影响，几乎每棵树都得了病，景色全非。黑森州海拔500米以上的枞树相继枯死，全州57%的松树病入膏肓。巴登符腾堡州的"黑森林"，是因枞、松绿得发黑而得名，是欧洲著名的度假胜地，也有一半树染上枯死病，树叶黄褐脱落，其中46万亩完全死亡。汉堡也有3/4的树木面临死亡。当时鲁尔工业区的森林里，到处可见秃树、死鸟、死蜂，该区儿童每年有数万人感染特殊的喉炎症。

"当人类友好保护自然时，自然的回报是慷慨的；当人类粗暴掠夺自然时，自然的惩罚也是无情的。"因此，有必要总结梳理"全球重大生态环境污染事件"的经验教训，以期为

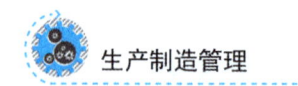

建设人与自然和谐共生的现代化产业体系提供镜鉴与启示。

案例 2

某建筑安装公司承包了某市某街 3 号楼（6 层）建筑工程项目，并将该工程项目转包给某建筑施工队。该建筑施工队在主体施工过程中不执行《建筑安装工程安全技术规程》和有关安全施工的规定，未设斜道，工人爬架杆、乘提升吊篮进行作业。

某年 4 月 12 日，施工队队长王某发现提升吊篮的钢丝绳有点毛，但未及时采取措施，继续安排工人施工。15 日，工人向副队长徐某反映钢丝绳"毛得厉害"，徐某检查发现有约 30 cm 长的毛头，便指派钟某更换钢丝绳，而钟某为了追求进度，轻信钢丝绳不可能马上断，决定先把 7 名工人送上楼施工，再换钢丝绳。当吊篮接近 4 层时，钢丝绳突然断裂，导致重大人员伤亡事故的发生。

思考：
建筑施工企业主要的伤亡事故类型有哪些？

案例 3

某生产经营单位从事机械产品生产、制造和自营产品的配套保障，企业设有 3 个生产性车间、1 个动力车间、1 个三产服务公司。

机械加工车间：配置有 3 台数控机床和数十台普通机床，产品除有个别工件需要使用镁合金材料在数控机床上加工生产外，其他各类金属工件均可采用适宜的数控机床或普通机床加工生产，另配有 2 台运输材料和工件产品的场内机动车辆，配有场内机动车辆驾驶员 3 人。

表面处理车间：设置 1 个喷漆工房、1 个木制品工房，承担产品的表面喷漆、包装箱的制作等事项；车间有与生产配套的空气压缩机 1 台、烘干箱、木工锯床等，并设有调漆间和可供 3 日喷漆用的车间暂存漆料间。

装调车间：为企业形成最终的产品，工作的程序为产品总装、调试、装箱。该企业生产的成型机械产品最大质量约 1.3 t，车间配有 1 台 3 t 行吊车、1 台 3 t 轮式叉车，配有行吊车操作员、叉车驾驶操作员各 2 人。

动力车间：设有供水站、高低压配电室、锅炉（煤、气、油、电）等动力供应站室，负责全厂生产经营和生活用的水、暖、电的动力保障工作。

三产服务公司：主要负责员工食堂的管理、闲置厂房和临街门面房的租赁及经营。企业有员工 320 余人，其中安全生产监督管理人员 3 人。企业针对自身生产经营活动的实际特点，根据安全生产法律法规和标准，落实了安全生产主体责任管理，建立、健全了各层面的安全生产责任规章制度和操作规程及应急预案等。

思考：
如何制定安全管理制度？

学习单元一　产业环境问题

（一）环境问题

从 20 世纪 70 年代到 80 年代前期，人们对地球环境问题的讨论，是以《增长的极限》中提出的"发达国家的经济增长如果按照现在的状况持续下去的话，用不了 100 年大部分地球资源将会枯竭"这一地球资源问题为焦点而展开的。与此相对，20 世纪 80 年代后期，地球环境问题重新受到关注的直接原因则是，1982 年在南极上空首次观测到了臭氧洞，以及主要由产业活动排出的二氧化碳（CO_2）增多带来的温暖化问题在国际会议上成为讨论的议题。

全球各国引起高度重视，纷纷召开首脑会议。

在全球环境首脑会议之后，人们对地球环境问题的关心似乎与泡沫经济崩溃带来的不景气同步，开始下降了。的确，随着全球环境首脑会议这一焦点的消失，人们对全球问题的关注是下降了，但是各种市民（居民）运动所致力的环境问题的研究还在持续，把身边的环境问题与地球规模的环境问题结合起来的观点也正在加强。

（二）环境管理

与西方国家环境行政和立法动议源于自下而上的公民权利保护运动所不同的是，中国的环境保护事业是在计划经济时期由政府主导并自上而下地推行发展起来的。尽管中国的环境行政在创建之初并没有像西方国家那样依赖宪政原理，但是从 1978 年《中华人民共和国宪法》中增加环境保护的国家责任条款，以及在中共中央、国务院的重要文件中均将环境保护宣布为中国的基本国策等具体做法上，可以看出中国领导人在社会主义现代化建设中，全面协调经济发展与环境保护关系的决心和信心。

在中国，通过政策和法律被宣布为国家基本国策的有四项：一是计划生育；二是环境保护；三是耕地保护；四是节约资源。从我国环境与资源保护立法的目的看，耕地保护和节约资源也可以纳入环境保护的范畴之中。

1）将环境保护作为中国一项基本国策的提出

将环境保护作为中国的一项基本国策，是中国政府于 1983 年 12 月 31 日在第二次全国环境保护大会上提出的。在当时，将环境保护作为一项基本国策并不是为了强调它的重要性而夸大其词、任意拔高，而是由当时的国情决定的。

防治环境污染、维护生态平衡，是保证中国农业发展的基本前提。中国陆地的总面积虽然有 960 万平方公里，且耕地、天然草场、林地的绝对量都很大，均占世界各国的前列，但是中国人口众多，因此人均资源并不丰富，特别是人均生物资源很少。

据 1983 年的统计，中国人均耕地为 1.5 亩，只有世界人均量的 27%；人均草地 4.3 亩，只有世界人均量的 38%；人均林地 1.8 亩，只有世界人均量的 12%；人均农林牧用地 8 亩左右，只有世界人均量的 25%；人均河川径流量 2 700 m³，相当于世界人均量的 25%。世界上虽然也有一些人均生物资源并不丰富，但经济却高度发达的国家（以耕地为例，英国为 1.8 亩、联邦德国为 1.8 亩、日本为 0.6 亩），但是这些国家的发展在历史背景和国情方面与中国是不一样的。

第一，这些国家在工业发展过程中，都有过不同程度的对外侵略和剥削以及掠夺殖民地的历史，他们的生活品和工业原料往往不受本国资源多寡的限制。第二，由于目前他们都是高度发达的工业国家，拥有很大的国际市场，外贸收入占国家收入的很大份额（以 1981 年为例，英国人均出口贸易额为 1 814 美元，联邦德国为 2 945 美元，日本为 1 291 美元，而中国只有 22 美元）。第三，除了日本外，他们都是人口不太多的国家，这也是最重要的一点。

由于中国的有限耕地除了种植粮食作物外，还要种植经济作物，为工业提供原料，因此，精心保护有限的生物资源不受污染和破坏，就成为一项基本的国策。

2）制止环境的进一步恶化，不断改善环境质量，是促进中国经济持续发展的重要条件

在 20 世纪 80 年代初，中国的环境污染问题已经相当严重，是世界上污染物排放量最多的国家之一。以 1982 年为例，中国的能源消耗量为 6.19 亿吨标准煤，废气中污染物排放总量为 4 100 万吨，其中二氧化硫约为 1 800 万吨、氮氧化物 400 多万吨、烟尘 1 400 多万吨、氟化物约 6.5 万吨。中国当年的废水排放量为 310 亿吨，据统计，全国大江河的干流有 12.7%受到污染，支流则有 55%受到了污染。此外，1982 年中国工业和矿业固体废物排放量约 4 亿吨，被综合利用的废渣只有 9 788 万吨，只占排放量的 24%。

在自然环境方面，1982 年，中国的森林覆盖率为 12.9%，居世界第 120 位之后。由于过量的采伐、毁林开垦、乱砍滥伐，使森林资源一再遭到破坏。中国的草原有 33 亿亩，但是由于不合理开垦、超载放牧，使得草原普遍退化、沙化。据统计，牧区草场退化、沙化面积达 7.7 亿亩，占总面积的 14.4%。耕地也以每年 500 万亩的速度在减少。另外，在人口方面，中国每年以 1 400 万的速度在增加。

这些情况表明，中国的环境与资源，特别是有限的生物资源已经遭到了比较严重的污染和破坏，成为制约中国振兴经济和发展农业的障碍。因此，采取有力措施，制止环境污染和生态破坏，不断改善环境质量，就成为中国的一项战略性任务。

3）创设一个适宜、健全的生活环境和生态环境，是国家现代化建设的重要目标

资本主义国家实现的现代化，走了一条"先污染后治理"的道路，它是用大量的生命、金钱和时间换来的。在中国，我们要实现的现代化，是社会主义现代化，为了尽可能地满足人民群众日益增长的物质和文化生活的需要。基于这样的目的和对资本主义国家发展经验和教训的总结，中国确定的发展方式和目标都与它们有所不同，即在经济和社会发展中实行全面规划和统筹兼顾的方针，既要发展经济，又要保护环境，并将此作为国家的一项行动基础。

4）远近结合、统筹兼顾，是中国实现持续发展的重大利益

中国环境保护的目的，不只是为了保护资源和促进经济的持续发展，更重要的是为了人，为了人民的身体健康。既要为当代人着想，又要为子孙后代考虑；既要看到今天的利益，又要保护后代的利益。因此，将环境保护作为中国的一项基本国策来对待，是由中国的国情决定的。

让我们看几个具体的问题，认为消费生活给环境带来"负荷"，一般都会拿汽车尾气带来的大气污染以及家庭垃圾问题为例。

首先是汽车尾气所带来的大气污染问题。由汽车带来的大气污染问题绝不是仅靠我们每

个人既是制造者又是被害者这一认识所能解决的。在这一问题上，以大卡车为主的柴油发动机汽车排放出的狄塞尔微粒子（DEP）和二氧化氮（NO_2）占很大比重，为解决这一问题需要和20世纪70年代的排放尾气规定一样，通过社会力量使企业尽早进行技术改革，改变那种只在需要时才进货，或者为节约仓库，总公司在需要时才从子公司运货的方式。总之，没有具体的规定只靠一般的呼吁是不可能解决问题的。其次是垃圾问题，关于这个问题必须考虑到两点。第一，如果缺乏减少占废弃物89%的产业废弃物的手段，只靠一般的呼吁，是不可能减少垃圾数量的。第二，减少家庭垃圾（也称作一般废弃物）的重要性是毋庸置疑的，但是由于消费生活方式被生产方式所决定，因此如果不对助长"用完就扔"文化的大量生产以及"过度的商业主义"带来的过剩包装采取果断措施，要减少的家庭垃圾数量也是有限的。

总之，汽车尾气所带来的大气污染也好，废弃物问题也好，从解决问题的角度来看，在考察这个问题时重要的是，要从消费生活方式根本上是由生产方式所决定的这一立场出发。虽然生产过程和产品（商品）消费过程都会造成环境破坏，但是由于消费过程而发生的环境破坏，大多是由生产方式所决定的。因此为了防止消费过程带来的环境破坏，必须对生产方式采取果断措施，建立新的能够减少废弃物的生产和流通体制。

要保护自然环境，必须把生产体系的转换放在第一位。也就是说，要把社会经济体制从给环境造成重大"负荷"的现行体制转换为有益于环境的环境保护型生产体系和循环型生产体系，找出解决这一问题的具体方法。

要想实现现在生产体系向环境保护型体系以及循环型生产体系的转换，不能期待企业的"善意"。

对大量生产这一现行的生产体制不采取果断措施，只在大量消费和大量废弃物的范围里，研究有利于环境的消费生活方式，会导致只能依靠个人的良心和道德，这是不能解决问题的。当然，从被称作"用完就扔的文化"这一消费生活方式向尽可能减少废弃物的生活方式转变，不用说也是重要课题。因此我们不应单独去研究产生大量废弃物的消费生活方式，而应该与大量生产体制的变革联系起来。

改变消费生活方式要同生产体制的变革相联系，生产体制的变革也要同改变自身消费生活方式相联系，把两者统一起来是很重要的。

不能单纯地把自然环境保护问题作为人对自然的伦理责任问题。

关于这一观点，主要包括以下几点。

第一，必须把自然环境保护和人类健康生存统一起来理解。针对这种观点，自然环境破坏将导致在自然环境中生存的人类的破坏，因此，要把自然环境保护和人类的健康生存权利统一起来理解就显得十分重要。

第二，在致力于解决环境问题时，必须重视参与的权利。重要的不是强迫国民承担"责任"，而是国民每个人的自愿参加，因此首先要保障国民的参与权利。

第三，要公开和提供与环境相关的信息。比如在进行环境影响评价时，从制作计划阶段起，就要向相关地区居民公开并提供信息，取得当地居民的同意。但现实中，环境影响评价在这方面做得很不够。

学习单元二　安全生产事故

生产安全事故，是指生产经营单位在生产经营活动（包括与生产经营有关的活动）中突然发生的，伤害人身安全和健康，或者损坏设备设施，或者造成经济损失的，导致原生产经营活动（包括与生产经营活动有关的活动）暂时中止或永远终止的意外事件。

1. 安全生产事故的重要名词术语

危害——指可能造成人员伤害的职业病、财产损失、作业环境破坏的根源。

危险——指特定危险事件发生的可能与后果的结合。

危害因素——指能对人造成伤亡和影响人的身体健康甚至导致疾病、对物品造成突发性损坏或慢性损坏的因素（强调在一定时间范围内的积累作用）。

危害因素在一定条件下能损伤人体的生理机能和正常代谢功能、破坏设备和物品的效能。

危险因素——指能对人造成突然伤亡的因素（强调突发性和瞬间作用）。

事故隐患——泛指现存系统中可导致事故发生的物品的不安全状态以及人的不安全行为和管理上的缺陷。

能量——就是做功的能力，在一定条件下，一切产生、供给能量的能源和能量的载体都可能是危险、危害因素。

危害物质——在进行生产活动中存在的各种对人有一定危害的物质。

职业病——在劳动过程中由生产性有害因素引起的疾病。

法定职业病——国家颁布的、具体的、有法律效力的职业病名单。

重大危险、危害因素——是指能导致重大事故发生，也就是导致重大人员和经济损失事件发生的危险、危害因素。

重大危险源——是指长期的或者临时的生产、搬运、使用或者贮存危险物品，且危险物品的数量等于或者超过临界量的单元（包括场所和设施）。

应急预案——是针对各种可能发生的事故所需的应急行动而制定的指导性文件。事故应急救援预案是在事故中为保护人员和设施的安全而制订的行动计划，也称为"应急计划"。事故应急救援预案是为了加强对重大事故的应急处理能力，根据实际情况预计未来可能发生的重大事故所预先制定的事故应急对策，即认为事故可能发生并估计事故的后果，预先有针对性地制定一旦事故发生时需要执行的紧急处理步骤。

一个完整的事故应急救援预案由两部分组成：现场事故应急救援预案与厂外事故应急救援预案。两部分事故应急救援预案应当分开，但彼此应当协调一致，即它们必须是针对同一个（预先估计的）紧急情况。现场事故应急救援预案由单位负责拟订，而厂外事故应急救援预案则由地方政府负责拟订。

参照（GB 6441—1986）《企业职工伤亡事故分类标准》，综合考虑起因物、引起事故的诱导性原因、致害物、伤害方式等，将危险因素即事故类别分为20类。

①物体打击——指物体在重力或其他外力的作用下产生运动，打击人体，造成人身伤亡

事故，不包括因机械设备、车辆、起重机械、坍塌等引起的物体打击。

②车辆伤害——指企业车辆在行驶中引起的人体坠落和物体倒塌、下落、挤压伤亡事故，不包括起重设备提升、牵引车辆和车辆停驶时发生的事故。

③机械伤害——指机械设备运动（静止）部件、工具、加工件直接与人体接触引起的夹击、碰撞、剪切、卷入、绞、碾、割、刺等伤害，不包括车辆、起重机引起的机械伤害。

④起重伤害——指各种起重作业（包括起重机安装、检修、试验）中发生的挤压、坠落（吊具、吊重）、物体打击等。

⑤触电——包括雷击伤亡事故。

⑥淹溺——包括高处坠落淹溺，不包括矿山、井下透水淹溺。

⑦灼烫——指火焰烧伤、高温物体烫伤、化学灼伤（酸、碱、盐、有机物引起的体内外灼伤）、物理灼伤（光、放射性物质引起的体内外灼伤），不包括电灼伤和火灾引起的烧伤。

⑧火灾——企业发生火灾事故及在扑救火灾过程中造成本企业职工或非本企业人员的伤害事故。

⑨高处坠落——由于重力势能差引起的伤害事故，如从各种架子、平台、陡壁、梯子等高于地面位置的坠落或由地面踏空坠入坑洞、沟以及漏斗内的伤害事故。但由于其他事故类别为诱发条件而发生的高处坠落，如高处作业时由于人体触电坠落，不属于高处坠落事故。

⑩坍塌——建筑物、堆置物等倒塌和土石塌方引起的伤害事故，如因设计、施工不合理造成的倒塌以及土方、岩石发生的塌陷事故，但不包括由于矿山冒顶、片帮或因爆破引起的坍塌的伤害事故。

⑪中毒和窒息——中毒指人接触有毒物质、吃有毒食物、呼吸有毒气体引起的人体急性中毒事故，如煤气、油气、沥青、化学、一氧化碳中毒等；窒息指在坑道、深井、涵洞、管道、发酵池等通风不良处作业，由于缺氧造成的窒息事故。

⑫冒顶片帮——在矿山工作面、通道上部、侧壁由于支护不当，侧压力过大造成的坍塌伤害事故。顶板塌落为冒顶，侧壁坍塌为片帮，一般因二者同时发生，称为冒顶片帮，如矿山、地下开采及其他坑道作业发生的坍塌事故。

⑬透水——在地下开采或其他坑道作业时，意外水源造成的伤亡事故，如地下含水带或被淹坑道涌水造成的事故，但不包括地面水害事故。

⑭放炮——施工时放炮作业造成的伤亡事故，如各种爆破作业、采石、采矿、采煤、修路、开山、拆除建筑物等工程进行放炮作业引起的伤亡事故。

⑮火药爆炸——火药与炸药在生产、运输、贮藏过程中发生的爆炸事故。

⑯瓦斯煤尘爆炸——可燃性气体瓦斯、煤尘与空气混合形成的混合物浓度达到爆炸极限，接触火源时引起的化学性爆炸事故。

⑰锅炉爆炸——固定或承压锅炉发生的物理性爆炸事故。

⑱压力容器爆炸——承压容器在一定的压力载荷下引起的爆炸事故，如容器内盛装的蒸气、液化气以及其他化学成分物质在一定条件下反应后导致的容器爆炸。

⑲其他爆炸，包括以下爆炸：

可燃性气体与空气混合形成的爆炸，如煤气、乙炔、氢气、液化石油气体等爆炸事故。

可燃性蒸气与空气混合形成的爆炸，如酒精、汽油挥发气等爆炸事故。

可燃性粉尘与空气混合形成的爆炸，如铝粉、镁粉、有机玻璃粉、聚乙烯塑料粉、面粉、谷物粉、糖粉、煤粉、木粉、煤尘以及可燃性纤维、麻纤维（亚麻）、棉纤维、腈纶纤维、涤纶纤维、维纶纤维、烟草粉尘等爆炸事故。

间接形成的可燃性气体与空气相混合，或者可燃性蒸气与空气混合，如可燃固体、易自燃物，当其受热、水、氧化剂的作用而迅速反应，分解出可燃气体与空气混合形成爆炸性气体，遇明火爆炸的事故。

燃油、燃气锅炉在点火过程中发生的炉膛爆炸等，均为其他爆炸。

⑳其他伤害——除上述意外的危险因素，还有其他伤害因素，如摔、扭、挫擦、刺、割伤和非机动车碰撞、扎伤等。

2. 安全生产事故的预防

根据伤亡事故致因理论以及大量事故原因分析结果显示，事故发生主要是由于设备或装置上缺乏安全技术措施、管理上有缺陷和教育不够三个方面原因而引起。因此，必须从技术、教育、管理三个方面采取措施，并将三者有机结合，综合利用，才能有效地预防和控制事故的发生。

（1）安全技术措施

安全技术措施是指对设备、装置和工程从设计阶段开始，根据生产的工艺条件、物质（含原料、中间产品、产品）、设备以及其他有关设施，充分分析和查找潜在的危险因素和不安全部位，预测危险可能导致的事故及造成的后果，然后从工艺上、设备上、控制上提出消除危险、防止事故的技术措施，并在设计和建设时给予解决和落实。将事故隐患消灭在工程项目的设计阶段，保证装置投产后能安全稳定运行。另外，对正在运行的装置和设备也要定期地进行危险性分析和评价，找出薄弱环节和事故隐患，加强安全技术措施，不断提高装置的安全可靠性，将危险降到最低限度。

安全技术措施包括预防事故发生和减少事故损失两个方面，这些措施归纳起来主要有以下几类：

①减少潜在危险因素。在新工艺、新产品的开发时，尽量避免使用危险物质、危险工艺和危险设备。例如在开发新产品时，尽可能用不燃和难燃的物质代替可燃物质，用无毒或低毒物质代替有毒物质。生产中如没有易燃易爆和有毒物质，发生火灾、爆炸、中毒事故就失去了基础，因此，这是预防事故的最根本措施。

②降低潜在危险性的程度。潜在危险性往往达到一定的程度或强度才能施害，通过一些措施降低它的程度，使之处在安全范围以内就能防止事故发生。如作业环境中存在有毒气体，可安装通风设施，降低有害气体浓度，使之达到标准值以下，就不会影响人身安全和健康。

③联锁。就是当出现危险状态时，强制某些元件相互作用，以保证安全操作。

④隔离操作或远距离操作。由事故致因理论得知，伤亡事故发生必须是人与施害物相互接触。如果将两者隔离开来或者保持一定距离，就会避免人身事故的发生或减弱对人体的危害。提高自动化生产程度，设置隔离屏障，防止人员接触危险物质和危险部位都属于这方面的措施。

⑤设置薄弱环节。在设备或装置上安装薄弱元件，当危险因素达到危险值之前薄弱元件预先被破坏，将能量释放，保证安全。例如，当检测仪表显示出工艺参数达到危险值时，与之相连的控制元件就会自动关闭或调节系统，使之处于正常状态或安全停车。目前由于化

工、石油化工生产工艺越来越复杂，联锁的应用也越来越多，这是一种很重要的安全防护装置，可有效地防止人的误操作。例如，在压力容器上安装安全阀或爆破膜，在电气设备上安装保险丝等。

⑥坚固或加强。有时为了提高设备的安全程度，可增加安全系数，加大安全裕度，保证足够的结构强度。

⑦警告牌示和信号装置。警告可以提醒人们注意，及时发现危险因素或部位，以便及时采取措施，防止事故发生。警告牌示是利用人们的视觉引起注意，警告信号则可利用听觉引起注意。目前应用比较多的可燃气体、有毒气体检测报警仪，既有光也有声，可以从视觉和听觉两个方面提醒人们注意。

⑧封闭。就是将危险物质和危险能量局限在一定范围之内，可有效预防事故发生或减少事故损失。例如，使用易燃易爆、有毒有害物质，把它们密闭在容器、管道里边，不与空气、火源和人体接触，就不会发生火灾爆炸和中毒事故；将容易发生爆炸的设备用防爆墙围起来，一旦爆炸，破坏能量不至于波及周围的人和设备。

此外，还有生产装置的合理布局、建筑物和设备保持一定安全距离等其他方面的安全技术措施。随着科学技术的发展，还会开发出新的更加先进的安全防护技术措施，要在充分辨识危险性的基础上，具体选用。

安全技术设施在投用过程中，必须加强维护保养，经常检修，确保性能良好，才能达到预期效果。

（2）安全教育措施

安全教育是对企业各级领导、管理人员以及操作工人进行安全思想政治教育和安全技术知识教育。安全思想政治教育的内容包括国家有关安全生产、劳动保护的方针政策、法规法纪。通过教育提高各级领导和广大职工的安全意识、政策水平和法制观念，牢固树立安全第一的思想，自觉贯彻执行各项劳动保护法规政策，增强保护人、保护生产力的责任感。安全技术知识教育包括一般生产技术知识、一般安全技术知识和专业安全技术知识的教育，安全技术知识寓于生产技术知识之中，在对职工进行安全教育时必须把二者结合起来。一般生产技术知识含企业的基本概况、生产工艺流程、作业方法、设备性能及产品的质量和规格。一般安全技术知识教育含各种原料、产品的危险危害特性，生产过程中可能出现的危险因素，形成事故的规律，安全防护的基本措施和有毒有害的防治方法，异常情况下的紧急处理方案，事故时的紧急救护和自救措施等。专业安全技术知识教育是针对特别工种所进行的专门教育，例如锅炉、压力容器、电气、焊接、化学危险品的管理、防尘防毒等专门安全技术知识的培训教育。

安全技术知识的教育应做到应知应会，不仅要懂得方法原理，还要学会熟练操作和正确使用各类防护用品、消防器材及其他防护设施。

（3）安全管理措施

安全管理是通过制定和监督实施有关安全法令、规程、规范、标准和规章制度等，规范人们在生产活动中的行为准则，使劳动保护工作有法可依，有章可循，用法制手段保护职工在劳动中的安全和健康。1978 年中共中央在《关于认真做好劳动保护工作的通知》中总结当时我国安全生产情况和存在的问题时，明确规定：今后，凡是新建、改建、扩建的工矿企业和革新、挖潜的工程项目，都必须有保证安全生产和消除有毒有害物质的设施。这些设施要与主体工程同时设计，同时施工，同时投产，不得削减，这就是安全和生产的"三同时"。为贯彻执行国家安全生产的法令、法规，各地方政府和行业主管部门也制定了一些劳动保护的规定、条例等。这些法规和制度对搞好劳动保护工作，防止事故发生起了很重要的作用。

安全技术规范标准是防止灾害、保证安全生产的最基本要求。但是随着新的生产技术不断开发，新工艺、新材料、新能源不断出现，工艺过程日趋复杂化、大型化、连续化，其潜在的危险性也大为增加。而法规的修改往往需要一个过程，法规范围以外不一定就没有危险。在这种情况下，只是单纯强调遵守现行法规，或者凭经验去进行安全管理，显然是不能完全奏效的，必须用系统的思想进行安全管理。

系统的思想方法就是把事物当作一个整体来研究，从整体出发分析其内部各组成部分之间的有机联系和系统外部环境的相互关系，是一种综合的研究分析方法。

系统安全管理与传统的安全管理不同，不是在事故发生之后就事论事地去解决个别问题，而是用系统工程的方法和原理预先分析、评价系统中存在的危险因素及可能造成的损失，从而制定出相应的安全措施，使系统危险性减至最低程度。

"识别—评价—控制"危险因素是从系统的初期阶段就开始的，并在以后逐渐完善的各个阶段反复地进行下去，使系统在规定的寿命周期内达到最佳的安全水平。只有这样，才能做到防患于未然，实现系统安全。

工程技术、安全教育、安全管理三个方面的措施，其中技术措施是提高工艺过程、机械设备的本质安全性，即当人出现操作失误，其本身的安全防护系统能自动调节和处理，以保护设备和人身的安全，所以它是预防事故最根本的措施。安全管理是保证人们按照一定的方式从事工作，并为采取安全技术措施提供依据和方案，同时还要对安全防护设施加强维护保养，保证性能正常，否则，再先进的安全技术措施也不能发挥有效作用。安全教育是提高人们的安全素质，掌握安全技术知识、操作技能和安全管理方法的手段。没有安全教育就谈不上采取安全技术措施和安全管理措施。所以说，工程技术、教育、管理三个方面措施是相辅相成的，必须同时进行，缺一不可，工程技术（Engineering）、教育（Education）、管理措施（Enforcement），又称为"3E"措施，是防止事故的三根支柱。

学习单元三 安全生产管理

（一）安全生产工作的主要内容

安全生产主要包括以下五个方面的内容。

1. 安全生产管理

主要包括安全生产法律法规、安全生产管理组织机构和人员、安全生产责任制、安全生产操作规程、安全生产教育与培训、安全生产监督检查、安全生产资金投入、奖励与处罚等。

第一责任人
安全生产责任

2. 安全技术

主要包括机械设备伤害预防、车辆伤害预防、电气伤害预防、火灾预防、有毒有害气体预防，地理、气候等自然因素伤害的预防，化学性灼伤、烫伤的防护，安全防护装置、保险装置、信号装置、检测装置的设置等。

3. 劳动卫生

主要是防止职业病、职业中毒和物理伤害，确保劳动者的身心健康。例如，低温、高温等异常条件下作业健康的防护，高频、微波、紫外线等放射线物质对员工健康危害的防护，静电危害与预防，预防或控制噪声对员工听觉系统的危害，防止强光和照明不足对员工视觉的危害。

4. 工作时间和休息休假管理

主要是执行国家有关工作时间、休息时间的规定，执行国家有关年度休假和探亲假规定，严格限制加班加点等。

5. 女工及未成年工保护

严格执行国家有关女工保护法规，包括：对女工在经期、孕期、产期、哺乳期实行特殊保护；严禁未满16周岁的人员从事生产工作；严禁16~18周岁的未成年人员从事繁重体力劳动和有害健康的工作。

（二）安全生产方针、目标和任务

1. 安全生产方针

我国安全生产方针是"安全第一、预防为主、综合治理"。它是党和国家从社会主义建设全局出发提出的经济建设的重要指导方针，也是国家一项基本政策。这一方针是对安全生产工作的根本要求，社会主义建设必须遵循这一方针。认真贯彻这一方针，是正确处理国家、企业和员工的关系，促使安全生产与经济、社会协调发展的重要保证。

2. 安全管理的任务

安全管理的任务有以下几个方面。

①贯彻落实国家安全生产法规，落实"安全第一、预防为主、综合治理"的安全生产方针。

②制定安全生产的各种规程、规定和制度，并认真贯彻实施。

③积极采取各种安全工程技术措施，进行综合治理，使企业的生产机械设备和设施达到本质化安全的要求，保障员工有一个安全可靠的作业条件，减少和杜绝各类事故造成的人员伤亡和财产损失。

④采取各种劳动卫生措施，不断改善劳动条件和环境，定期检测，防止和消除职业病及职业危害，做好女工和未成年工的特殊保护，保障劳动者的身心健康。

⑤对企业领导、特种作业人员和所有员工进行安全教育，提高安全素质。

⑥对员工伤亡及生产过程中的各类事故进行调查、处理和上报。

⑦推动安全生产目标管理，推广和应用现代化安全管理技术与方法，深化企业安全管理。在企业的生产经营活动中，安全生产管理的任务十分繁重。各个企业应充分发挥安全生产管理部门的计划、组织、指挥、协调和控制五大功能的作用。

（三）安全生产管理体制

我国现行的安全生产工作格局是："政府统一领导，部门依法监督，企业全面负责，群众监督参与，社会广泛支持"。这和以往的体制有了相当大的区别，这一新的格局，是在社会主义市场经济不断发展的新形势下提出的，既反映了做好当前安全生产工作的客观需要，也体现出《中华人民共和国安全生产法》的要求。

政府统一领导是指安全生产工作必须在国务院和地方各级人民政府的领导下，依据国家关于安全生产的法律法规做统一要求。

部门依法监管是指安全生产监管部门和相关部门，要依法履行综合监督管理和某个方面的监督管理职责。

企业全面负责首先是企业主要负责人对企业安全生产全面负责，落实安全生产责任制，这是国家经济体制改革的需要，是政府简政放权、企业经营管理自主权扩大的必然结果，因此，新的安全生产管理体制突出强调了企业的责任。

群众监督参与和社会广泛支持是指要发挥全社会各方面的作用，在全社会形成关爱生命、关注安全的舆论氛围。

（四）安全管理的组织机构

为了有效实现企业安全管理目标，必须设置相应的组织机构，将各项工作能够分配给各个部门和成员，使他们形成一个既相互分工又相互协作的统一整体。组织机构是发挥管理功能实现管理目标的工具。

安全管理机构的组织形式是根据规模及行业危险性决定的。企业规模越大，组织机构层次越多，机构和人员分工也就越细。反之，企业规模越小，组织机构层次就越少，管理人员负责的工作范围也就越广。因为安全管理组织机构是企业整体组织机构的一个部分，所以其层次不宜过多。

对于大型国有企业，其安全管理机构相对健全。由于企业规模较大，因此需要一个组织层次较多、功能完备的安全管理机构，机构中的管理人员分工明确，按专业实施精确化管理。

1. 安全生产委员会

例如电信企业安全生产工作涉及企业内各个部门和每一个员工。安全生产管理与各部门业务交叉较多，必须建立一个能够统一协调各个部门工作的非常设机构——安全生产委员会。企业行政最高管理者或由其授权的安全管理者代表担任这个机构的负责人。

安全生产委员会是由企业行政最高管理者（或由其授权的安全管理者代表）和综合管理部、人力资源部、财务部、安全保卫部、生产管理部及工会等部门的负责人组成的。

安全生产委员会的任务是：全面管理安全生产工作；规定各部门的职责分工；协调各部门的安全生产工作关系；定期研究和解决安全生产管理上的问题；发布指令性的职业安全卫生措施和计划。

2. 安全生产委员会办公室

安全生产委员会的日常工作由安全生产委员会办公室负责。安全生产委员会办公室的任务是：

①负责安全生产管理运行的组织协调、检查与考核工作。
②负责对安全生产管理目标、指标所涉及的单位实施定期检查和监督。
③提出安全生产管理培训的要求。

④负责安全生产评估活动的实施。
⑤负责安全生产管理体系文件与部分支持性文件的组织编写、评审和颁布。
⑥主管安全生产的信息交流。
⑦负责安全生产管理运行中出现问题的协调和解决，并对各单位实施安全生产管理的运行效果进行考核。
⑧负责各类事故的调查和处理，按要求编制应急救援预案。

3. 安全管理人员配置

①省级公司配置专职安全生产管理人员。
②市级分公司配置专职安全生产管理人员。
③县级分公司配置专（兼）职安全员。
④部门配置兼职安全员。
⑤班组配置兼职安全员。
⑥车辆管理部门应配置交通安全员或车辆安全技术人员。

专（兼）职安全管理人员、安全员和车辆安全技术人员应相对固定，如有变动，应及时通告相关部门。

（五）安全生产教育与培训

安全教育与培训工作是贯彻经营单位方针、目标，实现安全生产、文明生产，提高员工安全意识和安全素质，防止不安全行为，减少人为失误的重要途径。其重要性首先在于提高经营管理者及员工的安全责任感和自觉性，帮助其正确认识和学习职业安全健康法律法规、基本知识；其次是能够普及和提高员工的安全技术知识，增强安全操作技能，从而保护自己和他人的安全与健康，促进企业生产经营发展。

1. 安全生产教育的特点和作用

据权威机构对事故发生的原因进行调查统计分析表明，90%的事故原因是由于人的不安全行为引起的，这说明了人的安全行为对安全生产影响很大。提高员工的安全意识，规范员工的安全行为，是企业实现生产安全的关键所在。安全生产教育是提高员工安全意识和安全操作能力的有效途径，通过安全生产教育，向员工灌输安全生产有关法律法规、操作规程等安全知识，使员工在思想意识上重视安全，在行动上自觉规范自己的行为，遵守劳动纪律，按章操作，从而降低事故发生的可能，实现生产安全。

（1）安全生产教育的特点

①长期性。随着企业的发展，市场经营环境和生产条件的不断变化，员工的新老交替，以及员工心理和生理的变化等，决定了安全生产教育是一项长期性的工作。

②广泛性。企业的员工，在各自生产岗位上，由于人、机、环境的不匹配和管理上的缺陷，都有发生安全事故的可能，因此，有必要对每位员工进行安全生产教育，并要做到因人施教和因岗施教。

③专业性。安全生产教育是一门专业性很强的科学，有自己的理论基础，独特的内容和区别于其他教育的方式。

④时效性。当新的法律法规、规章制度出台时，应及时开展教育活动，使全体员工领会精神并贯彻落实。

（2）安全生产教育的作用

安全生产教育是企业为提高员工的安全意识和安全操作技能而进行的教育。安全生产教育在企业安全生产管理中占有重要的地位，对搞好企业安全生产发挥着重要作用。

①提高员工的安全意识。所谓安全意识就是安全生产重要性在人们头脑中反映的程度。人的行为是由人的思想意识支配的，研究证明，员工对安全生产的认识和态度与事故发生的概率之间存在密切的关系。通过安全生产教育，能有效地提高员工的安全意识，能使员工对安全生产有正确的认识，增加员工的安全生产责任感，使员工从"要我安全"向"我要安全"转变，最终达到"我会安全"，珍惜生命，关注安全，成为员工在企业生产作业过程中的共同安全价值观。

②提高员工的安全操作技能。要防止伤亡事故发生，员工不仅要有良好的安全意识，更要有过硬的安全知识和安全操作技能。在生产作业过程中，知道岗位安全的重要性，从思想上重视安全固然重要，但还远远不够，熟悉本岗位的安全知识和操作技能，懂得安全，会安全，才是最重要的。例如，在通信机房发现了火情，员工不但要知道如何报告，还要懂得火灾扑救的方法，掌握逃生知识。

③有利于安全生产管理工作的开展。安全生产管理关键是对人的管理，在某种意义上，取决于员工对安全生产的认识水平和责任感，只有人人都感觉到，搞好安全生产关系到自己的切身利益，与自己本身和家庭幸福息息相关，是自己义不容辞的责任，才会积极行动起来，自觉地参与安全生产工作。

总之，安全生产教育是企业实现安全生产的重要环节。

2. 安全生产教育的对象及内容

（1）生产经营单位主要负责人

①生产经营单位主要负责人必须进行安全资格培训，经省级及以上安全生产监督管理部门或法律法规规定的有关主管部门考核合格，颁发安全资格证。

②生产经营单位主要负责人的职责：

a. 遵守国家安全生产方针、政策、法规以及本行业的有关安全卫生标准。

b. 学习安全生产管理的基本知识、方法与安全生产技术，基本掌握安全分析、安全决策及事故预测和防护知识。

c. 制定重大事故防范、应急救援措施及调查处理方法，重大危险源管理与应急救援编制原则。

d. 进行典型事故案例分析。

③初次安全培训时间不得少于32学时，每年再培训时间不得少于12学时。

（2）安全生产管理人员

①安全生产管理人员的职责：

a. 遵守国家有关职业安全健康的方针、政策、法律、法规和本行业的安全标准。

b. 学习企业安全生产管理、安全技术、职业健康知识、安全文件。

c. 遵守工伤保险法律、法规，及时进行员工伤亡事故和职业病统计报告及调查处理。

d. 梳理有关事故案例及制定事故应急处理措施等项内容。

e. 学习国内外先进的安全生产管理经验，并进行典型事故安全分析。

②安全生产管理人员资格培训时间不得少于32学时，每年必须接受安全专业技术培训

的时间不少于 12 学时。

（3）其他管理人员和技术人员（安全员）

其他管理人员和技术人员的职责：

①遵守并学习安全生产的法律、法规，安全技术和安全文化的知识、技能，了解本企业、本班组和一些岗位的危险因素。

②履行本岗位安全生产职责。

③遵守岗位安全操作规程。

④梳理典型事故案例及制定事故抢救与应急处理措施等。

（4）从业人员

从业人员的职责：

①遵守并学习职业安全健康法律、法规、通用安全技术、职业健康和安全文化的基本知识，安全生产状况和规章制度，主要危险因素及安全事项，预防工伤事故和职业病的主要措施，典型事故案例及事故应急处理措施等。

②进行班组级安全教育，内容包括遵章守纪，岗位安全操作规程、岗位间工作衔接配合的安全事项、典型事故及发生事故后应采取的紧急措施、劳动防护用品（用具）的性能及正确使用方法等项内容。

③新从业人员安全生产教育培训时间不得少于 24 学时；特种作业人员安全生产教育培训时间不得少于 72 学时，每年再培训时间不得少于 20 学时。

3. 安全生产教育的主要形式

安全生产教育的形式主要有 3 种，分别是三级安全教育、特种作业专门培训和经常性教育。

（1）三级安全教育

三级安全教育包括公司、部门和生产班组（岗位）的三级安全教育。

①公司安全教育是对新员工和调换工作岗位的人员，在未分配到基层单位前进行的安全教育，目的是使他们树立起安全生产观念，认识到安全生产的重要性，熟悉相关安全规章制度和操作规程，以保证生产安全。公司安全教育的主要内容包括：安全生产重要性及其意义，一般安全生产知识，安全生产的特点、概况，伤亡事故发生原因、事故教训等。

②部门安全教育是对新员工和调换工作岗位的人员，分配到基层单位后进行的安全教育，目的是使他们知道本部门的危险部位、有害作业的情况，本部门安全生产情况以及安全注意事项等。

③班组（岗位）安全教育是对新员工和调换工作岗位的人员，分配到固定工作岗位，开始工作前进行的安全教育，目的是使他们知道本班组安全生产概况，岗位的作业环境、危险部位，本岗位安全责任制和安全技术操作规程，个人劳动保护用品的使用等。

（2）特种作业专门培训

根据 2015 年 5 月 29 日国家安全监管总局令第 80 号第二次修正的《特种作业人员安全技术培训考核管理规定》，对操作者本人，尤其对他人和周围设施的安全有重大危害因素的作业，称为特种作业。直接从事特种作业者，称为特种作业人员。在电信行业中属于特种作业序列的主要有：电工作业、锅炉司炉、压力容器操作、起重机械作业、线路施工和维护登高作业等。

对从事特种作业的人员，要进行专门的安全技术和操作知识方面的教育和培训，经过国家有关行政主管部门考核合格后，发给"特种作业人员操作证"方可持证上岗。培训内容按国家颁发的《特种作业人员安全技术培训考核管理规定》执行。

（3）员工的经常性安全教育

安全教育是一项长期工作，要经常开展。随着企业的发展，市场竞争的加剧，企业生产流程、岗位等都要适应市场变化而变化，这就要求员工掌握新的安全知识。随着时间的推移，原已经掌握了的知识、技能，如果不经常使用会逐渐淡漠，遇到生产任务繁忙时，"安全第一"的思想往往会动摇。因此，安全工作要时常提醒，警钟长鸣，经常性的安全教育十分有必要。经常性安全教育的主要方式有以下5种。

①坚持班前会、班后会上说明安全注意事项，讲评安全情况。
②围绕每年的安全生产月活动主题，开展安全生产各项活动。
③召开安全生产会议，专门计划、布置、检查、总结、评比安全生产工作。
④召开事故现场会，分析事故原因及教训，制定防止类似事故发生的措施。
⑤组织各类安全生产业务培训班，提高员工的安全防范技能。

在安全教育中，要注重方式、方法，通过多种多样的教育形式，提高员工的安全意识，激发员工搞好安全生产的动机和热情，促进安全管理工作的开展。

4. 安全生产监督检查

事故的发生是由于人的不安全行为、物的不安全状态、环境的不安全因素以及安全管理缺陷所导致的。例如，在电信生产经营过程中，由于科学技术的进步和市场竞争的需要，通信设备、通信线路等不断发生变化，有可能从安全状态变为不安全状态，或者存在潜在的不安全状态；人在生产作业过程中，其行为由于受到环境、管理和心理、生理等方面的影响，有可能出现不安全行为或养成不良习惯，这些不安全因素，称为"隐患"。如果隐患不及时消除，就有可能发生安全生产事故。安全生产检查，是对生产作业过程和安全管理中可能存在的隐患、有害与危险因素、缺陷等进行查证，以确定隐患中有害与危险因素、缺陷的存在状态，以及它们转化为事故的条件，以便制定整改措施，消除隐患和有害与危险因素，确保企业安全。同时，安全生产检查可以使员工感受到企业对安全生产工作的重视，促使其自行调节和规范自己的行为，安全生产检查还可以达到了解情况、总结经验、查找不足和交流学习的目的。

因此，安全生产检查是促进安全生产管理水平提高的有效办法，是搞好安全生产工作的主要方式之一。

（1）安全生产检查的形式
①按检查的时间划分，可分为定期和不定期检查。
②按检查的内容划分，可分为普查（全面检查）和专业检查。
③按检查的组织主体划分，分为自查、互查、抽查。

定期检查：一般通过有计划、有组织、有目的的形式来实现的安全检查，包括每周、每季、每年、节假日、季节转换期等时间周期所进行的安全检查。

不定期检查：是指经常性的安全检查，不受时间周期限制，在员工生产作业过程中，边作业边检查或突击检查，及时发现事故隐患。

普查：即全面安全检查，是指安全生产管理措施和技术措施等方面的检查。其特点是涉及面广、检查内容多、检查时间长。

专业检查：是针对特殊作业、特殊设备、特殊作业场所等进行的检查，如电气、起重设备、车辆运输等方面的检查。

自查：是指单位对自身作业场所进行的安全生产检查。

互查：是指单位与单位之间进行的安全生产检查。

抽查：是指上级单位对下级单位进行的不定期安全生产检查。

(2) 安全生产检查的内容

电信企业安全检查内容主要包括安全生产管理、劳动安全和劳动卫生。

1) 安全生产管理

①贯彻执行安全生产方针政策，法律、法规、制度情况。

②企业内部各项安全生产管理制度是否健全。

③是否落实了各级安全生产组织机构，并按要求配备监督检查人员。

④安全生产责任制落实情况。

⑤安全生产基础管理数据、档案资料是否齐全。

⑥基本建设与劳动安全卫生"三同时"的执行情况。

⑦编制安全生产技术措施计划、合理使用安全技术措施费用的情况。

⑧安全生产检查和隐患整改情况。

⑨安全生产宣传教育情况（对新员工进行三级教育，对特殊工种人员进行安全教育培训及考核）。

⑩伤亡事故报告制度的执行和对各类事故的调查处理结案情况。

2) 劳动安全

①生产场所是否布局合理，安全通道是否畅通，照明是否充足，环境是否整洁。

②通信设备是否按标准维护，各种机械电器是否符合安全技术要求，安全防护装置是否齐全、灵敏、可靠。

③通信线路施工、维护是否符合《电信线路安全技术操作规程》。

④锅炉、压力容器、升降设备的购置、安装以及易燃易爆物品存放是否符合安全规定。

⑤企业员工执行岗位安全制度及劳动防护用品的使用情况。

⑥生产指挥人员、操作人员有无违章指挥、违章作业、违反劳动纪律的现象。

⑦各种机动车辆和驾驶人员的安全管理情况。

⑧在重点部位、危险部位有无明显的标志。

3) 劳动卫生

①生产场所有无毒害物质，毒害物质是否符合安全标准，有无防护措施。

②防暑、防寒措施是否落实。

③对从事有毒有害作业人员是否建立了健康检查制度和健康档案。

4) 其他方面

①国家颁布的《女员工劳动保护特别规定》《未成年工特殊保护规定》是否得到贯彻执行。

②单位是否依照《劳动法》及相关规定，结合电信生产工作的特点，合理安排本单位员工的工作时间、休息时间和年度休假。

(3) 安全生产检查的方法

安全生产检查的方法很多，主要采取听、问、看、测、评的检查方法。

①听，指听取检查单位领导或相关人员汇报安全生产情况，可采用汇报、座谈会、调查会等形式。

②问，指针对检查内容，主动询问单位领导、安全生产管理人员、安全技术员、安全员、班组长和部分员工有关安全生产检查内容的情况。

③看，指查看安全生产管理制度、安全生产台账等安全管理情况，到作业现场查看劳动条件、场所、设备和人员的安全状况。

④测，指使用安全监测仪器对生产作业现场的空气、噪声、照明、辐射、温湿度等劳动条件进行定量监测。

⑤评，指通过听、问、看、测等方式，对检查出来的问题进行评价，肯定成绩，指出差距，采取措施，防止事故发生。

(4) 安全生产检查隐患的整治

安全生产检查不仅要发现存在或潜在的不安全因素，而且要及时采取措施，对检查发现的隐患进行整治，消除事故隐患，把事故苗头消灭在萌芽状态。检查结束后，检查单位应向被检查单位通报检查情况，交流检查信息。必要时，检查单位可向被检查单位发出《事故隐患整改通知书》，对安全生产检查查出的问题，被检查单位要登记造册，并逐项落实整改。对自身难以解决的问题，一方面要做好对隐患点的防范措施，另一方面要及时报告，请求上级支持。对因能解决而长期不解决的隐患而导致事故发生的单位或个人要追究责任。

5. 事故报告与处理

(1) 事故的定义和分类

1) 事故的定义

事故是指人们在进行有目的的活动过程中发生的、违背人们意愿的、可能造成人们有目的的活动暂时或永远终止，同时可能造成人员伤害或财产损失的意外事件。事故的后果有以下3种情况：人身受到伤害、财产没有损失；人身没有伤害而财产遭受损失；人身受到伤害、财产也遭受损失。因此，对事故产生后果的严重程度，一般用伤亡人数的多少和经济损失的大小来衡量。企业员工伤亡事故是指员工在生产作业过程中发生的人身伤害、急性中毒事故，即指员工在本岗位劳动或虽不在本岗位劳动，但由于企业的设施不安全，劳动条件和作业环境不良，管理不善，所发生的轻伤、重伤、死亡事故。

2) 事故的分类

总体上说，事故可分为自然事故和人为事故两大类。自然事故是指非人为的自然因素造成的事故，如地震、台风、洪水等造成的事故。人为事故是指由于人为因素造成的事故。

事故的分类通常有以下两种方法。

①现有的通用事故分类如下：

a. 交通事故，分道路交通事故和铁路交通事故。

b. 水运事故，称为"海事"或"海损"事故。

c. 航空事故，空难事故。

d. 火灾事故。

e. 企业员工伤亡事故，称为工伤事故或生产事故，员工伤亡事故又分为因工伤亡事故和非因工伤亡事故两类。

②根据生产安全事故（以下简称事故）造成的人员伤亡或者直接经济损失，事故一般分为以下等级：

a. 特别重大事故，是指造成 30 人以上死亡，或者 100 人以上重伤（包括急性工业中毒），或者 1 亿元以上直接经济损失的事故。

b. 重大事故，是指造成 10 人以上 30 人以下死亡，或者 50 人以上 100 人以下重伤（包括急性工业中毒），或者 5 000 万元以上 1 亿元以下直接经济损失的事故。

c. 较大事故，是指造成 3 人以上 10 人以下死亡，或者 10 人以上 50 人以下重伤（包括急性工业中毒），或者 1 000 万元以上 5 000 万元以下直接经济损失的事故。

d. 一般事故，是指造成 3 人以下死亡，或者 10 人以下重伤（包括急性工业中毒），或者 1 000 万元以下直接经济损失的事故。

（2）事故报告

要求如下：

①事故发生后，事故现场有关人员应当立即向本单位负责人报告；单位负责人接到报告后，应当于 1 小时内向事故发生地县级以上人民政府安全生产监督管理部门和负有安全生产监督管理职责的有关部门报告。

情况紧急时，事故现场有关人员可以直接向事故发生地县级以上人民政府安全生产监督管理部门和负有安全生产监督管理职责的有关部门报告。

②事故报告应当包括下列内容：

a. 事故发生单位概况。

b. 事故发生的时间、地点以及事故现场情况。

c. 事故的简要经过。

d. 事故已经造成或者可能造成的伤亡人数（包括下落不明的人数）和初步估计的直接经济损失。

e. 已经采取的措施。

f. 其他应当报告的情况。

③安全生产监督管理部门和负有安全生产监督管理职责的有关部门接到事故报告后，应当依照④和⑤的规定上报事故情况，并通知公安机关、劳动保障行政部门、工会和人民检察院。

④安全生产监督管理部门和负有安全生产监督管理职责的有关部门逐级上报事故情况，每级上报的时间不得超过 2 小时。

⑤事故报告后出现新情况的，应当及时补报。自事故发生之日起 30 日内，事故造成的伤亡人数发生变化的，应当及时补报。道路交通事故、火灾事故自发生之日起 7 日内，事故造成的伤亡人数发生变化的，应当及时补报。

（3）事故处理

①特别重大事故由国务院或者国务院授权有关部门组织事故调查组进行调查。

重大事故、较大事故、一般事故分别由事故发生地省级人民政府、设区的市级人民政府、县级人民政府负责调查。省级人民政府、设区的市级人民政府、县级人民政府可以直接组织事故调查组进行调查，也可以授权或者委托有关部门组织事故调查组进行调查。未造成人员伤亡的一般事故，县级人民政府也可以委托事故发生单位组织事故调查组进行调查。

②重大事故、较大事故、一般事故，负责事故调查的人民政府应当自收到事故调查报告之日起 15 日内做出批复；特别重大事故，30 日内做出批复，特殊情况下，批复时间可以适当延长，但延长的时间最长不超过 30 日。

有关机关应当按照人民政府的批复，依照法律、行政法规规定的权限和程序，对事故发生单位和有关人员进行行政处罚，对负有事故责任的国家工作人员进行处分。

事故发生单位应当按照负责事故调查的人民政府的批复，对本单位负有事故责任的人员进行处理。

负有事故责任的人员涉嫌犯罪的，依法追究刑事责任。

③事故发生单位应当认真吸取事故教训，落实防范和整改措施，防止事故再次发生。

防范和整改措施的落实情况应当接受工会和员工的监督。安全生产监督管理部门和负有安全生产监督管理职责的有关部门，应当对事故发生单位落实防范和整改措施的情况进行监督检查。

④事故处理的情况由负责事故调查的人民政府或者其授权的有关部门、机构向社会公布，依法应当保密的除外。

学习单元四　劳动安全卫生管理

劳动安全卫生管理又称"三同时"管理，是指建设项目的劳动安全卫生设施必须符合国家规定的标准，必须与主体工程同时设计、同时施工、同时投入生产和使用。

事故调查处理

（一）"三同时"工作的必要性

1. 开展"三同时"工作具有强制性

市场经济是法制经济，国家利用法制手段调节企业行为，任何企业的行为都必须在法律允许的范围之内。开展"三同时"管理是《中华人民共和国安全生产法》的规定，这就使"三同时"工作纳入了法制轨道，使之具有强制性。执行"三同时"是项目进行建设时的必须程序，劳动安全卫生设施是建设项目竣工验收的五条标准之一。

2. "三同时"是劳动安全卫生管理的有效方法

劳动安全卫生"三同时"是社会发展的客观要求，我国普遍开展的实践经验证明，"三同时"是具有中国特色、行之有效地消除和控制建设项目中危险有害因素的管理方法，是劳动安全卫生工作中一项带有根本性的工作，是"安全第一，预防为主"方针的具体体现。

3. 开展"三同时"是企业竞争的需要

"三同时"工作的最终目的是使企业劳动安全卫生条件达到国家规定的标准，使新的建设项目不留事故隐患。

若企业为追求项目建设初期的低投入，不开展"三同时"工作，在项目建成投产后为填平补齐这些欠款，会花费更多的资金，从而增加企业的负担，降低企业竞争力。

4. 开展"三同时"是社会发展的需要

作业场所劳动安全卫生问题已困扰我国多年，它不但威胁着劳动者的安全、健康，影响着产品质量，增加了社会和企业的经济负担，而且也污染了环境，破坏了生态平衡，限制了经济高速、持续发展，阻碍了人民生活水平的进一步提高。人们在实践中深刻认识到，我们现在已经丧失了发达国家工业化过程中拥有的资源优势和环境容量，不可能走"先污染，后治理"的传统工业道路，只有抓住可能产生事故的根源和产生污染的对象——建设项目，从项目立项、可行性研究开始直至设计、施工、验收的全过程实行强化管理，从根本上消除发生事故和产生污染的可能才是最有效的方法。

"三同时"管理着重解决的正是开发建设项目内部环节之间、前后程序之间，在防止事故和职业危害措施方面的协调和配套问题，根据预防为主的方针，落实防治开发建设项目活动对劳动者安全健康产生威胁的措施，防止新建项目在建成投产后出现职业危害，存在事故隐患。通过"三同时"管理达到防患于未然的目的，避免中国再走西方工业化道路中，以人的损失和对环境的大肆破坏为代价而得到的经济高速发展的老路，把经济建设置于有利于职业安全卫生、环境保护的发展方向上。

(二)"三同时"工作的主要内容

1."三同时"工作的程序和职责

"三同时"是一项政策性、技术性很强的科学管理工作。要做好"三同时"工作，使其在经济建设中发挥出应有的作用，就必须使"三同时"所要求的内容分别落实到基本建设各个程序的各个阶段，并且要制定出完成的时限，才能使项目建成后，职业安全卫生设施在时间上、质量上得到保证。建设项目从计划建设到建成投产一般要经过四个阶段和五道审批手续。四个阶段即确定项目、设计、施工和竣工验收，五道审批手续即项目建议书、可行性研究报告、设计任务、初步设计和开工报告。建设项目的劳动安全卫生状况在确定项目阶段就要做出简要说明，在可行性研究报告中应有劳动安全卫生论证内容，根据项目规模和危害程度开展职业安全卫生预评价，并做出职业安全卫生预评价报告，报送上级主管部门和劳动安全卫生监察部门审批。审批通过后，开展初步设计工作。

建设单位对建设项目实施劳动安全卫生"三同时"负全面责任，在做建设项目投资计划、初步设计、设备调试、验收等各环节按《建设项目（工程）劳动安全卫生监察规定》的要求进行。在初步设计文件中要包括《劳动安全卫生专篇》，初步设计方案经安全生产监察部门审查同意后要办理建设项目劳动安全卫生初步设计审批表；建设项目劳动安全卫生设施和技术措施经劳动监察验收通过后，应及时办理建设项目劳动安全卫生验收审批表；建设项目的可行性研究报告编制单位、工程设计单位应对建设项目劳动安全卫生设施的设计负技术责任；施工单位应对建设项目的劳动安全卫生的工程质量负责；各级安全生产监察部门对建设项目"三同时"的实施，实行劳动安全卫生监察。

2. 劳动安全卫生预评价

建设项目劳动安全卫生预评价是根据建设项目可行性研究报告的内容，运用科学的评价方法，依据国家法律、法规及行业标准，分析、预测该建设项目存在的危险、有害因素的种类和危险、危害程度，提出科学、合理及可行的劳动安全卫生技术措施和管理对策，作为该建设项目初步设计中，劳动安全卫生设计和建设项目劳动安全卫生管理的主要依据，供国家安全生产管理部门进行监察时作为参考。凡符合下列情况之一的，必须进行建设项目劳动安全卫生预评价：

①大中型和限额以上的建设项目。
②火灾危险性生产类别为甲类的建设项目。
③爆炸危险场所等级为特别危险场所和高度危险场所的建设项目。
④大量生产或使用Ⅰ级、Ⅱ级危害程度的职业性接触毒物的建设项目。
⑤大量生产或使用石棉粉料或含有10%以上的游离二氧化硅粉料的建设项目。
⑥安全生产监督管理部门确认的其他危险、危害因素大的建设项目。

3. 劳动安全卫生设施的初步设计

劳动安全卫生设计是整个工程设计的重要组成部分，是从技术上、投资上落实劳动安全卫生措施和设施的具体体现，是贯彻"安全第一，预防为主"的关键环节。建设项目的劳动安全卫生设计包括初步设计和施工图设计两个阶段，初步设计应包括以下内容：

①安全技术措施，以防止工伤事故为目的的一切措施。
②工业卫生技术措施，以改善生产环境、防止职业危害为目的的一切技术措施。
③辅助房屋及设施。
④宣传教育设施。

设计单位在初步设计中，上述内容必须依据预评价报告书中提供的定量数据，并依据国家有关法律、法规、标准进行设计，并编写《劳动安全卫生专篇》和建设项目劳动安全卫生初步设计审查表。初步设计必须通过同级劳动安全生产监察部门审查同意后，方可进行施工设计。凡涉及劳动安全卫生问题的设计方案，经审查同意后，如有变动要征得劳动安全监察部门同意。在建设项目初步设计完成时，劳动安全卫生设施设计要同时完成。

4. 劳动安全卫生设施的施工

劳动安全卫生设施的施工是"三同时"管理的第二项工作，把好施工关是保证职业安全卫生工程与主体工程同时投产的关键。在这期间应主要开展监督检查工作。检查的主要内容有：

①设计单位是否按有关规定完成了初步设计职业安全卫生篇的报批手续。
②职业安全卫生工程项目是否纳入施工计划。
③施工进度能否满足与主体工程同时竣工的要求。
④施工作业是否严格执行设计要求。
⑤职业安全卫生投资使用情况。
⑥职业安全卫生设施的施工质量。

5. 劳动安全卫生设施的验收

建设项目验收分初步验收和验收两个阶段，目前，我国"三同时"验收以初步验收为主。建设单位必须在初步验收前到劳动安全监察部门申请职业安全卫生设施和技术措施的验收。监察部门应依据建设单位报送的试生产中的劳动安全卫生预验收报告、初步设计审批表的内容，严格审查建设项目执行"三同时"的情况和审查其实际效果。对违反劳动安全卫生"三同时"有关规定的建设项目，不得同意投产使用。未经劳动安全监察部门审查而施工，未经验收而投产的，要追究相关人员的责任。

学习情境六　环保与安全生产

学习单元五　劳动保护管理

（一）女职工和未成年工劳动保护

1. 女职工劳动保护

女职工是指女性职员、干部和工人。女工指在生产过程中直接从事生产劳动的女性工人，是女职工的主要部分。女工保护是指在社会生产活动中，除了对男女职工都必须进行的共同的劳动保护之外，针对妇女的生理特点、心理特点和劳动条件，对妇女机体健康的特殊保护。对女工实行特殊保护是社会文明进步的象征。其目的不仅是保护女工身心健康和持久的劳动积极性，发挥女工在经济建设中不可缺少的巨大作用，同时也是为了保证下一代的身体健康。

高处特殊作业管理

（1）女性生理机能的特殊性

相比男性，女性身体柔弱，在身高、体重及上肢、下肢等多部位较男性窄小。故在工作半径上小于男性，在跳跃、疾走及踏蹬等动作上不如男性灵敏，支持力不如男性。女性身体重心低于男性，使运动的灵活性受到限制。从血液循环、呼吸机能看，女性重体力劳动能力弱于男性，当进行同等强度体力劳动时，女性机体的负担比男性大。女性具有经期、闭经、怀孕、生产和哺乳特殊生理时期。在这些时期，身体会发生特殊的生理变化，机体抵抗力和体力等方面有所降低，工作效率下降，对环境影响的感受力发生改变。

（2）职业性危害对女工的影响

在劳动过程中，对女工生理机能有不良影响的职业危害主要有：

①重体力劳动及劳动姿势不合理对女工的影响。重体力劳动（尤其是搬运重物），对女工的生殖机能会造成不良影响，还有可能使生殖机能发生障碍和生殖器官患上疾病，未成年女工如果长期从事过重的体力劳动或搬运工作，会影响骨盆的正常发育，引起骨盆狭窄或扁平骨盆。不合理的劳动姿势对女工健康也会产生影响。长时间站立工作可使腹压增高，下半身血流淤滞、子宫等部位充血，使痛经患病率增高。

②物理因素对女工的影响。大剂量放射性照射可引起生殖器官不可恢复的损伤，导致不孕、死胎及胎儿畸形。小剂量照射可引起生殖器官功能性损伤，停止照射后可恢复正常。噪声可影响卵巢功能，出现月经障碍，引起痛经和经期不准、血量减少等症状。接触全身振动的女工自然流产率和异常分娩率增高，子宫和附件炎症加剧。其影响程度与振动的性质和强度有关。女工从事高温作业较男工易中暑，使其生育能力降低。女工在经期从事低温冷水作业，易引起皮温下降，血流减少，痛经加剧。

③工业毒物对女工的影响。女性的皮肤薄而柔嫩，对于作用于皮肤或可由皮肤侵入机体的毒物，敏感性较强。由于女性皮下脂肪丰富，有利于脂溶性毒物的吸收。特别是在经期、孕期、哺乳期，由于生理机能的改变，对有些工业毒物更敏感。有些工业毒物对生殖系统及胎儿具有不良影响；有些工业毒物会作用于性腺，使卵巢发生病理性改变；有些工业毒物会引起生殖细胞的突变，危害第二代。

（3）女职工禁忌的劳动范围

中华人民共和国成立以来我国颁布了多项法律和规定，规定了女工的权利和对女工实行

197

特殊保护制度。2012年国务院发布了《女职工劳动保护特别规定》，对女职工劳动保护做了较为完整的规定，包括对女工在经期、孕期、产期、哺乳期享有的待遇等内容。附录增加了《女职工禁忌从事的劳动范围》，对女工及其在经期、孕期、哺乳期禁忌从事的劳动范围做了明确规定。《劳动法》对女工保护也做了规定。

女职工禁忌从事的劳动范围为：

①矿山井下作业。

②体力劳动强度分级标准中第四级体力劳动强度的作业。

③每小时负重6次以上、每次负重超过20千克的作业，或者间断负重、每次负重超过25千克的作业。

此外，还规定了女职工在经期禁忌从事的劳动范围、女职工在孕期禁忌从事的劳动范围、女职工在哺乳期禁忌从事的劳动范围。

（4）女性生理机能变化过程中的保护

女性生理机能变化过程是指经期、孕期、产期和哺乳期，即"四期"的变化过程。

①经期劳动保护。企业应加强女职工经期保护工作，设立妇女卫生冲洗室，建立月经卡。合理安排女职工在经期的工作，做好经期卫生知识的宣传教育工作。

②孕期劳动保护。女职工在孕期，其所在单位不得降低其基本工资或解除劳动合同，要合理安排孕妇工作。女工在孕期不得加班加点，不得上夜班。对不能胜任原岗位工作的应根据医务部门的证明，予以减轻劳动量或调换工作岗位，安排适宜的劳动岗位。对怀孕7个月以上的女职工，设工间休息室，在劳动时间内安排一定的休息时间。允许怀孕女职工在预产期前休息2周。怀孕女职工产前检查，应算作劳动时间。

③产期劳动保护。按国家规定女职工享有产假，难产、多胞胎生育的按有关规定延长产假。女职工怀孕流产的，其所在单位应根据医务部门的证明给予一定时间的产假。产假期满恢复工作时，应允许有1~2周时间逐渐恢复原工作量。

④哺乳期劳动保护。严格按照国家标准安排哺乳期女职工工作，以保证母乳质量。要避免过度紧张及劳动强度大的作业。不要加班加点，尽量不参加夜班作业。应设女职工哺乳室，除保证法定的哺乳时间外，哺乳室内要设必要的设备以保证卫生。

（5）建立女职工辅助、托幼设施

依据《工业企业设计卫生保证》等相关法律、规范，应建立女职工辅助、托幼设施，以妥善解决女职工在生理卫生、哺乳、照顾婴儿等方面的困难。要大力宣传普及女职工劳动卫生知识，使相关领导、工作人员及女职工本人正确认识女职工劳动保护的重要性，并掌握相关知识，使女职工劳动保护工作能从思想上引起重视，设施上保证落实，制度上得到保证。

2. 未成年工劳动保护

未成年工是指年满16周岁、未满18周岁的劳动者。未成年工劳动保护是针对未成年工处于生长发育期的特点，以及接受义务教育的需要，采取的特殊劳动保护。

在中华人民共和国成立初期，未成年工的主要来源是私营企业招收录用的未成年工，未成年工曾受到虐待、摧残。20世纪50年代，工厂招收或劳动部门分配的学徒工大都是16岁以上。六七十年代，工厂里的未成年工主要是中专或技校的毕业生，他们的劳动素质相对较高，数量上较中华人民共和国成立初期减少了很多。进入80年代，随着个体经营、乡镇企业私营企业的发展，招收录用未成年工现象增加，不少个体、私营、乡镇企业录用未

成年工，加之有些企业管理水平较低，劳动条件差，规章、制度不健全，未成年工的身心健康未能得到有效保护。为保护未成年工的身心健康，国家多次颁布法律、法规，禁止企业任意录用未成年工，并对未成年工不允许从事的劳动范围及劳动休息时间做了规定。

1994年原劳动部颁布了《未成年工特殊保护规定》，该规定对未成年工不允许从事的劳动范围、未成年工患有某种疾病不得从事的劳动范围、用人单位对未成年工进行定期体检、未成年工使用和特殊保护实行登记制度等做了规定。

（二）劳动防护用品管理

1. 劳动防护用品的概念及范畴

劳动防护用品，是保护劳动者在劳动过程中的安全和健康所必需的一种预防性装备，是免遭或减轻事故伤害和职业危害的个人随身穿（佩）戴的用品。劳动防护用品又称劳动保护用品，一般是指个人防护用品，亦称个体护品。劳动者在生产、建设、运输、服务、勘探或科学研究中，由于作业环境条件异常而超过人体的耐受力，防护装备缺乏或缺陷，以及其他突然发生的原因，往往容易造成尘、毒、噪声、辐射、触电、静电感应、爆炸、烧烫、冻伤、淹溺、腐蚀、打击、坠落、挤轧和刺割等急慢性危害或工伤事故，严重的甚至危及生命。为了预防上述伤害，保证社会生产的顺利进行，国家建立了劳动保护法规，采取各种劳动卫生和安全技术措施，改善劳动条件，防止伤亡事故，预防职业病和职业中毒的发生。使用个人防护用品，是所采取的措施之一。劳动防护用品除个人随身穿用的防护性用品外，还有少数公用性的防护性用品，如安全网、防护罩、警告信号等属于半固定或半随动的防护用具。从强调对个体防护的严格要求来看，应将上述共用性与个体性、随动性与固定性、半随动性进行区分。

从一般情况来讲，在安全技术措施中，改善劳动条件、排除危害因素是根本性的措施。使用个人防护用品，只是一种预防性的辅助措施。但在一定条件下，如劳动条件差、危害因素大或集体防护措施起不到防护作用的情况下，使用个人防护用品，则成为主要的防护措施。个人防护用品即使作为预防性的辅助措施，在劳动过程中仍是不可缺少的生产性装备，因此不能被忽视。

2. 劳动防护用品的特点

（1）特殊性

防护用品是一种由用人单位公费购买，按防护要求免费提供给劳动者使用的特殊商品。因此，一方面要使防护用品在进入流通领域之前，确保其产品质量合格；另一方面要加强对流通领域的监督抽查，杜绝和减少伪劣产品的销售。

（2）适用性

防护用品必须在进入工作岗位时使用，这不仅要求产品的防护性能可靠，能确保使用者的安全与健康，而且还要求产品适用性能好、方便、灵活，使用者乐于应用。

（3）时效性

防护用品均有一定的使用寿命，如橡胶类、塑料等制品，时间久后，受紫外线及冷热影响会逐渐老化而易折断。另外，一些防护用品的零件长期使用会磨损，影响力学性能。

3. 劳动防护用品的作用

劳动防护用品的作用是使用一定的屏蔽体或系带、浮体等，采用阻隔、封闭、吸收、分散、悬浮等手段，保护机体的局部或全身免受外来侵害。一旦在工作中发生事故，劳动防护用品可以起到保护人体的作用。一般情况，对于大多数作业，大部分对人体的伤害可包含在劳动防护用品的安全限度以内。各种防护用品具有消除或减轻事故的作用。但防护用品对人的保护是有限度的，当伤害超过允许防护范围时，防护用品也将失去其作用。为此，防护用品必须严格保证质量、安全可靠，而且穿戴要舒适方便，不影响工效，还应经济耐用。个体防护用品有一个重大的局限性，就是不能从源头消除危害。当个体防护用品失效，而又未被察觉时，风险就会急剧增大。只有在其他措施无法考虑时，最后才能把个体防护用品作为唯一的解决方法。因为没有一种个体防护用品能在100%的时间内做到100%的有效（所具有的防护作用是有一定限度的），而且使用不当及发生错误的事时有发生。因此使用个体防护用品时要恰当选择，对使用条件及应用进行监视。对使用个体防护的工人，要进行相关培训。

4. 劳动防护用品的分类

劳动防护用品品种繁多，功能各异，分类方法目前并不统一，大致有以下几种分类方法。

（1）按能量传递和转移方式分类

按事故致因理论中的能量意外释放理论，人类利用能量做功以达到生产目的，必须有效控制能量，但当因某种原因能量失去控制，即能量发生异常转移，则要发生事故。根据传递给人体的能量形式不同，防护用品可做如下分类。

1）传递给人体的能量造成急性伤害的防护方式

①势能转变为动能时，通过介质来吸收和缓冲的防护方式，如安全帽、安全带等。

②电能的绝缘防护，如绝缘手套、胶鞋。

③利用试剂将急性有害的化学能变为无害的防护方式，如急性有害气体的防毒面具。

④给操作人员输送新鲜空气的防护方式，如各种软管式防毒面具。

⑤飞来物体和落体的防护，如安全帽、防护镜等。

2）传递给人体的能量造成慢性伤害的防护方式

①消除化学能的防护，如防护全身的防护服。

②吸收、减低噪声能量，如耳塞。

③辐射热能的屏蔽，如高温防护服。

④放射性的屏蔽，如防紫外线的遮光镜。

（2）按人体生理部位分类

按人体生理部位，防护用品可分为头部防护、面部防护、颜面防护、呼吸防护、耳的防护、手的防护、脚的防护、身躯的防护。

（3）按使用原料分类

生产劳动防护用品的工厂和商业采购部门为便于生产和组织进货，根据防护用品制作的原料分类，可分为棉纱、棉布制品、化学纤维制品、丝绸、呢绒制品、皮革制品、石棉制品、橡胶制品、人造革制品、塑料制品、有机玻璃制品、木制品、五金制品、纸制品。

（4）按防护用途分类

此种分类方法用于经营部门和使用部门选购防护用品，分为防尘用品、防毒用品、防酸碱制品、耐油制品、绝缘用品、耐高温辐射用品、防噪声用品、防冲击用品、防放射性用品、防水用品、涉水作业用品、高处作业用品、防微波和激光辐射用品、防机械外伤和脏污用品、防寒用品、农业作业用品等。

5. 对防护用品的管理

企业是使用劳动防护用品的单位，要建立购买、验收保管、发放、使用、更新和报废等项管理制度，教育劳动者正确使用、穿、戴，以保障劳动者的安全健康。

劳动防护用品是保护劳动者生命安全和健康的必要的有效措施，国家对劳动防护用品的生产、产品质量、选用、发放、使用等环节均做了严格的法律性规定，先后颁发多项法律法规和相关文件：1987年劳动人事部《特种劳动防护产品监督管理办法》的通知和《严禁生产和销售无证产品的规定》的通知，1988年劳动人事部《特种防护用品生产许可证实施细则》的通知，1988年劳动人事部、商业部联合发出《关于禁止滥发职工个人劳动防护用品的通知》《劳动防护用品质量监督检验机构管理办法》《劳动防护产品生产许可证审查员管理办法》等。

（1）劳动防护用品的生产

对于已颁布国家标准的劳动防护用品，企业必须严格按照国家标准组织生产，生产的产品必须向劳动防护用品检验站申请"产品合格证书"。产品出厂前应自行检查，并抽取一定比例的产品送交劳动防护用品检验站进行检验，领取"产品检验证"。产品出厂时必须具有"产品检验证"，并有制造日期和产品说明书。商业经销单位收购、经销劳动防护用品要符合国家标准，并且有"产品检验证"。

国家对特种劳动防护用品实行生产许可证制度。属于此范围的劳动防护用品共有7类：头部防护类、呼吸器官防护类、眼睛防护类、听觉器官防护类、防护服装类、手足防护类、防坠落类。

任何单位或个人不得生产和销售无证产品，生产和销售无证产品的企业或个人，视情节轻重，追究其行政责任。

（2）劳动防护用品的选用和采购

劳动防护用品使用单位应到劳动防护用品定点经营单位或劳动防护用品定点生产厂家购买劳动防护用品。为保证劳动防护用品质量，购买时除应注意以下4方面的要求外，所购买的劳动防护用品还必须经本单位的安全技术部门验收合格后才能使用。

①使用单位应购置、选用符合国家标准，并具有"产品检验证"的劳动防护用品。

②购置、选用的特殊劳动防护用品，必须具有"产品合格证"。

③使用单位必须建立劳动防护用品定期检查和失效报废制度。

④根据工作环境有害因素的特性和危险隐患的类型及劳动强度等因素，选择有效的防护用品。

（3）劳动防护用品的发放

防止职业危害的措施主要有技术措施和个体防护措施两种，但是当不能采取技术措施，或采取的技术措施不能完全消除生产过程中的危险和有害因素，或达不到国家标准和有关规定时，那么最常见的个体防护措施是发放并配备合适的劳动防护用品。《用人单位劳动防护用品管理规范》中规定："用人单位应当为劳动者提供符合国家标准或者行业标准的劳动防护用品。使用进口的劳动防护用品，其防护性能不得低于我国相关标准。"

（4）劳动防护用品的使用与管理

职业危害的企业应建立、健全劳动防护用品的使用与管理制度，保证劳动防护用品充分发挥作用。所有劳动防护用品在产品包装中都应附有安全使用说明书，用人单位应教育劳动者正确使用；用人单位应按照产品说明书要求，及时更换、报废过期和失效的劳动防护用品。所以在使用劳动防护用品前应注意以下几点：

①劳动防护用品使用前，必须认真检查其防护性能及外观质量。

②使用的劳动防护用品应与防御的有害因素相匹配。

③正确佩戴使用个人劳动防护用品。

④严禁使用过期或失效的劳动防护用品。

（三）工时休假制度

1. 工作时间与工作日

劳逸结合不单是人们生活的自然节奏，也是发展生产不可违背的客观规律。劳和逸是辩证统一的关系，两者是互相依存的，有劳就必须有逸，有逸也必须有劳。如果有劳无逸，劳动能力就会日益削弱，生产效率就会日益下降。因此，只有使劳动—休息—劳动循环往复，人类才能借以生存，并推动社会生产力不断向前发展；只有劳逸结合搞好了，才能使劳动者以充沛的精力从事生产，参加文化技术知识的学习，进行技术革新、发明创造活动，推动生产力发展。

劳逸结合是人们工作和生活中形成的人体的正常需求，是不可违背的客观规律。做好劳逸结合、合理安排工作与休息时间是保护工人身体健康、调动工人劳动积极性、发展经济的主要方法，是劳动保护工作的重要内容，也是社会主义制度优越性的具体体现。

（1）工作时间

工作时间是劳动者依照法律规定进行劳动的时间，以工作日或工时为计量单位。国家通过立法确定的工作时间，用于保障劳动者更好地完成工作任务和生产定额，保证劳动者身体健康。劳动者要有效利用工作时间，不断提高生产效率。

工作时间包括：劳动者在法定时间内实际工作的时间，也包括劳动者在生产或工作前后从事必要的准备和整理的时间；连续性有害健康工作的间歇时间；孕妇的工间休息时间；哺乳期女职工哺乳时间。根据行政命令从事其他工作（如出差等）均属实际工作时间。

（2）我国有关工作时间的法律规定

我国政府十分重视劳动者的劳动和休息权力，在我国宪法中明确规定：中华人民共和国公民有劳动的权力。现行工作日是依据1995年《国务院关于修改〈国务院关于职工工作时间的规定〉的决定》修订，其中规定："职工每日工作8小时，每周工作40小时"。这一制度对科学合理地安排工作和休息时间、保障职工的健康、提高工作效率和劳动生产率等都具有重要意义。当前还存在职工工作时间利用率低的问题，如何提高工时效率，是改革中提高经济效益所需要认真研究的一个课题。因此，加强和完善有关工作时间、休息时间的立法，严格限制加班加点也是一项长期而艰巨的任务。

（3）工作日的种类

工作日是指在一昼夜内职工进行工作的时间长度（小时数），可分为定时工作日、延长工作日、不定时工作日和综合计算工时工作制。

1）定时工作日

定时工作日是指职工在每个工作日内的工作时间是固定的。定时工作日又分为标准工作日、缩短工作日和延长工作日。标准工作日是指在正常情况下，一般职工都适用的工作时间。我国企事业单位实行 8 小时工作制，即为标准工作日。一些企业根据工作特点实行四班三运转制等，也为标准工作日。各国工作时间长度的确定方法不同，有的国家是由劳资双方协商解决，有的国家是由国家制定劳动法来确定的。缩短工作日是指在严重有害健康、劳动条件恶劣以及对女工和未成年工实行特殊保护的条件下，每日工作时间少于标准工作日时数的工作日制度。目前我国实行缩短工作日的情况大致有以下五种：

①从事特别有害健康或特别繁重和过度紧张的体力劳动等工种的职工实行少于 8 小时工作日，如从事矿山、井下、化工等行业工作。化工企业接触有毒、有害物质的工种，实行了"两工一休制"（工作两天，休息一天）、"三工一休制"（工作三天，休息一天）、"7 小时工作日"、"6 小时工作日"；许多矿井下作业实行"四班 6 小时工作制"；纺织行业已实行"四班三运转"的办法，等等。

②夜班工作一般比日班工作缩短 1 小时。夜班工作改变了正常的生活规律，使工人的神经紧张。因此，劳动法规定实行三班制的企业，从事夜班工作的时间比白班减少 1 小时，并发给夜班津贴。

③对有未满一周岁婴儿的女职工，在每班工作时间内给予两次哺乳（含人工喂养）时间，每次各为 30 分钟，也可合并使用（比如路途较远，每次哺乳时间为 1 小时）。多胞胎生育的，每多哺乳一个婴儿，每次增加哺乳时间 30 分钟。

④不能胜任原工作的怀孕女职工，怀孕 7 个月后在工作时间内给予 1 小时工间休息。

⑤对未成年工实行少于 8 小时的工作日，以保障其健康成长。

2）延长工作日

延长工作日是指每日工作时间超过标准工作日的长度，即多于 8 小时标准工作制度。实行延长工作日的人员，主要有以下几种：

①从事季节性工作的职工，由于受自然条件和技术条件的限制，季节性工作时间可适当延长，而闲季工作时间可适当缩短，如制盐业、制糖业等。

②某些服务性行业、手工业生产等。这些行业有的是为了满足社会需求，有的是由于设备简陋、生产率低，实行固定工作日有困难，可由有关部门根据具体情况，规定其工作时间。《劳动法》规定：用人单位由于生产需要，经与工会和劳动者协商后可以延长工作时间，一般每日不超过 1 小时。因特殊原因需要延长工作时间的，在保证劳动者身体健康的条件下，延长工作时间每日不得超过 3 小时，每月不超过 36 小时。

3）不定时工作日

不定时工作日是指职工由于生产工作条件或工作的特殊需要和职责的关系，不受固定工作时间限制，不进行固定计算工作日长度而无定时的工作制度。不定时工作日一般适用于下列人员：

①企业中的高级管理人员、外勤人员、推销人员、部分值班人员和其他因工作需要无法按标准工作时间衡量的职工。

②企业中的长途运输人员、出租汽车司机和铁路、港口、仓库的部分装卸人员，以及因工作性质特殊，需机动作业的职工，如铁路、公路、水运、邮电等部门的职工。

③其他因生产特点、工作特殊需要或职责范围内的关系，适合实行不定时工作制的职工。

4）综合计算工时工作制

分别以周、月、季、年等为周期，综合计算工作时间，但其平均日工作时间和平均周工作时间应与法定标准工作时间基本相同。符合下列情况之一的职工，可实行综合计算工时工作制：

①交通、铁路、邮电、水运、航空、渔业等行业中，因工作性质特殊，需连续作业的职工。

②地质及资源勘探、建筑、制盐、制糖、旅游等受季节和自然条件限制的行业的部分职工。

③其他适合实行综合计算工时工作制的职工。

对于实行不定时工作制和综合计算工时工作制等其他工作和休息办法的职工，企业应根据《劳动法》第一章、第四章有关规定，在保障职工身体健康并充分听取职工意见的基础上，采用集中工作、集中休息、轮休、调休、弹性工作时间等适当方式，确保职工休息、休假权和生产工作任务的完成。

中央直属企业实行不定时工作制和综合计算工时工作制等其他工作和休息办法的，经国务院行业主管部门审核，报国务院劳动行政部门批准；地方企业实行不定时工作制和综合计算工时工作制等其他工作和休息办法的，由各省、自治区、直辖市人民政府和劳动行政部门制定，报国务院劳动行政部门备案。

2. 休息时间与休假制度

休息时间是指企业、事业、机关、团体等单位的劳动者，按国家法律规定免于从事生产和工作，而由其自行支配的时间。休假制度是为保障劳动者休息权而实行的带薪放假休息制度。休息时间与休假制度均由国家以劳动法或劳动法规确定，其目的是既要保障劳动者的身体健康，实行劳逸结合，保证劳动者睡眠和其他休息时间，又要保证劳动者有时间参与文娱活动、文化教育和各种社会活动及料理家务。

我国的职工休息时间和休假制度在《劳动法》及相关劳动法规中做了规定，具有法律约束力，大体包括：

（1）工作日内的间歇时间

工作日内的间歇时间指工作日内职工用于休息和用膳的时间。间歇时间一般不算作工作时间。由于生产不容间断，如不能实行固定的间歇时间，职工的用膳时间可安排在工作时间内。法规规定在每个工作日内应给予职工休息时间和用膳时间，间歇时间应在工作开始后4小时为宜，休息时间的长度，则应按照生产工作的性质、劳动强度来确定，一般规定不少于半小时，用膳时间一般不少于半小时。

（2）两个工作日之间的休息

职工从下班以后到下一班开始之间的休息时间为两个工作日之间的休息时间，这段时间的长度应由工作日和休息用膳的间歇时间的长度来规定，一般不少于16小时。实行轮班制的，应在休息日之后调换班次，不应使工人连续工作两班。

（3）每周公休日

公休日时间即从公休假日前下班时起至公休假日后上班时为止，一般不少于63小时。一般企业实行5天工作制，每工作日8小时，每周40小时工作时间，公休2日，公休日为星期六、日。有些企业由于生产需要或工作性质原因，公休日可定为其他日子；有些企业

7天轮流休息，任务紧急时连续工作13天后休息2天或4天，但全年公休日不得少于104天，要保证职工每周工作不超过40小时，每周至少休息1天。

（4）法定节假日

根据国务院规定下列节日期间应安排劳动者休假：

①属于全体人民的节假日：元旦；春节；国际劳动节；国庆节。上述节日若适逢公休假日，顺延补假，但是，若由于生产的需要、供应居民的需要以及铁路运输、公路运输等的特殊需要需在全民节假日进行工作、加班加点的职工，应按工资制度的规定发给工资或给予补假。

②属于部分人民的节日：妇女节（3月8日，限于妇女）放假半天；青年节（5月4日，限于青年）放假半天；儿童节（6月1日）放假半天；教师节（9月10日）放假1天；建军节（8月1日，限于军队和军事机关）放假半天或1天；少数民族的节假日，可由少数民族自治区的人民政府，根据各民族的习惯自行规定节假日。

（5）职工探亲假

职工探亲假是指与父母或配偶不住在一起，或者尽管与父母同住，但夫妻两地分居，而又不能利用公休假日回家团聚的职工，每年安排一定时间与父母、配偶团聚。《国务院关于职工探亲待遇的规定》对探亲条件和假期做了明确规定。

①享受职工探亲的条件。

凡在国家机关、人民团体和全民所有制企业、事业单位工作满1年的固定职工，与配偶不在一起，又不能利用公休假日团聚的，可以享受探望配偶的待遇；与父母不住在一起，又不能在公休假日团聚的，可以享受探望父母的待遇。

②职工探亲假期。

探亲假期是指职工同配偶、父母团聚的时间。另外，根据路途实际需要的时间，给予路途假。

上述各项职工探亲假的假期均包括公休假日和法定节日在内。

（6）年休假

年休假是指职工在一定时间内享有保留工作和工资的连续休息日。《劳动法》第45条规定，劳动者连续工作一年以上，享受带薪年休假，《中共中央、国务院关于职工休假问题的通知》中规定：各地区、各部门在确保完成工作、生产任务，不另增人员编制和定员的前提下，可以安排职工休假。年休假制度的主要目的是为了恢复劳动者的体力。由于科学技术的发展，各国都采用先进的生产设备和科学管理，致使工人劳动高度紧张，为了消除疲劳，工人需要长时间集中休息，方能恢复体力，因此各国已普遍实行年休假制度，包括西方工业发达国家和亚非拉等发展中国家。确定职工休假天数时，要根据工作任务和各类人员的资历、岗位等不同情况，以劳资协商或劳动法的形式确定。

3. 严格限制加班加点

职工在法定节日或公休日从事生产或工作的称为加班；超过标准工作日以外，又延长时间进行生产或工作的称为加点。国家对工作时间、休息时间有明确规定，一切企事业单位都必须严格遵守，充分利用工作时间进行有效的工作，创造和积累财富，但随着经济体制改革，企业自负盈亏，自主经营，经济效益成为企业的核心，在片面强调经济效益的同时，忽视安全工作，为赶任务安排职工加班加点，甚至昼夜连轴转，使职工的体力负荷大大超过人体能承受的强度,长此以往将会严重损害职工身体健康,也由此带来严重的安全上的隐患。国家法律法规明确规定:严格限制加班加点,任何单位和个人不得擅自延长职工工作时间。

(1) 有下列特殊情况和紧急任务的可以加班加点:

①发生自然灾害、事故或者因其他原因使人民的安全健康和国家财产遭到严重威胁,需要紧急处理时。

②生产设备、交通运输线路、公共设施发生故障,影响生产和公众利益,必须及时抢修时。

③企业平时不能停工,必须利用法定节日或公休日的停产期间进行设备检修、保养的。

④工作不能间断,必须进行连续性生产、运输或者营业时。

⑤为完成国家紧急任务或者完成上级在国家计划外安排的其他紧急生产任务,以及商业、供销企业在旺季完成收购、运输、加工农副产品紧急任务的,《劳动法》规定,用人单位应当按照下列标准支付高于劳动者正常工作时间工资的工资报酬:安排劳动者延长工作时间的,支付不低于工资150%的工资报酬;休息日安排劳动者工作又不能补休的,支付不低于工资200%的工资报酬;法定休假日安排劳动者工作的,支付不低于工资300%工资报酬。

(2) 为严格控制加班加点,我国政府制定了限制加班加点的措施。

①加班加点需经有关部门审批。企业必须事先提出理由,计算工作量和加班加点的职工人数,在征得同级工会同意后办理审批手续。个别情况特殊或难以预料的,应在事后补办审批手续。

②禁止安排未成年工、怀孕女职工、有未满1周岁婴儿的女职工加班加点。

③对加班职工按国家规定支付加班工资。在正常工作时间以外加点,只给予同等时间的补休,不发加点工资,也不准将加点工时累计发放加班工资。各企业主管部门应根据企业不同生产情况对企业全年发放加班工资总额进行核定,并报当地劳动部门审批,若企业发放的加班工资总额超过核定限额,应从奖金中扣除,各级企业主管部门和劳动部门要认真加以核定。

④严格控制发放加班工资总额。企业主管部门根据各企业的不同情况,应分别核定企业全年发放的加班工资总额,并报当地劳动部门审批。企业发放的加班工资总额超过核定限额部分的,应该从核定的当年发放奖金总额中予以扣除。

课后测评

一、填空题

1. 企业安全教育主要是针对_____、_____和安全态度进行的学习教育。
2. 生产经营单位的管理人员主要包括_____、_____和一般管理人员。
3. 特别重大事故,是指造成_____,包括急性工业中毒或1亿元以上直接经济损失的事故。

二、选择题

1. 以下哪些培训内容属于企业主要负责人的安全培训内容(　　)。(多选)

A. 国家安全生产方针、政策和有关安全生产的法律法规、规章及标准

B. 安全生产管理基本知识、安全生产技术和安全生产专业知识

C. 重大危险源管理、重大事故防范、应急管理和救援组织以及事故调查处理的有关规定

D. 职业危害及其预防措施

E. 国内外先进的安全生产管理经验

2. 企业三级安全教育是指企业新职工上岗前必须进行的（　　）安全教育。（多选）

A. 行业级　　　　B. 厂级　　　　C. 车间级　　　　D. 班组级

3. 《中华人民共和国安全生产法》中第二十一条规定，生产经营单位的第一责任人（主要负责人）对本单位安全生产工作负有（　　）项职责。

A. 6　　　　B. 7　　　　C. 8　　　　D. 9

4. 我国《生产安全事故报告和调查处理条例》中，根据生产安全事故造成的人员伤亡或者直接经济损失，事故一般分为（　　）。（多选）

A. 特别重大事故　　　　　　　　B. 重大事故

C. 较大事故　　　　　　　　　　D. 一般事故

三、判断题

1. 高处坠落是指在高处作业中发生坠落造成的伤亡事故，不包括触电坠落事故。（　　）
2. 淹溺包括高处坠落淹溺、井下透水淹溺。（　　）

学习评价

评价类型	权重/%	具体指标	分值	得分 自评	组评	师评
职业能力	65	能够结合实际案例分析环境问题带来的产业公害	15			
		能够结合历史教训，提出环境保护方案	25			
		能够掌握安全生产事故的预防措施	25			
职业素养	20	具有爱护环境人人有责的环保意识	5			
		具有按照标准规范操作的意识	5			
		具有"生命至上，安全第一"的安全生产意识	10			
劳动素养	15	按时完成，认真填写记录	5			
		具有工作岗位8S管理意识	5			
		小组分工合理	5			
综合评价	总分					
	教师点评					

学习情境七

5S 精益管理系统

学习目标

知识目标	技能目标	素质目标
①了解公司怎样进行 5S 精益管理； ②了解 5S 精益管理历史	①掌握精益管理的概念； ②掌握怎样进行精益管理	①培养学生遵守劳动纪律、保障生产安全的意识； ②树立职业道德、敬业精神、合作意识； ③培养创新意识，增强社会责任感； ④培养专业的职业素养

情境导入

5S 精益管理系统简史

现场改善管理模式是生产公司现场最基本的管理方法。日本公司关于现场管理的研究始终是处在概念和运用的最前沿。从 19 世纪末至 20 世纪初期，现场管理开始萌芽，美国的泰勒等人就工业生产现场中，增加劳动生产率的问题明确提出了管理的思路，他们对生产作业现场的策划与实施职责做出了界定，后来提出了标准作业和规范工时研究，使学术界对现场管理工作的深入研究有了一定的基础。英格兰的厄威克，在传统现场管理思想的基础上，比较系统地对现场控制思想进行了梳理。日本心理学家今井正明博士主张的"现场管理低成本改善永恒论"和以托马斯·艾伯·斯为代表的管理学家提出的"一线管理中心论"，一直是现代现场管理的重要代表性学说，前者指出，制造流程中任何一个环节都有降低成本的机会。"现场管理低成本永恒改善论"认为可通过减少污染、标准化与环保维持（主要指的是 5S）来实现制造流程中品质、成本与交货期的关系设置和作业方式的改善与调适等。现场管理中心是生产一线的管理，因为在企业流程中，第一线的管理者所承担的任务非常复杂，除此以外，需要学会多方面的管理技巧，如沟通的方法、价值观念、领导魅力等。日本的远藤功教授有自己独到的看法，提出了现场力的定义，并指出现场力是公司综合实力的表现，同时给出了衡量现场力量的四大尺度：品质、成本、速度、持续能力。他认为构建"现场力"的只能是"人"，企业必须以人为本，关注人、敬畏人，调动人的潜能，给企业提供服务价值。欧美 Child、Harry、Winter 等人的研究成果也相当具体化，分别就公司体量的变化及其对现场生产组织的影响做出了介绍。现场控制思想在前人探索的基础上，发展到今天，已建立起一整套的完善的有效的管理方式，包括在工业生产技术领域的工业生产技术（IE）、并行工程（CE）、准时生产方式（JIT）、精益制造（LP）等；现场改善方面的看板管理、目视管理、定置管理、5S 活动等，这些管理改进方式，都是对现代企业进行改善管理争相运用的新方式。我国中小企业的现场改善管理工作通常都非常现实，其要点就是寻找符合现代企业特点与发展要求的现场改善管理方式。

中国的研发机构在基于 5S 的精益管理领域也作出了重要贡献。

在工厂厂房布局方面，清华大学的姚健、王昕岩、蔡临宁等给出了运用遗传算法完成厂房平面布局的方法观点。同样，清华大学的朱耀祥、叶波、段晓峰、赵六奇等将 5S 现场改进理论运用到减振器的焊接，并采用了改善单元布置、物流方法以及产品的组合方式，有效降低了产品的占用空间，减少了在生产库存，提升了制造效益，也减少了非工艺因素所造成的生产缺陷。上海交大 CIM 研究所的张秋英、刘晖、范秀敏把 5S 现场改进理论运用到车间生产线平面布置设计中，指出了生产线布置的数学模型与结构模式，并针对机械设备的特性给出了车间机械设备分类的方法，在此基础上又给出了基于机械设备分类的定序与定位算法，他们在定位算法中还首次给出了"类八叉树"的平面分割算法，以进行在设备和车间平面上的调整定位。

在实际探索方面，国内部分大中型的公司，如长春一汽、十堰二汽、上海大众等，都先后进行了 5S 现场改善管理，而且都达到了不错的成效。在研究过程中，公司最终建立了 5S 现场改善管理方法在国内实践的基础架构，而这些企业的管理者也对 5S 现场改善管理模式以及在本企业实际运用过程中所获得的成功经验给出了若干看法：中国国家车辆工业总部的曹小仪，就 5S 现场改善管理模式及其在跃进集团的实际运用做出了阐述；上海大众发动机厂顾问、前厂长顾永生，就工厂的平面布置、生产过程等几个角度，在上海大众发动机厂中的实际运用展开了讨论。

在现场综合管理工作改进方面，重庆长安汽车公司针对市场和公司发展需求，明确提出了"适合市场需求的现场管理优化管理"，主要内容是：以"眼睛盯住市场，功夫下在现场""做四有长安人，造一流长安车"的公司理念为引导；以改善生产性能、改善服务质量、改进服务质量、降低成本和提高商品市场竞争能力为主线；以整合国外先进科学技术与现代管理方式为手段；以完善企业的生产要素，做到人、机、物有机整合为基础；以优化员工素质、培养团队学习能力、营造汽车文化为基础；以增强在生产现场的反应能力、快速反应能力，达到最佳企业经济效益和社会综合效益为目的。

在装备现场控制领域，广西玉柴机械控股有限公司明确提出"强保养"的号召；济南钢铁（集团）有限公司提出"使用设备不忘点检"的号召；湖南省长岭炼油化工总厂提出"加强关键设备的特级维护"；上海柴油机厂的设备现场管理的"十字"（学、立、抓、调、查、改、评、推、奖、罚）工作法；株洲硬质合金厂装置现场管理的"三清"（设备清、场地清、环境清）和"六不漏"（不泄漏水、气、电、料、液、油）管理活动等，都对确保各自企业主作业线装置的良好、高效，降低装置故障，提升公司效益发挥着很大作用。

在现场管理评价方面，现场管理的综合评估法对生产现场管理的评估体系开展了深入研究，并采用模糊综合评估法对生产现场管理工作进行了评估。现场管理执行力理论根据企业现场管理与执行力理论研究的实际状况，提出了企业现场管理执行力，在系统分析影响因素的基础上，提出了企业现场管理执行力保证体系的基本框架，并对企业现场管理执行力提高路径开展了初步研究，对于公司实现并维持长期竞争优势有着较强的理论与现实意义。

问题：
①国内外精益管理制度是怎样形成的？
②我国国内外精益模式有哪些差异？

学习单元一　5S 精益管理基本概念

（一）关于 5S 的历史起源

5S 管理是指在制造现场对人力、机械、物料、方法等制造要素实施优化组合的一项管理活动。5S 的模式来源于日语，在 20 世纪 40 年代之前，日本国内生产的商品由于产品质量落后，被欧美市场抛在地摊上以低价出售，而日本公司生产的商品也存在着被市场所淘汰的风险，这一风险使日本人更深切地意识到唯有提高质量，方可提高商品在全球市场上的竞争力，才能在国际竞争中有立足之地。日本的生产专家们开始以现场管理的视角，提供了不少促进产品质量改善的实质性方法，虽然这些方法仅仅是改善产品质量的一些零星方法，并不能建立系统的理论基础，但这些零星的方法对 5S 管理的建立与发展，奠定了基础。这些零星的方法也被称为 5S 管理模式的雏形。随着上述方法的实施，日本制造的工业品品质开始得到日益改善，公司管理人员认为这些方法尽管简易，但长期应用却是十分有效的，于是对这些方法开始加以总结，于 1995 年明确提出了"安全始于整理整顿，终于整理整顿"的主张，所以就出现了"整理（Seiri）、整顿（Seiton）"，即 2S。由于全球市场竞争越来越剧烈，对生产质量的需求越来越严苛，日本公司针对全球市场对生产质量的需求，开始对制造和生产的流程管理提出了更高的要求，这就产生了"清扫（Seiso）、清洁（Seiketsu）、素养（Shitsuke）"，即 3S 的问世。日本质量监督管理专家今井正明经过对现场的剖析与研究，首先提出了 5S 的概念，他把 5S 当成一个真正的模式运用到公司管理工作流程中，同时还做了深刻的研究。

通过今井正明以及其他一些知名专家学者的努力，终于建立了 5S 管理的基础架构，同时也将其发展成一个十分高效的管理模式。后来，由于管理的需要，有些企业根据管理的要求在 5S 的基础上增加了"安全（Security）"，这也就形成了 6S。而不管是 6S 还是后面的 7S、8S、9S，都来源于 5S 精益管理理念。

（二）5S 的意思

5S 是透过人的活动来影响人的思想的一项基本管理方法，是在安全的前提下，先通过"整理""整顿"活动来达到物的改善，接着再透过"清扫""清洁"来达到事的改善，最后透过"素养"来达到人的改善，最后使公司的形象得以改善。"整理（Seiri）""整顿

(Seiton)""清扫（Seiso）""清洁（Seiketsu）""素养（Shitsuke）"这五个词的开头字母都是S，故称为5S。

1. 整理

（1）整理的定义

整理是指区分需要和不需要的人、事、物，并对不需要的人、事、物进行管理。在工业生产现场中，区分需要与不需要的工具和文档等物资，对提升效率是非常有必要的。整理是生产现场管理的第一个要素，内容主要分为：第一，对生产现场的现实摆放和停滞的物品加以分类，区分哪些是现场需要的，哪些是现场不需要的。第二，对于现场不需要的物品加以全面地清理出去，如角料，多余的物质、辅料，多余的半成品，多余的器具，多余的工装，以及工作人员的私人物品，等等（见表7-1）。

表7-1 整理中需要和不需要的物品

需要	不需要
办公用品、文件、文具	不再使用的配线、配管
周转用的周转箱	更改前的车间品牌
使用中的垃圾箱	损坏后的工装夹具
生产用配件	废弃或不用的助剂

（2）整理的目的

①将空间腾出来活用，扩大作业面积。
②清除厂区不需要的物品，保证通道通畅，提升效率。
③避免物品的误用、误送，缩短搜索物品的时间，减少物品盘点成本。
④清除厂区不需要的物品，保留需要物品，为工作人员营造清洁、舒适的工作现场。

（3）整理的意义

①减少资金的损失，可以降低库存，节省投资。
②减少在材料管理上的混放、混料、误送等误差，降低了质量事故的产生。
③清除工地不需要的材料，能够合理使用工地空间，提高作业的空间面积。
④对材料和物体实施分类定置控制，有助于缩短查询期限，提升效率。
⑤避免碰撞，保证产品现场安全，提升质量。
⑥工作场所现场整洁有序，方便管理，降低了管理工作的困难度，同时也增加了职工的士气。

（4）步骤的推行

开展整理活动的工作过程，主要包括现场检验、分类、归类、建立基准、检测"需要"与"不需要"、管理和现场的改善七大过程。整理的过程中最关键的环节是建立"不需要"和"需要"的分析基础，一旦判断基准缺乏操作性，就可能造成整理活动无从下手。

2. 整顿

（1）整顿的定义

整顿是指对需要的人、物、事物进行定量和定位，对生产现场所必须留下的物品加以合理地布置和放置，从而在最好的状况下获得所需要之物，并在最简单合理的制度或流程下进行生产工作。整顿的工作重点是定点、定量、定容。采用定点来确定物品具体的存放地点；通过定量使工作人员知道一个容器需要摆放多少数量的东西；通过定容来使工作人员了解使用器具的尺寸、材料。把握好以上三个要点，就能够做到对现场工作状况一目了然。

（2）整顿的目的

①场所清洁、干净、健康。

②工作环境清爽，对整个工作环境可以一览无余。

③减少其他物品的积压，缩短寻找物品的时间。

④工作环境井然有序。

（3）整顿的意义

①避免耗费时间和不必要的工作，提升效率。

②将寻找物品的时间缩短至零。

③能及时发现生产现场的重大问题点。

④一目了然的工作场景，才能让非本职业的人员也能知道工作的特点以及作业的方式。

⑤所有人到现场去作业，结果都是相同的。

⑥物品标志清楚明了，确保安全，员工上班心情舒畅，热情高涨。

（4）步骤的推行

第一步：研究现状。只有对目前生产现场的情况熟悉，才能查明导致情况不好的问题，针对问题才能做出改进的措施。

第二步：物品分类。因为设备管理混乱、标识不准确等问题导致企业的设备使用混乱，管理不完善，所以必须对物品进行分类。

第三步：决定储存方式。因为物品类型和用途不同，这时就必须按照物品的类型、型式、用法及其使用的次数等来决定适当的存放地点和摆放方式，从而进行具体标识。如图 7-1 所示是物品在整顿改善前后的状态。

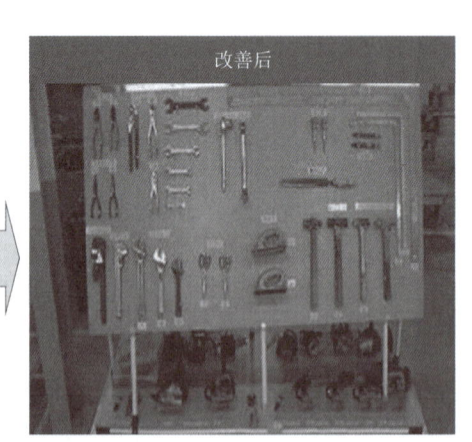

图 7-1　整顿改善前后

3. 清扫

（1）清扫的定义

清扫就是把工作现场看得见和看不到的场所清洁一遍，去除工作现场的脏污，使工作环境无废弃物，无尘土，干净整齐，将机械设备维护清洁完好，提供一个一尘不染的工作环境。不少公司都将清扫称为点检，全面地清理装置才能确保系统在正常情况下继续运行。清扫，是保持整理、整顿结果的工具活动。其实施的重点在以下几点：

①建立清扫责任区。

②执行例行清理，以清除脏物，对设施的清理要注重设施的养护与维修。

③调查污染源，进行预防或隔离，清扫也是为了改善现场。

④建立清扫基准作为作业标准，一个好的作业标准是使明亮整齐的工作地点得到维护的基础。

（2）清扫的目的

①保持现场良好的作业心态。

②提高作业品质，稳定产品品质。

③创建干净、整洁、明亮的工作环境，提供"无尘化"的生产厂房。

④使生产现场达到零故障和零损耗。

（3）清扫的意义

①保证机器设备运行稳定。

②贯彻机械设备的维护方案，降低机械设备损耗。

③提高生产现场的作业品质。

④减少商品的脏污，保证产品稳定性。

⑤完善的运行机制，可以防止事故的发生。

⑥增强了员工的工作热情。

（4）步骤的推行

第一步：员工教育。对工作人员的培训是进行清扫作业的第一步，即清扫的准备工作。许多人将清扫当作简单的大清理，实际上这并不是清扫的全部。公司应该在进行清扫的培训中对他们进行教育，提高他们在安全意识、身体健康维护、专业技能知识准备等方面的认识，让他们知道清扫的目的和注意事项。

第二步：推行区域责任制。企业对清扫的区块必须加以分类，推行区域责任制，责任到人，避免无人负责的死角。

第三步：彻底清扫。在作业现场清除所有废弃物和尘土，都要由作业人员亲自动手打扫。因为唯有自己动手才会尊重自己的劳动成果，对现场的改变也才会有成就感。如此可以使现场的改善能够不断地实现。

第四步：点检机器设备。清扫即点检，通过清扫将污垢、粉尘，特别是原材料生产后残余的物质清理掉，包括机械本身以及附属的辅助设备也必须清理完毕。员工们在清扫机器设备的同时，还能够改变机器设备的状况，将机器设备的清扫和检查、维护紧密结合在一起，只有如此才能保证工作的优质，因为机器设备都是一尘不染、干整洁净的，因此可以时时刻刻处于良好的工作状态。

第五步：修复。对清理过程中出现的问题，要针对产生问题的根源，及时选择适当的方法加以修复，这样才能确保现场的所有设备都达到良好的运行状况。

4. 清洁

（1）清洁的定义

整理、整顿、清扫之后要认真维护，使生产现场处于完整和良好的状态。清洁是对前三项活动的坚持与深入。清洁可以减少安全事故，提供良好的工作氛围，让职工们能快乐地工作，这对于公司提升工作产出质量，提高整体的业绩具有重要的意义。清洁工作的重点是保持现场整洁，不能放不用的东西，不能弄乱现场，不能弄脏现场，不仅物资必须整洁，同时现场人员也必须整洁，工作人员不但要进行身体上的清理，同时还要进行精神上的清理。

（2）清洁的目的

①通过制度化、标准化维持整理、整顿、清扫的成果，养成人员良好的工作习惯。

②形成优秀的公司文化，提升公司的形象。

（3）清洁的意义

①美化工作现场的条件。

②维持安全的工作状态。

③增强客户协作的勇气，创建明亮、干净的工作现场。

④维持已获得的成果，并且不断提高。

（4）步骤的推行

第一步：对试点人才实施培训。人的思想是复杂并且是多样的，唯有统一思想，方可一起向着相同的目标努力，所以应该把5S的基本理念向员工及广大工作人员进行推行、传播与培训。

第二步：区分工作区的必需品与非必需品。在进行必要的培训后，要在工作现场将物品加以整理，并研究它们使用的情况，把这些记录下来，然后区分必需品与非必需品。

第三步：向操作人员确认清楚。现场操作者是企业的主人，他们既能够搞好企业的管理工作，也能够让企业的管理工作脱离标准化方向。只有现场操作者才最明白该岗位中哪些物品为必需品，哪些物品为非必需品，故在区分必需品与非必需品时，应先向操作者询问并确认清楚，同时解释一些相关的事宜。

第四步：撤去各岗位的非必需品。对现场所有非必需品经过核实之后，就需要将非必需品撤离现场。

第五步：规定必需品的放置地点。撤去了非必需品以后，必须按照现场的实际状况，操作者的操作习惯，作业的需要，合理地规定必需品的摆放位置。

第六步：规定生活用品的放置方式。摆放地点规定了以后，还必须确定物品放置的标高、长度和数量。同时把上述信息记录下来，便于日后的完善，整理实施与总结。

第七步：对日用品的放置地点、放置方式确定以后，还必须对物品进行标识，包括规定的地点、规定的长度、规定的数量，便于使用者辨识。

第八步：将放置的方式和识别方法，对操作者加以说明。将放置方式和识别方法，作为基本要求来强制执行，让操作者将这种方式养成习惯。

第九步：清扫前在地板上划出分区线，做到区间责任制。如果工厂的规模较大，需要建立清扫的责任区和明确责任人，只有明确了责任区和负责人，责任才能落实下去。

5. 素养

（1）素养的定义

素质是指培养良好的工作习惯、遵守纪律、努力提高员工的综合素质，培养遵守规章制度的良好习惯与作风，营造团队精神，这是5S活动的核心。没有员工素质的提升，各种活动将无法顺利开展。

（2）素养的目的

①让每位工作人员有礼貌，重礼貌，创建和谐的团队氛围。

②让公司由上而下的职工都能遵守制度，培养优秀有素养的职工。

③创造具有良好风尚的作业场地。

（3）素养的意义

①培养出色的技术人员。

②推动前面4个S，直到成为全员的习惯。

③使工作人员严格执行规定，规范作业。

④形成温馨的工作氛围。

⑤打造战斗性团队。

⑥提升了全公司的文明礼貌素养。

（4）步骤的推行

①制定共同遵循的相关准则和规则。

②制定着装、仪容、识别证的规范。

③制定礼仪守则。

④教育培训。

⑤开展各种精神提升活动。

（三）5S 推行的原则

不少公司在5S的推广过程中，也出现了一些错误的认知。例如，一些公司觉得5S工作是一个大扫除，还有一些公司觉得5S工作是做给客户看的，正是由于这些不恰当的认知，使得5S工作无法继续发展推行。因此要在5S的推行过程中贯彻一定的原则，才可以将5S工作不断开展下去，具体的原则如下。

1. 自我管理的原则

一种良性的工作氛围，不但不可能单靠机器设备的添置，更不可能寄希望于他人来创造，应当充分利用现场的每一个人员，调动他们的积极性、能动性、自主创新的能力，共同创建一个整齐、清洁、便捷、安全的工作环境，并使员工形成现代化大生产所需要的遵章守纪，严格要求的作风与良好习惯。

2. 勤俭节约的原则

进行5S运动，要在现场清除出无用之物。其中，有的只是现场无用，但可以用到其他地区；有的虽是垃圾，但要本着垃圾改造、变废为宝的观念，物尽其用。

3. 持之以恒的原则

5S活动进行起来相当简单，也可做得轰轰烈烈，并在短期内看到效果，不过要坚持不懈，坚持不懈不容易，持续优化也不简单。因此，开展5S活动，重在坚持。首先，公司应该把5S活动列入岗位责任制；其次，要严密、认真做好检查、考核等工作，把工作成果和各单位及每一位职工的经济权益挂钩；再次，要不断提升现场5S技术水平，即要经常调查，不断发现问题，不断解决问题。

(四) 5S 推行的工具

在改善现场，促进 5S 推行的活动中，最关键的要素便是全员共同参加，并以持续性改善为基础开展 5S 活动。实施 5S 活动时并不是随意口头上说一说"整理""整顿""清扫""清洁""素养"，或者仅仅把它们贴到墙上看一看，而是要能够让员工"容易了解"，也就是说实施 5S 活动必须要有工具、构思和行动。5S 推广的方法主要有红牌作战、定点摄像、目视管理、看板管理。

1. 红牌作战

红牌作战是指用红色的纸制作的 5S 活动问题揭示单，红色表示警告、威胁、不合格或不良，它的内容通常包含：负责部门对出现问题的描述与解决的具体措施，需要完成的日期，实际完成的日期和审查人等。

在红牌作战中，必需品和非必需品要区分明确，要能增强每一位工作人员的主动性和改进意识。红牌上揭示了对策办法、期限及改进措施，能够引起有关部门的重视，并及时处理非必需品。

1) 红牌作战的实施细则
①对各位成员加以教育，明确需要张贴的对象。
②准备好红牌作战所需的材料，如制作好的红牌、张贴材料、笔、红牌发放记录表。
③安排 6~9 个成员在样板区找到问题、张贴红牌，发出的每个红牌，都要按部门或区域加以标记。
④成员分成 2~3 组（3 人 1 组）进行红牌活动，组长 1 人、组员 2 人，并采取少数服从多数的原则，决定对特定地区是否需要悬红牌。
⑤记录表按单位出具。
⑥推行小组及时审核整改的成果。
⑦要求整改的时限通常包括立即、3 日、1 周、2 周、1 个月、待定等六种。

2) 红牌作战的基本过程
①活动准备：5S 推行小组组织印制红牌。
②启蒙与动员：首先，教育的最主要目的就是让职工们了解红牌的主要内涵以及红牌作战的重要性；其次，每个人都是有责任的，当自己的部门被揭露有问题时，要教导职工们用开放的心态接受大家的意见和监督。
③张贴红牌：由 5S 活动开展小组召集各部门的主管及主要活动成员，深入生产现场查找问题，并张贴红牌。
④问题点的注册：在张贴红牌时，要进行登记注册工作，并做好部门的红牌印制清单，从而做好跟踪核实，并指导有关管理人员进行完善。
⑤揭示红牌：当社区或设备责任人找到红牌并在约定日期内进行红牌所描述问题的修复后，由执行工作人员确定后在现场揭下红牌。

2. 定点摄像

定点摄像是在现场出现问题后，在某个地点以一个视角将现状备案，当改进完毕后，到同一个地点以同样的视角进行照相，进而跟踪和解决问题的方式。这种方式主要通过对现场状况的前后比较以及各个部门的横向对比，给各部门带来无形的压力，帮助各部门采取整改措施。定点摄像应用的领域非常广泛，在 5S 管理实施的每一阶段都适用。定点摄像的优点是直观、面向改革的说服力很强、成效突出，是一个非常好的方案。

3. 目视管理

目视管理是指通过生动直观、色彩适度的各种视觉感知手段来进行现场生产操作，提升劳动生产率的一项管理。它以视觉信号为基础手段，以公开化为基本原则，努力使现场正常与否的工作情况一目了然，把生产现场可能的大多异常点、管理状况和作业方式明显化。

4. 看板管理

（1）看板管理的含义

红牌作战是为了让大家区分清楚哪些是必需品，哪些是非必需品，并对非必需品加以管理，而看板管理是为了让大家知道必需品的管理方式，以便使用时能立即获得，并做到寻找时间为零。看板管理是一流现场管理系统的重要部分，是给客户信心及在公司内营造竞争气氛，提高管理透明度的十分关键的手段。

（2）看板管理的意义

①传达信息，统一认识。现场工作人员很多，把信息逐一传递或集中到一起解释是不实际的。通过看板传达既正确又快捷，可以防止传递错误和遗漏。

②帮助管理，防微杜渐。对看板上的数据进行规划，有助于管理者判断决策或跟进进度，帮助新人更快地了解业务。

③将绩效考核更加公开、透明，促进公平。工作成绩通过看板来展现，能够起到激励先进促进后进的效果，同时也能够减少绩效考核的偏差。

④给客户留下良好的印象。看板可以使客户迅速全面地认识企业，并能产生"这是一个井井有条的企业"的印象，也因此对企业更有信心。

（3）看板管理的"三定原则"

①定位：摆放地点明确。

②定品：产品名称明确。

③定量：数量的多少明确。

（五）5S 精益管理的现实意义

5S 管理模式是公司现场各种管理活动的基石，它可以减少公司在生产过程中可能发生的各类恶劣的现象。5S 管理体系在实施过程中，通过开展整理、整顿、清扫、清洁等活动，使其形成制度性清洁，最后提升员工的职业素质，所以 5S 管理体系对公司的效果是基础性的，也是不可估量的。5S 精益管理的具体功能如下。

1. 提升企业形象

采用 5S 管理，促进企业形象的改善。因为清洁、干净的工作环境，不但可以让公司职工的士气得到鼓舞，还可以提高客户的满意度，进而获得更多的客户，并和公司开展行业上的合作，迅速提高公司的知名度，从而在同行业中快速地脱颖而出。

2. 减少浪费，节省生产成本

公司进行 5S 管理的目的之一便是降低产品的成本。厂房中所有浪费的现象都可能出现，从资金、场地、时间、效益等多方面为公司带来了巨大的浪费。公司经过对 5S 管理的推行，能够实现提高效率、降低场地耗费、减少不必要的材料和工具的耗费、降低"寻找"的浪费等，其直接好处是能给公司增加利润，降低生产成本。

3. 安全保障

5S 管理模式的推行，能够让工作场地更加宽敞明亮，地板上没有不该放置的物品，道路通畅，所有措施都落到实处，并且 5S 管理的持续实施，有助于养成员工认真负责的工作态度，这样也会降低安全事故的发生。

4. 标准化的高效实施

标准化是制度化的最高形态，这是一个十分高效的工作方式，合理运用规范，才能让工作更加简单、快捷、稳定。5S 管理强调作业的规范，培养员工按照规范作业的工作习惯，唯有如此方可确保质量稳定，保证在交货期准时交货。

5. 增强职工归属感

5S 管理模式的推行，有助于创造使员工心情愉快的工作环境，改善员工的心态，增强员工的归属感，提高员工的素质。在干净、整洁的环境中工作，使员工的荣誉感与成就感获得相当程度的满足。

6. 提高工作效率

5S 管理模式能够有助于公司提升整体的绩效，优越的工作环境、良好的工作气氛，还有有素质的工作伙伴，都能够使员工的情绪愉快，更有助于员工充分发挥工作的潜能。此外，工具的有序放置与清晰的标识，大大减少了材料的查询和移动时间，效率自然而然也获得了提升。

7. 品质保证的基础

推行 5S 管理就是为了减少公司现场中的不良现象，避免员工马虎做事，使员工形成认真对待每一件事情的习惯，这也是产品品质获得可靠保证的基础。

（六）5S 的关系及与其他体系间的关系

1. 5S 之间的关系

整理、整顿、清扫、清洁、素养这 5 个 S 之间并非互不相关，它们之间是相辅相成、缺一不可的。整理是整顿的基石，整顿是整理的巩固，清扫是显现整理、整顿的效果，清洁是整理、整顿、清扫的维持，通过素养对前面四项加以规范。5S 任务的进行和实现基础在于员工，经过素质的提升，才能将 5S 做实，素质提升了，才能通过清洁，对整理、整顿以及清扫进行维护。

2. 5S 与其他管理体系间的关系

（1）5S 与 ISO 9000 之间的关系

ISO 9000 是一种产品质量管理体系，它不仅仅是规范，更是一系列规范的统称。ISO 9000 是由 TC 176（TC 176 指品质管理和品质保证技术委员会）所颁布的一套标准。ISO 9000，是 ISO 所公布的 12 000 个规范中最畅销、最普遍的标准产品。质量认定是公司质量得到保障、被监督确认的标志，所以公司都在积极申请和通过 ISO 9000 认证。

ISO 9000 规范，是国际标准化组织（ISO 0090）于 1987 年提出的定义，源自旧的 BS 质量标准，是指由 ISO/TC 176（国际标准化组织质量管理和质量保证委员会）提出的标准。ISO 9000 注重产品质量管理工作的全面性和文字化，具有三级文件的重要资料：产品质量手册、规范程序、记录。公司只有得到 ISO 9000 的认证，才意味着公司的商品有质量保证，所以 ISO 9000 的质量标准是站在顾客的立场提出的，从顾客的视角来评价公司的产品质量与服务水平。

5S 管理理论指出，在所有活动中，提升人员团队素质这项管理活动是所有活动的核心内容与精髓。5S 管理着重于现场、现物，是一项培养企业追求卓越的品质文化意识的基础活动，它注重于现场的作业规范化和细节，提供了一种高效、清洁的工作环境，进而对商品的品质产生了重要的影响。而实施 5S 管理的终极目的是提高人的素质，从而建立良好的工作习惯与工作环境。单纯实施 5S 管理可以提高品质水准，但是无法达到品质要求，单纯实施 ISO 9000 又没有一定可以达到品质水准的需要，唯有彼此融合，方可更好地完成组织目标。

（2）5S 与 TQC 的关系

TQC 是英文 Total Quality Control（全品质管理）的简写。全品质管理并不等于品质管理，它是品质管理的更高境界。全品质管理体系包含机构的全部管理工作，强调机构以品质为中心，以全员投入为基石，注重全员的教学与训练，目的就是通过客户满足和本机构全体成员及社会获益而取得长期胜利的途径。

品质是公司的生命，在对全面品质管控之前，公司应该先形成坚实的基础管理。而 5S 的推行将成为全面质量控制的第一步。在各机构里，5S 管理是一种维护环境品质的技术手段，而 5S 管理也可以认为是"全面、全过程、全员"的环境基础工程。首先，5S 强调全面实施，没有死角；其次，5S 强调了定点、定量、定容，而定点、定量和定容便是一个完整的设计；最后，5S 管理强调全员参与，责任到人。因此，5S 模式的高效执行，可以为 TQC 的发展提供极大的帮助与支撑。

（3）5S 与 TPM 的关系

TPM 是 Total Productive Management（全面生产管理）的英文简称。20 世纪 60 年代起源于美国的 PM（预防保全），后来经过日本的推广与革新，在 20 世纪 80 年代形成了公司的 TPM（全面生产管理），并在日本获得了巨大的效益，因此在全球开始普及。TPM 的概念包括狭义和广义的，狭义概念是指包含公司主管、生产现场操作者和办公室员工在内的全体人员参加的生产维修与养护体系。TPM 的主要目的是为了实现设备的最高效率，它以小组活动为基础，并涉及整个设备的全系统。广义的概念，指的是以建立健全的、追求生产体系效率化极限的企业制度为目标，从生产体系的总体考虑，构筑能减少各种损耗（灾害、不良、故障等）发生的机制。涉及产品研发、产品设计、营销和管理部门在内的每个部门，通过企业上层到一线人员的全员参加和复杂的小集团活动，最终实现零损耗的目的。

5S 管理系统是生产公司管理水平与改进的基石，它成为现场管理的有效工具之一，现已获得全球许多公司的普遍认同，TPM 活动作为产品制造企业、降低生产成本、提升生产力、改进公司运营管理、提高公司竞争力的有效工具，正在起着积极的影响，也就是说，公司要想实施 TPM，就要先高效地实施 5S 管理。TPM 方面的专家们一致主张：如果 5S 管理中的要求和细节都无法获得认可，那就不用考虑推行 TPM 了。5S 管理中的三定与细化都是实施TPM的重要前提，所以公司需要把5S管理工作视为TPM的前提进行明确。

（4）5S与JIT之间的关系

JIT是Just In Time的英文简称，也称为精益制造，是在丰田汽车公司逐渐增加其产品规格，并建立大规模生产体系的过程中出现并发展起来的。以丰田的大野耐一等人为代表的JIT方式的创造者，意识到必须采用一个更能灵活适应市场需求的方式，才能生产出具有竞争力的产品。

JIT的基本理念，可以用现在广为流传的另一个观念来总结，比如"只在需要的时候，按需要的量，生产所需的产品"，这也正是Just In Time一词的意思。这种生产方式的核心理念，是力求建立一个零库存、零浪费、零不良、零故障、零灾害、零停滞的较为完善的生产体系，并因此研制了包含看板管理在内的各种具体的方法，逐渐建立了一种独特的产品营销系统，其核心理念是力求零库存以及迅速适应市场变化。

从精益制造系统的构建中，我们可以看到，精益制造的基石是意识变革与5S管理，这二者缺一不可。所谓的认知转变，是指对人或物等理所当然的东西提出疑问，寻求比较正确的方法，以便最大限度地减少浪费的产生。精益生产具有自己独到的意识、方式和技艺。如精益制造注重制造流程，注重柔性制造，还注重一人作业几个岗位等。不过，实现精益制造流程依靠的仍然是现场的全面提升，而现场的全面提升也是从5S管理系统出发的。精益生产系统所追求的"七个零"的标准，都是和5S技术有关。准确地讲，如果没有5S管理，精益生产根本就无法推行。

学习评价

评价类型	权重/%	具体指标	分值	得分 自评	得分 组评	得分 师评
职业能力	65	掌握5S精益管理方法	15			
		了解5S精益生产的概念	25			
		了解5S精益生产的历史	25			
职业素养	20	坚持出勤，遵守纪律	5			
		协作互助，解决难点	5			
		按照标准规范操作	5			
		持续改进优化	5			
劳动素养	15	按时完成，认真填写记录	5			
		工作岗位8S处理	5			
		小组分工合理	5			
综合评价		总分				
		教师点评				

学习单元二　基于5S的生产制造管理基础

（一）产品制造现场管理状况与需求分析

1. 生产经营管理状况分析

生产制造企业的生产方式，是建立在"大的投入、大的在制品、大的库存储备、大的资金占用"基础上的。所以，公司要想顺利运作，成本费用管理将是公司存在的关键问题。现场是公司生产经营活动的进行地点，是生产型公司发展壮大的基石。企业很大部分浪费都是在现场制造加工过程中产生的。我们以产品加工车间为重点研究对象，根据公司现状归纳出产品加工现场管理工作中可能存在的问题，大致有以下几个方面。

（1）加工过程不均匀的情况

因为设备生产企业的生产方式并不像丰田公司的流水线生产方式那么布置，即所有工艺都是按照作业规范时间提出的平衡工序，设备生产企业的生产现场并不是根据同一条流水线甚至是U型生产线布置好的，所以各个工艺的生产时间也就没有严格地按照不同工艺均衡的时间进行制造，而是各生产中心的各个工艺自己规定生产某个工件需要多少时间。这就使得在制造流程中，前后道工序不能做到紧密配合，从而就没有办法保证制造的精益化。但在制造机构的流程中，因为制造规划的粗放以及管理人员素质的不同，造成了前后道工序在产品供给上发生混乱，有的时候会发生上道工序供给不准确，导致下道工序的操作者和机械设备都需要等待而浪费时间，还可能影响下下道工序的制造，以致影响整个产品的制造；还有某些地方，会发生前道工序不管后面工序需要不需要，甚至要多少，都总是以自身的水平来完成，各步骤之间产生了巨大的在制品积压。

生产过程不均匀容易造成许多现象出现，例如：投入产出的时间难以确定；废品量、返修率、生产率无法进行正确的认识；产品发生异常的情况很难及时发现、解决，而且非常容易出现产品质量问题。

生产中的在制品并没有严格地遵循先进先出的原理，加之返修耽搁与储存场所之间的关系，导致了生产现场的物品放置十分杂乱，影响质量，且定置管理也没有完全贯彻执行等一连串的问题和现象。

由于工序的产品不均衡，造成了生产的质量没有办法得到提高，这样产生的品质隐患将会日积月累、聚少成多，终究会有出现的那一天。如此一来，操作员和机器设备做了一些无价值的工作，而这种不产生附加价值的劳动带来了巨大的成本浪费。

（2）人员配备上的困难问题

我们必须明白，任何一家公司都不同程度地面临着人员冗余的状况，当然生产现场也不例外。现场改善其中的一项就是对人的改善。工业生产现场中会出现员工分布不均的状况，比如一些工序的员工时时刻刻不停地工作，没有闲暇时光，而另外一些工序的员工却有很多时间闲聊。这种员工忙闲不均的状况，一方面表明了生产工序的不均衡问题，另一方面导致了人机效率降低、人机严重浪费，还会给员工造成心理不均衡的负面影响。这些现象在丰田生产方式中是绝对不会出现的，因为丰田公司采取的是一人多机的生产方式，可以充分发挥人和机械设备之间的关系效率。由于普通的公司现在依然实行的是一人只运行一台机器的运行模式，因此必然会造成员工的冗余和人机效率的降低，加上他们一直从事相对简单的作业，只了解自己承担的作业项目，对其他的作业毫不知情，这也使得这些员工的专业技能得不到提升，公司没有办法培养出多能工，也就没有更好的办法处理因人才冗余所造成的问题浪费。

（3）设备管理方面的问题

机械设备是生产性企业的原动力，很难想象如果没有了机械设备会是什么样子。不过，许多公司的生产现场的确出现了设备形同虚设的现象。这些现象一方面是公司的管理层没有负责任导致的，一方面是职工的疏忽大意导致的。因此，许多机器设备并非被工人用坏的，只是由于没有受到必要的养护与维修，导致寿命缩短、故障率高、开动率低。另外，维修保养不严格，也会导致机器设备经常损坏，坏了又修不好，然后没有方法，到最后报废为止。这些情况严重影响了生产时间和生产品质，在设备的布置上也出现了布局混乱的情况。很多公司生产车间现场的设施布置都是按照工序先后进行布置的，也就是把工序类似的设施布置在同一范围内，但是由于每台机械设备都有自己特殊的加工任务，所以在物料搬运过程中，现场货物发生了倒流现象，且运输机构无法管控，导致搬运次数增多、搬运路径扩大以及运转环节过多等各种无效的搬运活动。这种无效搬运，不但提高了搬运费用，还造成了在制品搬运中的混杂、丢失和不安全问题。同时因为工厂生产流转不畅通，导致工厂现场材料堆积的问题比较严重，成品、半成品、毛坯、垃圾等材料总是混放在一起，显得杂乱无章。物品放置的杂乱既挤占了制造现场的空间，降低了作业的灵活性，也易导致生产彼此磕碰，产生产品质量问题。

（4）现场管理和可视化管理方面的问题

现在，基本上所有的公司都在使用5S的"整理、整顿、清扫、清洁、素养"来对公司生产现场进行环保方面的管理控制。但也不能达到很好的成效，因为对环境的治理并非光靠5S就什么都可以解决了，而企业所做的也只是表面文章，更深层次的主要问题并不能解决。环境问题是由许多因素造成的。例如：现场布置不当造成的运输困难，货物积压造成周边环境紊乱；场地定置管理工作并未进行，由于摆放地点没有标志或者标识不清等造成很多物品，特别是规定的物品任意乱放，产生不论如何清理，环境都不良的状况。此外，管理层并未将环境要求以制度化的方式下发，也不要求操作人员形成良好习惯，没人关注环境问题，久而久之，环境问题在他们眼中也就不是一个太大的问题了。

（5）部门之间交流的问题

制造现场是一个相当复杂的生产区域，所以制造的顺利进行不能只靠制造单位自己，还要靠物流、技术、调度、生产过程、财务、人才等政府有关单位的协调配合。各个部门间应该高效地交流与配合。例如：机器坏了要找负责保养的部门，做工装要找工艺部门，检测品质要找质检部门，用吊车等机械要找到调度部门等。假如和这些机构之间缺乏足够的交流与协调，就会出现即使你去找他们，他们也没有及时帮你解决问题，使你一直处于等待状态，损失了成本，大大降低了工作效率，甚至还会发生一个环节发生问题后，各部门间互相埋怨或者扯皮；都认为是按照别的部门的规定进行操作的，自己不会发生任何问题，即使错，也错在别的部门的表达上，等等。

（6）作业标准与员工素质之间的关系问题

许多公司的生产没有具体的作业规范，就算有，员工也没有根据作业标准完成作业，随意性大。有时，尽管各工艺都有工艺卡和作业标准，但由于这些作业标准都是工艺人员在自身没有很了解，也不能完全掌握员工怎么作业的状况下，按照自己的思路做出的，因此很多情形下也不适于实际的作业，没有了作业标准的意义。同时，作业标准中也仅仅粗略地制定了工作内容和过程，没有细致地规定用哪种工作方式和完成这一工作的规范时间。比如在加工掘进机铲板销轴连接孔时，作业标准中只标示要加工孔的大小，而没有规定钻具的速度和每次进给量，也就是说对各个作业的时间没有明确规定，只大致给出了工件在某一作业的总的完成时间。这样就使得工人作业的随意性非常大，员工们能够自行掌控生产时间，根本不顾下一道工序的状况，想什么时间做就什么时间做，想什么时间做完就什么时间做完，严重破坏了整条生产线的稳定性。员工这种随意性同时又会造成员工的责任心减弱，产生工作质量问题。

2. 生产制造管理改善需求分析

在市场经济国际化的大形势下，各个领域的中小企业都面临着强大的竞争压力。公司要想在激烈的市场竞争中站稳脚跟，就要考虑从企业出发，降低生产成本、提升产品效益。根据目前中国生产企业总体面临的问题，总结出生产制造企业现场改善管理要求如下。

（1）社会需求

现在人们生存的自然环境正在一天一天地遭到毁灭，而可以利用的资源也在一天一天地下降或者消失，许多珍稀的生物每天都有着濒临灭绝的危险，自然环境和资源的损害，很大程度上都是由于人们的大肆毁坏、乱排滥放、对林木滥砍滥伐、毁坏植被、随意使用资源等违法行为所造成的。其中，制造行业排出的有害废气和污染对环保产生了巨大的冲击，行业污染严重的问题处处可见。但是，想要保护和节约能源，实现可持续发展，企业就应该想尽一切办法来降低工业生产过程中形成的资源浪费，这不仅是对我国政府的支持，对人类发展的贡献，同时对企业降低成本等方面也具有重要的意义，而唯有这样的公司才能在市场竞争中存活下去，并立于不败之地。假如一家公司在生产过程中资源严重浪费，对环境也产生巨大污染，那么，这家公司是无法有长远的发展前景的。想要达到公司的长期目标必须对企业现场实施基于5S的现场改造。现场改造的目的在于持续不断地对现场实施整改以彻底消除所有不增值的损失，经过进行现场改造，公司可以在较大范围内降低损失，实现节约降耗的目标。基于5S的现场控制改进技术，是缓解当前很多公司存在的或成长中所遇到的困难的最佳、最根本的途径，主要有以下几点因素：

①基于5S技术的现场改善管理模式，是在第二次世界大战后经济相对脆弱的时期出现于日本的，当时的日本经济非常不景气，国内外资本严重不足，市场需求较小并且面临着许多不确定因素，而目前的中国企业主要也是面临着这两个方面的困难。

②当今世界上一些公司先进的管理方法被更多公司所接受，包括中国的某些公司，他们发现了本公司在管理方面和全球领先水平之间存在的差异，同时也意识到了管理方法能够让小的投资带来无限的生产效果，现场管理工作改进能够让员工根据本公司的实际状况，持续地改进完善管理制度。

③现场改善的实现必须有一种完善的理论基础，全面的控制、看板控制等技术在中国许多公司开始获得不同水平的运用，其面临的困难在于怎样针对本公司的具体状况，合理运用这些方法以及把这些控制方法整合起来，最后实现减少损失的目的。

④基于5S的现场改善管理系统作为一个基本的管理方法，在技术上已经非常完善了，

加之许多公司不断地运用，使这些管理方法可以在实施过程中进一步地完善并使其与本公司的实际状况以及我国的实际相结合，形成有利于公司发展壮大的一个行之有效的管理办法，目前，国内外已有不少公司在进行现场改造方面做出了典范。

⑤对设备生产公司而言，由于制造过程所造成的损失比普通制造公司要大得多，所以想要降低成本、节约能源、制造出达到标准的商品，就更有必要通过进行现场改造来减少制造过程所造成的任何不增值的损失，提升制造质量，降低生产成本。

（2）企业需求

由于公司本身管理的问题，生产制造企业还必须做好现场改造。研究表明，生产制造企业由于受到自己的某些特性干扰，造成生产的产品质量差、制造周期长、成本高，且生产的效率没有保障，所以，生产制造类的公司往往会发生无法适应顾客需要的状况，要么是产品质量达不到规定，要么是无法按时交付，这就导致这些公司在市场竞争中，以及与顾客的关系维护中处于劣势。总之，生产制造类公司非常有必要通过现场改造来改善这种情况，提升制造效能，缩短制造时间，降低生产成本，提高质量。

1）缩短产品制造周期的时间

生产制造类公司生产的产品种类繁多，产品的持续性非常差，因此必须不断地改变产品种类、调整设备，这就导致了大量的生产时间都被耗费在非增值活动中，使得公司的生产利用率较低，且产品生命周期变长。运行完善的现场控制可以迅速适应客户的变动，能够更快更好地适应客户多变的需求以及迅速交付的需要。采用基于5S的现场改进可以减少生产的加工时间、搬运时间、等待时间和其他事物的处置时间，进而减少制造时间。

2）降低生产成本

在公司现场的许多地方都会发现垃圾，还有很多闲置的机械设备，由于制造的产品种类多，公司使用的专用设备也就较多，加之现场组织的烦琐以及原料购买成本高昂，导致了公司成本巨大；另外，由于产品众多，供应量变动较大，造成产品过剩或短缺，进而导致浪费严重。现场改进的最大意义，就是降低成本，避免一切不增值的物质浪费。现场改善的对象是所有不产生附加价值的耗费，如原料、人、机械设备、运输、仓储等。生产制造企业在制造流程中的浪费程度有目共睹，想要实现降低生产成本的目的，就需要大力度基于5S进行现场改造。

3）增加劳动生产率

造成生产率降低有许多因素，其中人的效率和机械的使用率是最主要的因素。现场改善的主体是个人和设备，所以，要想进一步提高劳动生产率，就必须先提高人的生产效能和机器设备的效率。看板管理、目视管理等可视化技术的推行能够有效提升人机效能，而所有管理方式的实现，都必须基于5S的现场改善方案。

4）提高质量水平

因为生产制造企业生产的商品的特殊性，所以制造工艺受较大范围的约束，通常都是采用一些质量差、生产精度低、可靠性差的机械设备，甚至工装、夹具和量具等辅助工具也不齐全，这也使物流不够顺畅，加工过程断层，产品没有办法实现连续性，不仅降低了生产的品质，同时，加大了品质管理跟踪和品质提升的困难。在现在竞争激烈的环境下，公司必须想尽办法改善生产的品质，利用现场改进的全方位品质管理体系，对整个制造流程中的每一个工序实施生产检测管理与监控，以实现产品质量不断提升的目的。

(3) 客户需求

客户就是上帝。现在的交易市场已经不再是有什么买什么的卖方市场了，而是顾客需要什么就生产什么的买方市场。客户对商品的基础要求是低价位、高质量以及短的交货期，公司生产的产品既要满足客户的特殊需要，更要满足他们的基础要求，只有如此才能引起客户的重视，公司生产的产品才是有意义有价值的。所以，从用户角度考量，公司想要在满足用户需要的同时维护企业的利润，就需要进行基于5S的现场控制改进，来确保公司的产品是廉价、高质量、短制造时间和整体高质量的。

（二）生产现场管理理论

1. 对生产现场管理的理解

制造现场指公司面向消费者制作商品和提供售后服务的场所，是进行产品要素的配置与制造流程有机转化的地方，是整个工业的核心，同时也是能够进一步提升的园地。现场管理是由人、机、料、环、信息、机制等各产品基本要素和品质Q（Quality）、成本C（Cost）、交货期D（Delivery）、绩效P（Production）、安全性S（Safety）、员工士气M（Morale）等六种主要的管理目标要素所组成的一个动态的系统。现场管理就是利用科技的手段为了更有效地达到公司的管理目标，把现场中的生产制造要素与管理目标要素加以合理配置与优化组合，有机地实现整合，从而提供一个清洁有序、环境优美的工作场地，让现场中最具活力的人，心情愉快，动作得心应手，从而达到提升生产效益、改善质量、降低成本、提高效益的目的。现场是一切改善活动的地点，也是一切信息的源泉，为缓解现场出现的问题，管理阶层应该关注、珍惜现场。也就是说，管理者必须在现场管理工作中担当重要的角色，必须学会怎样利用合理的现场管理模式来维持和提高标准并最后达到品质、成本和交货期这些目标。无论管理阶层采取怎样的决定，均应是来源于现场的特殊需求。管理者和现场作业人员需要即时进行交流，切实掌握现场作业人员的要求和状况，并对企业管理层为了取得一定成果作出的决定以及自身要达到这个目标应该如何定位、如何去做有个整体的了解。要做到现场管理工作的成功运转，还必须全体工作人员全力配合，管理者要不断地鼓励员工完成任务，并使员工体会到，以其工作和对企业、社会所作出的奉献为荣，使员工逐步找到工作中的使命感与成就感。关于现场管理，一直以来都存在着两种不同的看法：一种看法认为管理人员的作用是给现场提供决策与资源，现场处于管理架构的底层（正三角形）；另一种看法则指出管理层的主要作用是为了给现场人员带来帮助，因为现场人员处在管理架构的顶部（倒三角形）。实际上，正确地对待现场和管理之间的关系，就必须认识到"现场"与"管理"之间有着密切的联系、共同的目标。"现场"通过提供产品或服务来满足顾客的需要，而"管理"则是通过战略的制定与策略进行，实现在现场的服务目标。管理层设在机构的顶层，员工应推动建立策略、任务和优先次序，包括人员和钱财等的资源分配；反之，为获得员工的配合，管理层需要听取现场人员的意见并向他们学习。

从以往的案例来看，企业的管理者通常充当着一位指挥官的角色。很多管理人员都是在办公室里，甚至是通过每月、每周，或者每天一次的汇报和会议了解现场，之后又拍着脑袋想到该如何做，最后他对工作的过程、方式等都提供了指示，因此现场人员只需遵照执行，这些控制手段导致员工与操作层间严重脱节。为完善这种管理方法，使管理人员和现场保持紧密的联系和理解，管理专家提倡了三"现"主义，即现场、现时和现物。其具体特点是：

①有问题发生的时候，先去现场。
②观察情况，检查相关的物品，并剖析成因。
③在查明问题后，尽快制定暂行方案措施。
④发掘现象的真实根源并消除。
⑤将问题和解决方案标准化，避免此类问题再发生。
对现场中出现的问题及其相关的解决方案实施规范管理有许多好处：
①标准化的作业代表是最好、最简单、最安全的作业。
②标准化为工作创造了一种保存技能与专业技术的最好方式。
③标准化提出了一种评价业绩的方式。
④标准化奠定了维持和改进的物质基础。
⑤可以把标准化视为教育和训练的目的。
⑥标准化是组织核查或论断的机构基础。

三"现"主义及标准化的推行和持续实施，都必须获得管理人员的充分配合和权力的充分下放，才能便于现场管理制度改进的实施，除此以外，管理者还需要对制造流程实施过程进行监控与检测，对制造的成本、品质以及交货期等进行管理。每场在现场进行的管理活动，大致可分成两类：维持与改善。前者是指按照现行标准去工作并维持现状，而后者则关系到改进这些标准。现场管理就是负责其中之一的项目，其品质、成本和交货期（Q、C、D）即为其结果。

2. 现场控制的必要性

每个公司都需要进行开发设计、产品制作、营销三项获取收益的活动。而所有的新科技、新工艺和新技术手段的引入、消化、吸收、革新和引进都把具体的现场管理方法贯彻到现场工作，在公司每项工作中，没有任何一个不是以现场管理工作为基础，并通过现场管理来执行的。所以，现场管理工作是全面提高公司整体素质的保障。缺乏现场管理的基础，全面提高公司管理水平仅仅是一个空谈。近年来在公司管理中出现了一个很大的误区，即重市场而轻现场。这些意见指出当前影响公司的主要原因是市场疲软、营销不良等公司外部环境的影响，并未意识到现场管理的好坏直接影响到产品质量、成本及其对市场的"辐射"功能。公司领导层将主要精力放到抓"市场"销售，把抓"现场"看作是"远水不解近渴"，从而造成公司的现场管理工作存在员工精神紧张、物流和信息流不畅通、现场管理不落实等各种问题。市场与现场，是彼此联系、互相制约与不可分割的。企业要在生产现场了解现场要求与管理是否能提高产品质量，是否具有履约实力。所以说"现场就是市场，市场就是现场"。一家成功的公司既要抓好市场，又要抓好现场，唯有如此才能提升公司的管理，增强公司的核心竞争力，才能在激烈的市场竞争中立于不败之地。

（三）生产现场改善的基本原理

1. 对改善的认识

改善一词其实源于日文的 Kaizen，意为持续不断地改进，它表示每一个管理者和作业人员，都要尽可能地以相对低廉的成本来提高工作效率。1993 年版的 *New Shorter Oxford* 英文辞典中收集了"改善"一词，将"改善"概念界定为一个公司运营理念，用于持续不断地提高工作方式以及员工的工作效率等。真正的"改善"是不可以一步到位的，它是循序渐进的、一步一个脚印的、稳固的、阶梯式的提升，但只有坚持不懈，才会产生巨大成就。改变和创新，往往不是一回事。"改善"一般是用一点低成本的方式做出一点微不足道的小改变，不过这种小的改变经过阶梯式地不断提升，累积下来的小的结果也能够得到大的收益；同时"改善"这样较低风险的方法也不需花费大成本，因此在改进的过程中，一旦发现正在采取的方法进行不下去甚至方向错误了，就可以随时恢复成原来的工作方式。欧美的管理界追求的革新，就是利用技术上的突破、新的管理思路或新颖的制造技术，来实现大步伐的历史性转变。创新所创造的是一种富有戏剧性、令人瞩目、体会到实质的收获。不过这种一触即发式的变革模式，它的结果有时也会引起争议。

2. 现场改善的基本模式

为使公司在国内市场上具备竞争力，应当通过消除浪费活动形成合理的生产体制，即在必要的时候，制造出一定数量物品及时应付生产的变化，达到高效、低价、短交付期，并合理地运用人、物、资本、信息等资源来实现客户需求的合理的生产方式。改善并不是单独出现的，在持续改进的过程中存在许多与之密切相关的观点或系统。

（1）改善和管理之间的关系问题

在改善的范畴里，管理具有两个方面的功能：维持与改进。所谓的维持就是指利用一些纪律或训练等的约束来维持当前的技能、管理水平和作业规范等的活动。在维持的功能下，主管部门要做好对工作的指导，让每一个人员都能按照规范的工作流程来工作；而改进则是以提升现有水平为宗旨的行为，按照改进的水平不同，可以将其分成改善与创新。改善是借助人员的勤奋、锻炼、交流、士气、活动、组织和自律等的持续不断的奋斗，而形成的一系列的小改善累积而成的，但它们都是一个常识性和低成本的改善方法。创新则是将巨额资金投入到新科技或装备中等。

（2）改善过程和结果

改善的结果虽然非常关键，可是改善的过程却是最重要的，因为一旦改善的过程发生了偏离，那改善的结果就会与期望的结果产生较大差距，所以，管理者不要过分关注结果而忽视了过程。有时哪怕是结果不令人满意，但是过程中也会有许多值得以后参考和学习的地方。管理层在看重结果的同时也要多参加改善的过程，这样才能体现出改善的实际含义。

（3）改善品质要求

即便是对现场的改善也要顾及品质的因素，不要光顾着改善而忽视了品质要求，因此从品质、成本和交货期等主要目标来说，品质才是生产中最关键的因素。不管商品或劳务的价值与交货期对消费者有着多大的吸引力，但没有了品质，公司仍然无法获得竞争力。现在许多公司都开始把产品质量放在首位，强调"质量第一"的主张，不过也常常发生员工由于屈服于交货期和成本的压力，而对产品质量妥协退让的情况。

（4）资料数据

改善的目的是希望克服现场所存在的问题，不熟悉现场、不熟悉问题的真正根源就没有方法进行合理的评估，也就没有方法找到合理的解决办法。因此，在决定进行改善之前，要及时、正确地获取与问题有关的资料数据，切实搞清楚问题产生的根本原因，这才是解决问题最科学最客观的方式。

（5）客户的定位

产品是经过很多道工序加工，最终通过组装而生产出来的。要想制造出公司和消费者都满意的商品，必须把每一道工序都当作是顾客。如此一来，公司制造的商品必须同时面向公司内部和外部所有的消费者。制造活动中的每一个过程都会以消费者的身份谢绝所有不合格品，而根据这样的方式制造出的商品肯定也是符合最终消费者品质要求的商品。所以，在改善的过程中必须实现对客户定位的提升。

3. 企业进行现场改善的目的

公司进行现场改善的终极目的，是希望改进目前在公司现场出现的诸如作业环境较差、人机效率低下、生产成本高、产品质量较差、交货期长等方面的问题。在上述问题中，企业把改善要求放在首位的是品质、成本和交货期，这是因为：质量不但代表了商品的质量，同时也代表着这些商品在制造过程中的品质；生产成本是影响着公司盈利与否的关键因素，也是消费者在选择产品的同时考量的一个关键因素；交货期体现出公司迅速适应消费者需要的实力。公司这三方面都满足需求了，客户的需求自然而然就可以实现了，所以公司要实施的现场改善其实就是要经过大量的提升活动，使公司在品质、成本、交货期这三个方面获得让公司和消费者都满足的成果。另外，QCD 的改善活动中，跨部门的协作交流是必不可少的，同时还要和供应商及经销商协作。

建立改进 QCD 方针的优先次序，是高层管理人员的责任。

（1）质量

产品的质量关系着每一阶段的行为，包括了商品或服务的研发、生产、营销以及在现场制造之前的相关行为。在现场制造前的活动叫作"源流管理"，即所谓的品质，从产品设计、制造概念和了解客户需要阶段就应该进行思考，尽可能避免在制造流程的阶段和服务时出现问题。源流控制在质量保证上起着很关键的作用，但纵使在源流控制上颇有成效，假若现场不完善，也不能制造出满足消费者需求的商品与服务。

（2）现场的品质控制

现场要比源流管理遇到更多不同视角的质量问题。尽管在源流控制方面，需要一些高深的手段，比如工程设计审查、实验规划、资源分析、价值工程等，可是在实际工作中，也只是涉及某些单纯的问题罢了。为减少品质问题，管理部门应当制定规范，帮助工作人员养成遵纪守法、严格遵守规范的习惯，以保证不良品不会流向"下一个顾客"。大多数出现在现场的产品质量问题都是用降低成本、常识性的方式来处理的。一般来说，只要经过检测规范，进行过环境维持，剖析过产品质量问题的成因进而制定措施的，就可以逐步降低质量事故；经过 SPCA 和 PDMA 的循环，就可以降低异常现象的再次发生，从而提高质量水准。每一个员工都能接受"下一个流程就是顾客"的理念，不把不合格的产品或服务输送到下个流程，即"不接受、不制造、不流出"，当每一个人都能理解并做到这种理念时，一个完善的产品质量保证体系就能构成了。

（3）现场的生产成本降低

生产成本降低并非指削减生产成本，而是指成本管理。成本控制是指在提供、制造和出售良好品质的商品和服务的同时，致力于降低成本并维持其价值水平。现场的成本降低，是由管理层进行不同的社会活动而产生的结果。辞退雇员、组织重构和剥削供应商，像这样的成本减少，必定会影响到产品质量，导致产品质量恶化。如果单纯地采用成本降低的手段来降低产品价格，就会导致产品达不到消费者的要求，进而导致产品品质下降和有效订单消失。根据公司的状况，为了让产品质量和交货期的提升活动更加直接，把产品质量和交货期的发展状况做成工作记录板,其中,异常情况规定使用红色笔记录。

(四) 最主要的改善措施

现场改善的活动也有很多种,其中最应该进行的活动主要有以下几种。

1. 全品质管理

全品质管理(Total Quality Control,TQC)是日本企业经典管理方式之一。在成长初期,企业注重在业务流程中的品质管理,后来演变到企业所有的经营方面,被称为全面质量管理(Total Quality Management,TQM)。TQC/TQM 现在已演变为企业管理的一个战略,用于帮助企业的经营,使其更加具备竞争性和盈利水平。在 TQC/TQM 中,Q 代表品质,虽具有优先性,但仍重视成本与交货期。T 意味着"全面的",包含机构内的每一个人,从最高层、中间管理层、现场监督人员,到现场的作业管理人员,更进一步扩展至供货商、经销商和批发商。T 也代表了最高管理部门的效率,是 TQC/TQM 推行成功的重要因素。C 即控制,想要改善效果,需要对关键的过程进行判断、管理和持续不断地提高。TQC/TQM 中包括以下具体内容:目标展开、质量保证体系的构建、规范、培训、成本控制与品质。

2. 全面生产管理

实现全面生产管理(Total Productive Maintenance,TPM)的制造业公司正在逐渐增多。TQM 注重总体的业绩和效率的提升,TPM 则注重于产品品质的提升。TPM 采用总体的预防维护体系以延长产品的寿命,并力求产品效益的最优化。TPM 和 TQM 一样,也包含了工厂里的每一个人。

3. 方针展开

管理部门应当制定具体的改进目标,同时能正确领导所有的改进活动,并引导每一个员工向着既定目标发展。要产生改善效果的行为必须进行严密的指导。第一,最高管理部门需要制定长远的策略,然后划分为中期方针和年度方针,同时需要对该策略进行规划,使其能一层一层往下传递至各个下级管理层,直至到达现场。当策略逐层往下传递至下一个层级时,其内容和实施方案应该更加明确。没有目标的改善活动,就像是没有终点站的旅途,当每一个人都能为实现改进的目标而工作时,才可以产生最大的效益,而管理部门的职能,正是要设定这种改进的目标。

4. 提案建议制度

提案建议制度的重点在于通过激励员工的参与来提高士气。提案建议制度实施的方法是鼓励员工多提建议——无论他们的建议有多小。管理层并不期望能从每一个提案中获得巨额的经济利益,培养、开发具有改善意识且自律的员工,将改善工作持续下去,才是这项活动的真正目的。

在进行现场改善的活动中,每位参与活动的人员都必须遵循三项基本原则:

①环境维持:通过维持环境,可以培养员工的自律。

②消除浪费:消除任何不会产生附加价值的活动,可以作为改进生产力和降低成本最有效的办法。

③标准化:为确保质量,要维持一定的标准,以确保产品和服务的质量,防范异常的再次发生。

（五）生产制造企业基于 5S 的现场管理改善的必要性分析

基础管理工作对于任何企业都非常重要。目前有许许多多的管理模式，成功与失败的例子比比皆是，但有一点是肯定的，那就是成功的管理模式必须取得广大员工的充分理解，并且亲自参与进去，这种管理模式才是行之有效的，否则注定不会成功。管理的目的是让员工的劳动越来越简单，越来越能提升质量，越来越方便。5S 现场改善管理为现代企业提供了非常简单的管理方法，使每位员工都能够理解接受。5S 所倡导的优雅的工作环境、良好的工作秩序、严明的工作纪律是提高工作效率、生产高质量产品、减少浪费、节约物料成本和时间成本以及确保安全生产的基本要求，推行 5S 改善管理不但提高了工作质量和效率，更重要的是可使员工养成认真规范的好习惯，为企业打下坚实的基础，从而提升企业形象和竞争力，使企业业务蒸蒸日上；但是目前大多企业存在着很多不良现象，给企业和员工造成了很多危害和资源的浪费。

1. 企业中常见的一些不良现象

①员工仪容不整、散漫、违纪、做事马虎、对工作没有质量概念，没有全局观念，甚至对本职工作也不能尽职尽责，只注重个人利益，不合格部件流入下道工序直至产品报废。

②物品随意摆放，原材料、半成品、成品、不合格品、返修品等混杂。

③工夹具、量器具、模具等杂乱无章乱放，机器设备使用保养不当，不按规程操作、使用、保养，随意开关设备，长流水、长明灯现象无人关心过问。

④工作场所脏污，不注意卫生，乱丢乱扔，随意侵占安全通道、消防设施、紧急出口等。

2. 不良现象带来的危害

①人员的懒散有损企业形象，影响士气，没有集体精神，工作气氛不良，工作态度不端正。

②物品的随意摆放容易混杂，难于管理，寻找浪费时间，增加搬运时间，无效作业增多，数据不易清楚。

③不按操作规程使用、保养机器，容易损坏设备，影响其寿命和精度，影响产品质量。

④不良现象不仅影响品质，更重要的是增加不安全因素。

⑤不良现象会造成资金、场所、物质和人员的浪费。

综上所述，推行 5S 改善管理是企业必然的选择，表现在：

1）现场对企业来说是最佳的推销员

首先，被客户称赞为干净整洁的企业，令人对其有信心，乐于下订单，口碑相传，会有很多人来企业参观学习；其次，整洁明朗的环境，会使大家希望到这样的企业工作，这样一来，人们都以购买这家公司的产品为荣。

2）现场管理是品质零缺陷的护航者

员工有很强的品质意识，按要求生产按规定使用，能减少问题发生；检测用具正确使用保养，保证品质要求。现场管理是确保品质的先决条件。优质的产品来自优质的工作环境。发生问题时，一眼就可以发现；工厂如果没有现场管理就发现不了异常（或很迟才发现）；早发现异常必然能尽早解决问题，防止事态进一步严重，并且所用的调查时间减少，节省人力物力。

3）现场管理是节约能手——降低成本、提高效率

合理的现场管理能减少搬运工具的使用量；减少不必要的库存、货架和设备；寻找时间、等待时间、避让调整时间最小化；减少取出、安装、盘点、搬运等无附加价值的活动。

4）现场管理是交货期的保证

模具、工装、工具管理良好，调试、寻找时间减少；设备产能、人员效率稳定，综合效率提高；现场管理能保证生产的正常进行，不耽误交货。

5）现场管理对安全有保障

保持宽敞、明亮的工作场所，使物流一目了然；使货物堆高有程度限制；使人车分流，道路畅通；危险、注意等警示明确；员工正确使用劳动保护器具，不会违规作业；灭火器放置位置、逃生路线明确，以防万一。

6）现场管理是标准化的推动者

规范现场作业；员工都按照规定正确地执行任务；程序稳定带来质量的稳定和成本的稳定。

7）现场管理可以创造出快乐的工作岗位

现场管理可以创造一个氛围良好的工作环境，这个环境使员工心情愉快。喜悦的心情并不是公司带给员工的，而是员工自己创造出来的，应该为此感到自豪和骄傲。现场管理使工作环境明亮、干净，不会让人厌倦和烦恼；现场管理让大家都能亲自动手进行改善；现场管理让员工乐于工作，更不会无故缺勤矿工；现场管理能给人"只要大家努力，什么都能做到"的信念，创造出有活力的工厂。"人造环境，环境育人"，现场 5S 管理使员工通过对整理、整顿、清扫、清洁、素养的学习与遵守，成为一个有道德修养的"公司人"，整个公司的环境面貌也会随之改观。没有人能完全改变世界，但我们可以使她的一小部分变得更美好。

（六）成功实施现场管理改善的企业应具备的条件

基于 5S 的现场改善活动是一项持续性、基础性的现场管理工作。要想成功实施 5S 改善管理活动必须发挥团队合作的精神，要得到管理层次的大力支持，如果管理层不支持，那么改善活动是没办法进行下去的。成功实施 5S 改善活动还要得到各个部门的全力配合，例如：需要改善物流系统的时候就要得到物流部门的配合，需要改善仓储布局的时候就要得到仓储部门的支持等。成功实施 5S 改善活动还要得到全体员工的理解和支持，因为具体推行 5S 现场改善的真正主体是生产一线的广大员工，所以在决定实施 5S 现场改善管理之前一定要做好充分的准备。其实，这也和企业文化有着密切的关系。企业文化是企业信奉并付诸于实践的价值理念。企业文化作为企业管理的一种新观念，是指企业等经济实体在生产经营中，伴随着自身的经济繁荣而逐步形成和确立，并深深植根于企业每一个员工头脑中的，独特的精神成果和思想观念，是企业的精神文化。如果整个公司，人人都有改善的意识，那么这个公司肯定会在竞争中立于不败之地。

学习评价

评价类型	权重/%	具体指标	分值	得分 自评	得分 组评	得分 师评
职业能力	65	了解现场控制的必要性	15			
		了解5S对现场改善的重要性	25			
		掌握现场改善措施	25			
职业素养	20	坚持出勤，遵守纪律	5			
		协作互助，解决难点	5			
		按照标准规范操作	5			
		持续改进优化	5			
劳动素养	15	按时完成，认真填写记录	5			
		工作岗位8S处理	5			
		小组分工合理	5			
综合评价	总分					
	教师点评					

学习单元三　基于5S的生产制造管理体系构建

（一）生产制造现场管理改善体系构建

精益化生产现场管理

通过对生产现场的现状和改善需求进行分析，以及现场改善相关理论体系的研究，构建出制造企业生产现场管理改善体系。

以装备制造企业为例，其生产现场改善管理体系一共包含了5个子体系，分别是基础支撑体系、方法体系、过程体系、检查与考核管理体系以及目标体系。

1. 基础支撑体系

现场改善的基础支撑体系是由基础组织建设、基础管理体系建设、组织机构和制度保证、全员参与、标准化规范、高素质员工、管理层支持、人性化管理体制以及制度公正、透明组成。基础支撑体系是成功实施现场改善的基础，没有这些基础元素的保障就好像没有地基的房子，即使建起来了，也不会稳固和长久。

2. 方法体系

现场改善的方法体系是对现场改善的方法的归纳与总结，主要有定置管理、目视管理、5S管理、看板管理、设备布局优化管理、产线平衡和班组建设管理七种改善方法。并且，每种方法都有其各自的实现方法和内容。

3. 过程体系

现场改善的过程体系是对实施现场改善涉及的各个系统进行汇总，主要由生产系统、物流系统、作业系统、工艺系统、质量管理系统、研发系统、采购系统、营销系统、财务系统、计划系统、调度系统以及人力资源系统组成。过程体系是实施现场改善的主体。各种实施方案都是在过程体系发生的。

4. 检查与考核管理体系

现场改善的检查与考核管理体系是对现场改善过程的监督以及改善成果的评估，包括了绩效计划、绩效实施、监督控制过程体系、绩效评估、绩效反馈和过程改进六个步骤。在这个过程中，过程体系与检查考核体系是实时沟通的。

5. 目标体系

现场改善的最终目标是改善现场环境、减少浪费、提高生产效率、获取最高利润，但体系中的具体目标，则是通过消灭生产中的一切浪费来实现成本的最小化和质量与交货期的提高。而要实现这个目标，又是通过一系列的改善方法实现的。能够做到持续改善、柔性制造、品质保证、人性化管理和高执行力是实现目标体系的有力保障。现场改善这5个子体系之间是相互联系、相互依托且有先后顺序的，依次为基础的建立—改善方法的选择—实施过程—改善方案评估—改善最终的实现。

（二）基础支撑体系构建

现场改善是基于5S管理的改善，现场改善的基础支撑体系中，组织结构和制度保证是整个基础支撑体系的基础，而基础支撑体系是整个现场改善的基础，基础打不好，打不牢，后面的工作过程中就会接二连三地出现一些问题，使改善活动没办法正常顺利地进行下去。

另外，某些事情如果没有将其以文件的形式标准化下去，那么在出现问题的时候会互相推诿，无人承担责任。所以，在构建基础支撑体系的时候不但要得到管理层的支持和保障，同时还要得到员工的全力配合。如果没有员工的配合，即使是有明确的规定，员工也还是按着自己的想法和方式去工作，这样也不会将改善活动顺利地进行下去。

（三）方法体系构建

现场改善的方法有很多，这里针对装备制造企业的生产现场特点，总结出定置管理、目视管理、5S管理、看板管理、设备布局优化管理、产线平衡和班组建设管理七种改善方法，并分别对每种方法进行体系构建。

1. 定置管理

现场中的定置管理实际上是对现场中人、物、场所的合理管理，使三者达到最佳结合；是5S管理中整理、整顿活动根据具体情况的细化和深入。定置管理的实现是通过"5W1H""ECRS""动作经济原则"方法对现场进行调查和诊断，对作业和动作情况进行研究和分析，对环境因素进行分析等来实现的。对现场中的设备、物料、工装、夹具、量具、危险品、成品、半成品、零部件、废品等物品进行定置管理，提高了人机的工作效率。工具等定位放置，减少了工人找寻或者借用时间，同时也使工人的操作更轻松。由于现场物品合理放置，创造了整洁、明亮和安全舒适的工作环境，使员工心情愉快，不容易产生疲劳，从而使产品的质量有了很大提高。工具、零件、物料等的定容、定位放置还减少了其在搬运过程中的丢失和碰撞损坏等现象，不但减少了现场 5S 时间，而且使返修品和废品数量大大减少，从而，降低了成本，减少了很多不产生附加价值的浪费活动。

2. 目视管理

目视管理实际上是一种管理可视化的表现形式，即对生产现场中发生的问题、异常、浪费、数据以及六大管理目标等状况一目了然地以图表看板、信号灯、标识、鲜艳的颜色、警示牌、海报、安全标志等形式表现出来。目视管理可以使各个项目（质量方面、设备方面、安全方面、生产方面等）一目了然，使问题形象直观，管理工作更加容易和透明。采用目视管理，不但提高了工作效率，减少了事故的发生，而且很方便现场工作人员互相监督，起到了很好的激励作用。

3. 5S 管理

5S 管理方法的整理、整顿、清扫、清洁、素养是现场改善的基础，也是现场管理的基础。通过对物品的整理，区分要与不要的东西，不要的彻底清理掉，要的有用物品进行整顿处理，分类放置并摆放整齐，需要的时候能够很快地找到。每天都要对自己负责的区域设备和地面进行清扫、清洁的工作，保持良好的工作环境，并养成一个好的习惯，从根本上改变生产现场脏、乱、差的作业环境，给工人创造相对舒适的工作条件，对工作负责，也对自己的安全负责。5S 管理是现场改善中最容易实现的一种方法，做好 5S 管理工作，才能为以后的改善活动做准备。现场改善的目的是消除浪费，即消除一切消耗资源却不能为客户创造价值的活动。

5S 管理对于企业实现降低成本、准时交货、安全生产、高度标准化、创造令人心旷神怡的工作场所、改善现场以及塑造企业形象等方面能发挥巨大作用。比如装备制造企业，由于其使用的原材料、加工过程的性质，使得这类企业的生产车间环境特别地差，所以必须长期坚持推行 5S 管理。

①建立现场改善推行组织。成立专门的现场改善推行组织，并设置专门的 5S 专干，负责生产现场的 5S 管理工作，同时，要求各班组进行 5S 工作的配合。

②现状分析与问题界定。通过一些方法，例如定点拍照，使用查核表、标牌等进行现状分析，找出问题所在。

③分析问题，找出解决方案。通过问题的分析，找出解决问题的办法，形成多种解决方案。

④制定方案实施计划及目标。制定方案实施计划以及想要达到的效果，使现场人员对项目一目了然。

⑤改善方案宣传与培训。5S 改善活动宣传与培训的目的是使员工深刻了解其意义、目的和具体改善方法，以得到员工的配合和理解。

⑥实施改善方案与变革。按计划进度实施方案。

⑦监督、诊断与检查实施过程。在实施过程中进行定期监督与检查，及时发现问题并给予解决方法。

⑧改善效果评价。通过对改善过程的跟踪与监督，按照一定的评价标准对实施人员和实施效果进行评价，并设置奖罚制度。

⑨将改善方法标准化。将成功的改善方案制作成标准实施下去，为以后类似的情况提供

参考的依据。

⑩活动的持续改善。5S改善活动虽然是很有效的方法，每一个小的改善都是不错的成绩，但是要想达到整体改善的要求却要靠长期的坚持，所以，现场改善的一个重要的条件就是持续进行改善。

4. 设备布局优化管理

设备布局优化管理是一种很好的现场改善方法，进行布局优化以后能够在很短的时间内见到成绩。生产现场中很多问题的发生都是因为设备布局不合理造成的。例如：产线不平衡、物料流动出现倒流、人机出现等待造成时间浪费和工序不平衡等现象，严重影响了生产的顺利进行。运用设备布局优化方法对生产现场内的机器设备进行合理的布局优化，尽量使工艺相近的安排在一起，或者按生产流程进行布局，这样才不会使物流出现混乱，同时减少倒流现象，也可以缩短物料搬运的距离，从而改善现场物流状况、降低搬运成本。设备布局优化是在5S与定置管理的基础上，对设备在工作地的位置进行重新规划，以充分利用工作地的空间。

5. 看板管理

看板是一种可视化的、传递信息的有效工具，看板管理就是利用看板对现场和作业进行管理和控制。通过看板，工作人员可以很容易地知道哪个区域是做什么的，怎么做；哪里放了什么东西，数量是多少，有什么用途，同时，还可以从整体上了解工作的内容、流程、工作计划、交货期以及存在的不足之处等信息。除了这些，看板还有其更重要的作用，即它是生产以及运送的指令，而且可以作为生产优先次序的工具，实现JIT准时化的生产。比如属于订单型企业的装备制造公司，产品是根据顾客订单生产，而不是生产出来入库等顾客购买。这类企业理想的生产方式应该是JIT的生产方式，即根据需要进行生产，消除生产过程中的一切浪费，最终实现零库存。但是，目前装备制造企业还不能达到这一点，运用看板管理可以实现由后道工序向前道工序提取加工零件的拉动式生产，帮助企业实现准时化生产。

6. 产线平衡

产线平衡是对生产线的全部工序进行负荷分析，通过调整工序间的负荷分配使之达到能力平衡，最终提高生产线的整体效率。这种改善工序间能力平衡的方法又称为瓶颈改善。产线平衡问题一直以来都是困扰生产现场的一个很头疼的问题，因为产线平衡问题涉及线上作业人员的作业时间、作业排序、技能、人员分配等许多问题。解决了产线平衡的问题也就是解决了生产瓶颈的问题。产线平衡方法实际上是通过工序的取消、合并、简化和重排，以及推行一人多机使工人成为多面手的操作方式，来实现生产现场人机的合理配置的。使用产线平衡方法平衡生产线中的各道工序的负荷，可以减少产品的工时消耗、工序间的时间差异，降低成本，减少在制品，实现单元化生产，提高生产系统的弹性，使生产线按照同一节拍进行生产，减少在制品的库存和各工序的等待时间，保持均衡、一致、连续的生产状态，进而提高生产设备与人员的利用率。

7. 班组建设管理

现场是由很多班组构成的，班组是一个个小的团队，是生产现场生命力的象征，班组建设是实现现场改善的基石，班组建设主要是建立以知识管理为核心的班组模式——以班组的隐性和显性知识的扩散、共享、应用、革新的运作管理为支撑，以班组人文建设为核心，以培育全员能力素质为根本，来提升组织绩效，塑造核心竞争力。班组建设可以为实施现场改善做好准备和打好坚实的基础。

构建知识管理模式的班组，要具备三全、三基、一细化的特征。三全，即全员参与、全过程控制和全方位管理，是贯穿整个改善过程的一个要求；三基，即基础管理体系建设、基层组织建设、基层管理者胜任力提升，这是现场改善活动任何一个体系的基础建设，在决定进行现场改善之前就必须做好的工作；一细化，即现场改善活动要达到的程度目标，这个目标的实现要以三全和三基的基础工作的落实作保障。三全、三基、一细化标准是现场改善活动中任何一个体系的基础建设要求，贯穿于整个改善过程。

（四）过程体系构建

以装备制造企业为例，其现场改善的过程体系的实施原则和特征也有赖于班组建设管理中的三全、三基和一细化的管理。在现场改善实施过程中，改善组织要靠工艺、采购、人力资源部、财务、营销、质量管理与控制、生产作业、计划、调度、物流、研发、营销、仓储部门的全力配合，公司领导的支持和全体员工的努力，如此方能将改善活动顺利地进行下去。

现场改善过程体系要达到预期的目标和效果，除了要具备三全、三基、一细化的特征要求外，在实施过程中还要适时对过程体系进行必要的过程控制，以充分暴露生产现场中的不足与问题，及时采取必要的纠正措施，促使其不断改进并持之以恒地进行下去。

1. 安全管理控制

安全管理控制主要是对现场、人员和设备三方面的安全入手进行控制。

现场安全管理，是为了保证现场的安全，对人员、作业环境以及作业方法的安全管理与监督，是依据安全生产法律法规、安全技术操作规范和企业的规章制度等来执行的。

人员的现场管理，主要是对现场的作业人员的安全行为进行管理和约束。管理人员是通过以下途径来保证现场工作人员的安全的：经常开展安全教育培训活动；为防止疲劳作业，严格控制加班加点行为，合理安排作业时间和休息时间；建立员工之间的自我保护、自我约束、互相监督、互相学习、互相提醒改进，以提高自我管理的能力。

设备现场管理主要是针对设备使用寿命短、故障率高、维修不及时等情况提出的管理政策。设备现场管理的目的是为了使员工在实际操作中能严格按照设备操作规程使用、维护设备，切实掌握加工工艺方法，有不熟悉、拿不准的操作或者不安全、不合理的操作能及时提出，避免发生不安全的行为或事件，真正达到安全生产的目的。

2. 现场作业环境控制

现场作业环境控制主要是对现场环境进行监督和检查。其内容包括环境的卫生清扫清洁情况、机器设备的维护保养情况、设备合理布局情况、现场物流是否畅通等情况。现场作业环境的好与坏，不仅反映出生产现场5S的管理水平，而且还反映出作业人员的日常工作态度、习惯和素养。

3. 定置定位的控制

现场的定置定位控制能够反映出现场管理水平的高低，应该作为现场作业标准化的一个方面执行下去。当和现场作业相关的物料、工装、夹具、量具等定置定位以后，现场的作业就已经步入标准化了，现场的管理工作也就相对稳定了。不过，这种管理的稳定性是需要以定置定位管理的持续保持为前提和保证的，不能是三天打鱼两天晒网的，比如有领导检查时就专门花大力气搞一下，等到领导检查过后，就又回到原来那样：物料和工夹具等不按定置定位管理要求乱放，到使用的时候要到处找，甚至要向别的员工借。

4. 持续改进的控制

持续改进是对现场改善的过程而言的。持续改进就是要不断地发现问题、分析问题、解决问题，然后再去发现新的问题、找出新的瓶颈，然后进行分析、提出解决方案，这样循环往复地进行改进。

（五）检查与考核体系构建

现场改善的检查与考核管理体系是对现场改善过程体系的监督以及绩效的评估，包括了考核计划、监督控制过程体系、验收检查与绩效评估、绩效反馈和过程改进。在这个过程中，过程体系与检查考核管理体系是实时沟通的。

考核计划是检查与考核体系中的第一步，是对过程体系要达到某种程度的一个预期规划，主要是为了明确目标、指导员工工作。

1. 监督控制过程体系

监督控制过程是对现场改善实施过程体系的监督和控制。管理者要在整个活动实施期间对员工的工作进行指导、监督和成绩反馈，同时解决实施过程中出现的问题，在必要的时候，调整考核计划。

2. 验收检查与绩效评估

验收检查与绩效评估主要是通过一些考核指标对员工的计划完成情况进行合理的评价，希望可以通过这个过程充分调动员工的积极性和责任感。

3. 绩效反馈

绩效反馈的目的主要是为了实时了解活动情况，通过反馈结果找出活动存在的问题和困难，为过程改进提供依据；同时，对表现好的员工和团队进行奖励。

4. 过程改进

过程改进实际上是设立评估体系的最终目的。过程改进主要是依据绩效评估后反馈的结果来对实施过程和员工技能的不足进行持续不断的改善。

（六）目标体系构建

生产制造企业生产现场改善的目标体系包括最终目标、基本目标以及实现现场改善目标应具备的条件。

1. 最终目标

任何一个企业经营的目标都是为了尽可能地获取最大利润，装备制造企业也不例外。装备制造企业现场改善的目的就是为了实现其最终目标，即提高生产效率和获取最高利润。

2. 基本目标构建

为了实现最终目标，装备制造企业现场改善需要先实现一个基本目标，即消除一切不增值的浪费（人的浪费和物的浪费）。为了实现这个目标，应该从质量、成本、交货期、效率、安全、员工士气六个方面去考虑。通过实施全面质量管理、5S 管理和并行工程等技术来保证产品的质量、提高产量、保证交货期，同时，实施全面质量管理也有助于降低生产成本。为了实现上述目标，现场改善还需要以下五个方面做支撑。

（1）持续改善

持续改善是实现现场改善活动和现场管理有序进行最基本的要求，任何改善都不是一朝一夕就能完成的或者是成效很大的，都必须一步一步地，持之以恒地去坚持。

（2）柔性制造

现场改善中对柔性制造的要求主要有两个方面：一是对更换产线时间的要求，即加工不同零部件或者产品的时候，转换时间越短，那么柔性就越好；二是对生产系统的要求，即要求生产系统能够适应不同零部件或者产品的加工要求，也就是说，加工的零部件或者产品种类和数目越多，那么产线的柔性就越好。

（3）品质保证

产品品质的高低代表了企业的声誉和形象，企业不能为了达到获取最大利润的目标而不顾产品的质量，毁了长远利益。所以，现场生产中的每一个环节、每一道工序都要保证产品的质量，这样才能为客户提供满意的产品。

（4）人性化管理

人性化管理不但是对员工的尊重和认可，也是对企业的尊重，对产品的尊重，对客户的尊重。人性化管理会增强员工对工作的责任感和对单位的归属感，会让员工愿意为这样人性化的企业付出劳动，实现自己的价值。人性化管理也是从心理上征服员工。

（5）高执行力

高执行力是针对企业的每位员工而言的。不管是一线的生产工人还是管理层的管理者，都必须服从上级领导的指示和安排，按时、保质、保量地完成任务。现场改善的实施应该重点把握最终目标和基本目标，并着眼于各个方面的实现。如果基础要素实现不了，最终目标就无法实现；反之亦然。

课后测评

一、选择题

1. 精益管理生产理念源自（　　）。
   A. 中国　　　　　　B. 美国　　　　　　C. 德国　　　　　　D. 日本
2. 以下不属于看板分类的是（　　）。
   A. 管理看板　　　　B. 信号看板　　　　C. 工序内看板　　　D. 临时看板
3. 以下不是精益生产主要特征的是（　　）。
   A. 拉动式生产　　　　　　　　　　　　B. 推动式生产
   C. 最大限度地减少库存　　　　　　　　D. 实现准时化生产
4. 公司的 5S 应如何做？（　　）
   A. 5S 是日常工作的一部分，靠大家持之以恒地做下去
   B. 第一次有计划地大家做，以后靠干部做

C. 做四个月就可以了

D. 车间做就行了

5. 公司什么地方需要整理整顿？（　　）

 A. 工作现场　　　　　　　　　　B. 办公室

 C. 全公司的每个地方　　　　　　D. 仓库

6. 5S 和产品质量的关系是（　　）。

 A. 工作方便　　　　　　　　　　B. 改善品质

 C. 增加产量　　　　　　　　　　D. 没有多大关系

7. 均衡化生产中，控制生产速度的指标是（　　）。

 A. 设备　　　　B. 生产节拍　　　　C. 库存　　　　D. 材料

8. 均衡化生产中，以下不是准时制采购的方法是（　　）。

 A. 建立中转库　　　　　　　　　B. 选择合适的供应商

 C. 不规定送货日期　　　　　　　D. 统一调度运输车辆

二、判断题

1. 5S 管理需要全员参与，如果有部分成员跟不上进度或内心抵制，5S 管理就会失败。（　　）

2. 精益生产之品质目标是不产生不良品。（　　）

学习评价

评价类型	权重/%	具体指标	分值	得分 自评	得分 组评	得分 师评
职业能力	65	掌握生产制造管理体系概念	15			
		了解如何利用 5S 构建目标体系	25			
		掌握管理体系检查与考核方法	25			
职业素养	20	坚持出勤，遵守纪律	5			
		协作互助，解决难点	5			
		按照标准规范操作	5			
		持续改进优化	5			
劳动素养	15	按时完成，认真填写记录	5			
		工作岗位 8S 处理	5			
		小组分工合理	5			
综合评价	总分					
	教师点评					

参 考 文 献

［1］阮喜珍. 现代质量管理实务［M］. 武汉：武汉大学出版社，2012.
［2］李艳. 生产企业成本核算［M］，北京：首都经济贸易大学出版社，2016.
［3］［日本］版本硕也，细野泰彦. 生产管理入门［M］. 王明贤，李牧，译. 北京：化学工业出版社，2020.
［4］刘景良. 安全管理［M］. 4版. 北京：化学工业出版社，2021.